Vom Vortrag zum Sachbuch

Natascha Miljković

Vom Vortrag zum Sachbuch

Tipps von der Konzeptarbeit bis zur
Buchvermarktung

Natascha Miljković
Zitier-Weise, Agentur für Plagiatprävention
Wien, Österreich

ISBN 978-3-658-27150-3   ISBN 978-3-658-27151-0   (eBook)
https://doi.org/10.1007/978-3-658-27151-0

Die Deutsche Nationalbibliothek verzeichnet diese Publikation in der Deutschen Nationalbibliografie; detaillierte bibliografische Daten sind im Internet über http://dnb.d-nb.de abrufbar.

Springer Gabler
© Springer Fachmedien Wiesbaden GmbH, ein Teil von Springer Nature 2019

Springer Gabler ist ein Imprint der eingetragenen Gesellschaft Springer Fachmedien Wiesbaden GmbH und ist
ein Teil von Springer Nature.
Die Anschrift der Gesellschaft ist: Abraham-Lincoln-Str. 46, 65189 Wiesbaden, Germany

Vorwort

Bücher sind in. Die Verlage werden mit Einreichungen förmlich überschwemmt und jedes Jahr trotzen ihre Verkaufszahlen allen SchwarzseherInnen, die den unmittelbar bevorstehenden Abgesang auf das Buch prophezeien. Dieser Trend zur Literatur liegt sicherlich im bleibenden Wert einer Veröffentlichung begründet. Andererseits waren auch die technischen Mittel für Eigenverlag und Selbstmarketing dank Internet und Globalisierung des Marktes noch nie leichter zugänglich als heute.

Durch die steigende Zahl an KonkurrentInnen – in Deutschland werden jährlich etwa 50.000 neue Sach- und Fachbücher verlegt (Gorus 2011, S. 12) – ist es tatsächlich schwieriger geworden, ein Buch zu veröffentlichen; Blogs, Podcasts und Videos sind schnell und mit geringem Aufwand produziert. Auch sind die Kosten für die Produktion eines qualitativ hochwertigen Buches trotz moderner Technik kaum zurückgegangen. Gerade weil „Masse statt Klasse" überwiegt, ist hochwertiger *Content* wichtig wie nie zuvor. Ein eigenes Buch ist ein nachhaltiges Aushängeschild, das Ihnen für viele Jahre Aufmerksamkeit für Ihre Tätigkeit einbringen kann. In Kooperation mit einem geeigneten Fachverlag herausgebracht, ist ein eigenes *Sachbuch* durchaus eindrucksvoll in der *Literaturliste* zu verbuchen.

Wie kam es zu diesem Buch?
Im Zuge der Vorbereitungen zu meinem ersten Buch (Miljković & Merten 2017) kamen häufig *Lehrende* auf mich zu, um sich Tipps und Empfehlungen einzuholen. Sie spielten auch schon länger mit dem Gedanken, ein *Sachbuch* zu verfassen, doch sei ihre Idee überhaupt gut genug? Wie gehe man so ein Buch an? Braucht es unbedingt einen Verlag oder geht es heutzutage nicht auch ohne? Wie sortiert man die vielen Ideen am besten?

So dachte ich mir: Warum meine Antworten nicht auf nachhaltige Art festhalten? Denn sehr viele dieser Fragen hatten meine KoautorInnen und ich uns auch gestellt, als wir im Sommer 2015 die Arbeit zu unserem Werk aufgenommen hatten. Den Fragen gründlich nachzugehen, ermöglichte uns innerhalb kürzester Zeit, ein *Exposé* zu verfassen, gleich mehrere Verlage für unser Buch zu begeistern und letztlich das *Projektmanagement* so konsequent neben den Vollzeitbeschäftigungen aller AutorInnen anzulegen, dass ein gutes Produkt abgeliefert wurde.

Worauf lasse ich mich bei einem Buchprojekt ein?

Mir selbst und anderen Fragen zu stellen, war nicht nur während meines Studiums ein hilfreicher Weg für guten und zügigen Lernfortschritt. Wie erwähnt hat auch die intensive Beschäftigung mit den zahlreichen Fragen zur *Buchproduktion* meinen KoautorInnen und mir sehr gute Dienste erwiesen. Da Sie dieses Buch zur Hand genommen haben, werden auch Sie vermutlich viele Fragen rund um das Thema Buchproduktion haben.

Einen einheitlichen Weg zum *Sachbuch* gibt es nicht. Aus diesem Grund werden Sie in diesem Buch auch keine Anleitungen zu starren 08/15-Abläufen finden. Stattdessen werden Sie mit Fragen durch die einzelnen Kapitel und damit auch durch die einzelnen Stadien der Entstehung eines Buches geführt. Als LeserIn entscheiden Sie selbst, welche(n) Fragen Sie sich wann stellen möchten. Im Anhang sind alle wichtigen Fragen, die Sie sich vorab, zwischendurch und nach Erscheinen stellen oder stellen sollten, in *Checklisten* gesammelt.

Soll ich ein Sachbuch, ein Fachbuch oder einen Ratgeber verfassen?

Schreiben, um gesehen zu werden. Schreiben, um einen Eindruck zu hinterlassen. Für die Businesswelt wie auch für viele Fachleute aus zahlreichen Branchen ist das Schreiben von *Non-Fiction* zu einem wichtigen Ausdrucksmittel geworden. Zwei Formen von Non-Fiction können dabei angestrebt werden – das *Sachbuch* und das *Fachbuch*.

Unter *Sachbuch* versteht man in der Verlagsbranche üblicherweise ein Buch zum Gebrauch durch nicht oder noch wenig informierte Lesende. Es ist daher meist flach strukturiert und inhaltlich allgemein gehalten. Weil zudem gerne ein unterhaltender Schreibstil angewandt wird, wird diese Buchform auch als *populärwissenschaftlich* (s. Kap. 3) bezeichnet. Hingegen ist das *Fachbuch* für eine spezialisierte *Zielgruppe* gedacht (FachkollegInnen, ExpertInnen aus verwandten Fachgebieten), was sich auch in der tiefer gehenden Beschäftigung mit einem Thema und dem sprachlich meist anspruchsvolleren Stil widerspiegelt. Da ein Fachbuch vor Veröffentlichung nur selten von FachgutachterInnen bewertet wird, wie dies in den Wissenschaften üblich ist, ist ein Fachbuch kein vollwertiges wissenschaftliches Buch. Eine weitere Kategorie, um Sachthemen einer breiten Öffentlichkeit zugänglich zu machen, ist der *Ratgeber*.

Warum gibt es den Fokus auf Lehrpersonen?

Im *Bildungsbereich* und gewiss zuvorderst an Hochschulen liegen große Potenziale brach. Viele Ideen werden nicht zu Papier gebracht, andere zwar häufig im kleinen Rahmen vor Studierenden oder FachkollegInnen präsentiert, doch ist der erzielte *Impact* (Einfluss, Verbreitung) so nur gering. Wird publiziert, geschieht es Dank des aktuell vorherrschenden Drucks von *Publish or Perish* (etwa: publizieren oder untergehen) meist nur in wissenschaftlichen Fachjournalen, die von einer eng gefassten Leserschaft konsumiert wird. Für ein breiteres Publikum zu schreiben, wird im Studium kaum vermittelt, *Wissenschaftskommunikation* von WissensarbeiterInnen daher oft vermieden.

Das ist schade, denn AkademikerInnen sind in spannenden Arbeitsbereichen tätig. Häufig erforschen sie weitreichende Folgen für die Gesellschaft und diskutieren heikle

Fragen der Menschheit. Zahlreiche Überstunden, um die Lehre vorzubereiten, und welche Mühen es mit sich bringt, um mehr Verständnis für so manches vermeintliche „Orchideenfach" zu werben, sind dieser Gruppe nicht fremd. Nützt ein Fach der Allgemeinheit direkt, wird es als „gut" anerkannt. Verstehen Laien es hingegen nicht oder ist der Nutzen nicht unmittelbar ersichtlich, verkümmert so manche „Wissensfundgrube" unwiederbringlich. Viele tolle Ideen fristen ihr Dasein auf Vortragszetteln, Handouts oder in Rechercheordnern, anstatt für viele interessierte Menschen schriftlich und nachhaltig aufbereitet zu werden.

Auch in vielen Firmen häufen Einzelpersonen große Mengen an Wissen an, die sie nur gelegentlich präsentieren bzw. in Geschäftsberichten darlegen. Gewiss können auch diese ExpertInnen durch eigene Sachbücher *Zusatznutzen* für eine breitere Leserschaft schaffen. Mehr Wissen und Aufmerksamkeit für ein Gebiet kann mehr Aufträge und höheren Umsatz bedeuten.

Was möchte ich Ihnen besonders eindringlich mit auf den Weg geben?
Die Entstehung meines ersten Buches dauerte von der ersten vagen Idee bis zum gedruckten Buch rund zwei Jahre. Zwar waren alle AutorInnen Vielschreibende und mit vielen unterschiedlichen Textsorten vertraut. Als Laien hatten wir zu Beginn jedoch nur wenige Vorstellungen vom Schreiben von Büchern und noch viel weniger Ahnung vom Entstehungsprozess. Dementsprechend war unsere Lernkurve damals durchaus steil – die entscheidende Erkenntnis: Nein, ein Buch ist nicht einfach ein langer Artikel!

Rückblickend waren das meine zehn wichtigsten „lessons learned":

* Fremde Meinungen sind genau das – Meinungen. Nur Recherche schafft Fakten.
* Ob ich etwas schaffe oder nicht, bestimme immer noch ich.
* Viel Zeit auf das Exposé zu verwenden, nützt Verlagen und auch dem Buch.
* Das Kernstück eines Buches ist ein gründlich aufgesetzter und realistischer Plan.
* Dennoch dauert alles länger als geplant, Pufferzeiten sind dringend erforderlich.
* Meilensteine und interne Deadlines geben den Takt an und motivieren.
* Ein Buch zu verfassen, ist auch für Schreibgeübte richtig harte Arbeit.
* Persönlich (oder per Skype, Telefon) besprechen beugt Missverständnissen vor.
* Eine Person „in charge" muss bei Bedarf das letzte Wort haben.
* Nach dem Buch ist vor dem Buch. Es gibt immer ein neues Projekt.

Wie ist dieses Buch aufgebaut?
In vier Teilen werden Sie durch die wichtigsten Stufen der Buchproduktion geführt.

In **Teil I) Voraussetzungen** wird all das erläutert, was Sie benötigen, um ein Buchprojekt zu starten und hoffentlich auch erfolgreich zu beenden. Dazu zählt zunächst in Kap. 1 Ihre Intention und Motivation genau zu definieren, warum Sie ein Buch schreiben wollen. Mein Fokus liegt darin, ganz besonders Lehrenden Tipps zu geben, weshalb Kap. 2 den Zusammenhang zwischen dem Unterrichten und dem Schreiben eines Sachbuchs aufarbeitet. Dank meines wissenschaftlichen und forschenden beruflichen

Hintergrunds finden Sie in Kap. 3 auch Einblicke zu Wissenschaft und Sachbuch. Eigenen Erfahrungen nach ist der Übergang von der Rolle einer Vortragenden bzw. Forschenden hin zu einer Schreibenden ein ganz besonders herausfordernder, wenn auch das Schreiben in den Wissenschaften zum „Business" gehört. Ein Sachbuch zu erstellen, ist jedoch eine andere Herausforderung als die typische wissenschaftliche Literatur zu produzieren und muss meist grundlegend erarbeitet werden. Kap. 4 widmet sich daher der neuen Rolle einer SchriftstellerIn genauer.

In **Teil II) Vorbereitungen** werden wichtige vorbereitende Schritte wie die Themenauswahl in Kap. 5 und verschiedene Strategien, denen man bei Produktion und Vermarktung nachgehen kann, in Kap. 6 erläutert. Kap. 7 und 8 richten sich an alle, die mit dem Gedanken spielen, einen Verlag für ihr Buch zu finden und Informationen zur Recherche und zum korrekten Anschreiben an Verlage benötigen. Selbstverständlich sollen auch Hinweise auf Vertragsschließung inklusive möglicher Ausnahmen und so mancher Stolperfallen dabei nicht fehlen (Kap. 9). Als gangbare Alternative zu einer Kooperation mit herkömmlichen Verlagen wird der Alleingang als SelfpublisherIn in Kap. 10 besprochen.

In **Teil III) Erstellung** steigen wir in den Entstehungsprozess ein: Den Beginn machen nützliche Tools für Ihr Wissens- und Projektmanagement und den Schreibprozess (Kap. 11). Braucht es spezielle Schreibprogramme oder reicht Microsoft Word aus? Wie baue ich eine einfache Informationssammlung auf? Einen großen Einfluss auf das Gelingen des Projektes haben die Arbeitsorganisation und die Gestaltung Ihrer Schreibarbeit, die wir im nachfolgenden Kap. 12 besprechen. Nachdem Wissen und Arbeit ausreichend organisiert sind, geht es an die Organisation und Strukturierung (Kap. 13) sowie die konkrete Gestaltung Ihrer Inhalte (Kap. 14). In Kap. 15 schließen wir den inhaltlichen Input mit Tipps und Informationen rund um nicht textliche Inhalte wie Abbildungen, Tabellen u. v. m. ab.

Damit sich all die Mühe gelohnt hat, kommen wir zum Schluss in **Teil IV) Vermarktung und Öffentlichkeitsarbeit** zu allen Maßnahmen vor und nach Erscheinen Ihres Buches, die für den Verkauf förderlich sind. Dafür benötigen Sie zunächst eine grundlegende Kommunikationsstrategie (Kap. 16) und die Analyse, welche Kommunikationskanäle für Sie, Ihre Arbeitsgewohnheiten und Ihr Projekt geeignet sind. Selbstverständlich muss in diesem Zusammenhang in Kap. 17 auch auf die Onlinekommunikation eingegangen werden, die in unserer heutigen, höchst vernetzten Welt kaum mehr wegzudenken ist. Im Vergleich dazu ist für den Sachbuchbereich Offlinemarketing und -PR etwas eingeschränkter nützlich, doch auch dafür noch immer die Basis aller Kommunikationsanstrengungen (Kap. 18). In Kap. 19 lernen Sie Public und Blogger Relations für sich zu nutzen, eine spezialisierte Onlinekommunikationsstrategie, die sich der Kooperation mit InfluencerInnen und deren Fans und FollowerIn bedient. Den Abschluss dieses Buches bildet ein Ausblick in Kap. 20, welche Schritte für die Nachbereitung nötig sind.

Was bleibt noch zu sagen?

Nach nur einem eigenen veröffentlichten Buch maße ich mir selbstverständlich nicht an, bereits alles zum Schreiben und Produzieren von Büchern zu wissen. Auch ist mein erstes Buch nicht perfekt, ganz im Gegenteil, es war mein Lehrstück. Selbstverständlich wünschte ich im Nachhinein, ich hätte so manches von dem, was ich in dem fast zwei Jahre dauernden Entstehungsprozess zum ersten Buch gelernt habe, schon viel früher gewusst und besser gemacht.

Dennoch stelle ich Ihnen mit großer Zuversicht in diesem Buch die zahlreichen Fragen und meine Antworten darauf zur Verfügung. Dabei verlasse ich mich nicht nur auf meine eigenen Erfahrungen, sondern habe in den letzten Jahren etliche ExpertInnen dazu befragt, wie es ihnen beim Erstellen ihrer Bücher ergangen ist. Die jeweiligen Antworten flossen an vielen Stellen mit ein. Didaktisch wertvolle Einblicke bieten auch die ausgewählten *ExpertInneninterviews,* in denen erfahrene AutorInnen einzelne umfangreichere Aspekte nochmals aus einem anderen Blickwinkel beleuchten. Außerdem gehe ich kein Projekt an, ohne mich gründlich einzulesen. Meine *Literaturempfehlungen* unterstützen Sie bei der weiteren Informationssuche. Kein Ratschlag ist gut genug, gibt es nicht auch Möglichkeiten, diesen einmal selbst auszuprobieren. In den beiden Rubriken „Zum Ausprobieren" und „Gut zu wissen" stelle ich Ihnen zusätzliches Übungsmaterial und weiterführendes Wissen zur Verfügung.

So wünsche ich Ihnen, viele Aha-Momente und nützliche Hilfestellungen in meinem Buch zu finden! Die Arbeit daran hat mir selbst neue tolle Einblicke ermöglicht, und ich konnte noch einmal viel über das Schreiben von Büchern lernen.

Österreichische Nationalbibliothek, im September 2018

Natascha Miljković

Danksagung

Sehr rasch nach Erscheinen meines ersten eigenen Buches im Juni 2017 reifte die Idee, ein Buch über den durchlebten Prozess des Erstellens und Herausgebens eines Sachbuches zu verfassen. Bei der Konzeptionierung dieses Buches war mir mein damaliger Koautor und guter Freund René Merten (ABSOLVENTENAKADEMIE Wien) eine riesengroße Hilfe. Ich freue mich, zudem seine professionelle Einschätzung als Jurist und individuellen Kenntnisse als Autor für einige der ExpertInneninterviews in diesem Buch gewonnen zu haben. Sein analytischer Sinn hat mir unzählige wertvolle Einsichten geliefert und die Struktur dieses Buches zu einem großen Teil erst zu dem gemacht, was es heute ist.

Für die herausragenden Hilfestellungen seien alle ExpertInnen, mit denen ich die Interviews für dieses Buch führen durfte, nochmals hervorgehoben: Edith Huber, Andrea Klein, Martin Lehner, René Merten, Tom Oberbichler, Ulrike Scheuermann, Birgit Schreiber und Huberta Weigl. Ihre offenen Antworten und ehrlichen Einschätzungen bieten viele bereichernde Einblicke in die AutorInnen- und Verlagswelt.

Zahlreiche weitere Personen sind an der Entstehung eines Buches beteiligt, stellvertretend für alle jene möchte ich einige besonders verdiente Personen vor den Vorhang holen. Da wären zunächst selbstverständlich meine LektorInnen bei Springer-Gabler, ohne ihr Interesse und ihre Professionalität wäre dieses Werk niemals zustande gekommen. Auch die KollegInnen der österreichischen Interessengemeinschaft Autorinnen und Autoren nahmen so einiges an Zeit auf sich, um meine bislang drei Buchverträge ehrenamtlich durch die Mangel zu drehen und auf das Allerkleinste zu analysieren. Für die tolle Beratung und den schönen Zuspruch kann ich nicht genug Danke sagen. Den letzten Feinschliff gab meinen stetig zusammengetragenen und aufgebauten, niedergeworfenen, zerfetzten und schließlich doch noch geschriebenen ersten Textentwürfen meine gewissenhafte Korrekturleserin. Du hast die „Diamanten im Kohlestaub" gesucht – und gefunden!

Nicht zuletzt danke ich meiner Familie und meinen Freundinnen und Freunden für ihre Zuversicht und Unterstützung, während ich an diesem Buch schrieb: Anna, Beate,

Dominik, Edith, Feri, Gerlinde, Helga, Katya, Lena, Mario, Martina, Rosa und Sarah. Zu akzeptieren, dass mein Leben nicht konventionell verläuft und ich meinen verrückten Ideen gerne nachgehe und immer neue Herausforderungen für mich suche, ist womöglich nicht immer leicht zu verstehen. Keine Zeit, jetzt nicht, in drei Wochen erst, noch ein bisschen länger … was habt Ihr alles ohne je zu murren ausgehalten. Und dennoch seid Ihr immer für mich da. Das Leben ist schön!

Inhaltsverzeichnis

Tabellenverzeichnis

Über die Autorin

Biografie

Natascha Miljković

Die promovierte Naturwissenschaftlerin und Wissenschafts-beraterin Natascha Miljković ist seit 15 Jahren im Hochschulbereich tätig. Sei zehn Jahren trägt sie regelmäßig vor, besonders häufig schult sie Studierende und Hochschullehrende zu Wissenschaftsethik. Seit der Gründung ihrer Agentur „Zitier-Weise" (www.plagiatpruefung.at) berät die Plagiatsexpertin Hochschulen im deutschsprachigen Raum auch zu Responsible Conduct of Research and Innovation (RRI) und Plagiatsprävention. Auf ihrem Blog (www.plagiat-pruefung.at/zitier-weise-blog) berichtet sie über aktuelle Entwicklungen in diesen Bereichen.

Bibliografie

Klein A. & Miljković N. (2019). *Mein Start in die Hochschullehre Ratgeber für Erstlehrende*. Bern: Haupt-UTB.

Miljković N. (2019). Plagiatfrei durch Paraphrasieren und Argumentieren. In: Wymann C. (Hrsg.). *Praxishandbuch Schreibdidaktik. Übungen zur Vermittlung wissenschaftlicher Schreibkompetenzen*. Leverkusen-Opladen: UTB-Budrich.

Miljković N. (2018). Chancen und Limitierungen von Plagiatsprüfungen. In: Miglbauer M., Kieberl L. & Schmid S. (Hrsg.). *Hochschule digital.innovativ\#digiPH: Tagungsband zur 1. Online-Tagung Tagungsband zur digiKonferenz*. FNMA/virtuelle PH.

Miljković N. (2018). Self Branding und online Reputations-
management. In: Miglbauer M., Kieberl L. & Schmid S.
(Hrsg.). *Hochschule digital.innovativ\#digiPH: Tagungsband
zur 1. Online-Tagung Tagungsband zur digiKonferenz.* FNMA/
virtuelle PH.

Miljković N. & Merten R. (Hrsg.) (2017). *Erfolg in Studium
und Karriere. Fit durch Selbstcoaching* (1. Aufl.). Opladen:
UTB Barbara Budrich.

Dollfuß H. & Miljković N. (2015). Plagiate finden und vermeiden (Editorial). *GMS Medizin-Bibliothek-Information* 2015,
15(1–2): Doc 01. https://www.egms.de/static/en/journals/
mbi/2015-15/mbi000328.shtml.

Miljković N. (2015). Why do we quote? The culture and his-
tory of quotation (Buchbesprechung). *GMS Medizin-Bibliothek-
Information* 2015, 15(1–2): Doc 5. https://www.egms.de/static/
en/journals/mbi/2015-15/mbi000332.shtml.

Miljković N. (2015). Mehr Schaden als Nutzen? Problemati-
scher Einsatz von Textvergleichsprogrammen zur vermeint-
lichen Plagiatsvermeidung. *GMS Medizin-Bibliothek-Information*
2015, 15(1–2): Doc 10. https://www.egms.de/static/en/journals/
mbi/2015-15/mbi000337.shtml.

Projekt

Academic Writing Online (AWO) (2015–2016). Online- und
Videokurs. In Zusammenarbeit mit FH-Professorin Dr.[in]
Petra Hauptfeld-Göllner (FH Burgenland). http://awo.aca-
demy/en/.

Kontakt

Dr.[in] Natascha Miljković
Müllnergasse 12/13, A-1090 Wien, Österreich
office@plagiatpruefung.at
www.plagiatpruefung.at
Foto: © Thomas Steibl

Über die Expertinnen und Experten

Mag.ª Dr.ⁱⁿ Edith Huber

Edith Huber lebt in Wien und arbeitet als Autorin, Forscherin und Leiterin der Stabsstelle für Forschung und Internationales an der Donau-Universität Krems. Wissenschaftlich beschäftigt sie sich mit Sicherheitsforschung, Cybersecurity, Information Security, Cybercrime, Computerkriminalität, gesellschaftlichen Wandel, Stalking, Cyberstalking, Cybermobbing, Medien, Kriminalsoziologie sowie Täterprofiling.

Website
https://edithhuber.blogspot.com/

Profile in Social Media
https://www.facebook.com/DrEdithHuber/
https://www.linkedin.com/in/dr-edith-huber-ab185930/

Aktuelle Bücher
Huber E., Pospisil B., Hötzendorfer W., Quirchmayr G., Löschl L. & Tschohl C. (2018). *Die Cyber-Kriminellen in Wien: Eine Analyse von 2006–2016.* Krems an der Donau: Tredition.
Huber E. (Hrsg.) (2015). *Sicherheit in Cyber-Netzwerken: Computer Emergency Response Teams und ihre Kommunikation.* Heidelberg: Springer VS.

Dr.ⁱⁿ Andrea Klein

Andrea Klein arbeitet als Dozentin, Coach und Autorin und lehrt seit vielen Jahren an Universitäten, Fachhochschulen und Berufsakademien die Grundlagen wissenschaftlichen Arbeitens. In hochschuldidaktischen Workshops teilt sie ihre Erfahrungen mit

Dozierenden und entwickelt mit ihnen Herangehensweisen für die Lehre sowie für die Betreuung und Begutachtung studentischer Arbeiten.

Websites
http://www.wissenschaftliches-arbeiten-lehren.de/
http://effizient-schreiben.de/

Profil in Social Media
https://www.xing.com/profile/Andrea_Klein54
https://www.linkedin.com/in/dr-andrea-klein

Aktuelle Bücher
Klein A. & Miljković N. (2019). *Mein Start in die Hochschullehre Ratgeber für Erstlehrende*. Bern: Haupt-UTB.
Klein A. (2018). *Wissenschaftliches Arbeiten im dualen Studium*. München: Vahlen.
Klein A. (2017). *Wissenschaftliche Arbeiten schreiben. Praktischer Leitfaden mit über 100 Software-Tipps*. Frechen: mitp.

FH-Prof. Dr. Martin Lehner

Martin Lehner promovierte und habilitierte sich in Erziehungswissenschaft und leitet das Department „Entrepreneurship & Communications" an der Fachhochschule Technikum Wien, an der er von 2015 bis 2018 das Vizerektorat für Lehre innehatte. Nach seiner Tätigkeit als Personalentwickler bei IBM war er mehrere Jahre lang selbstständiger Trainer und Berater, anschließend Prozesscoach bei der TUI. Von 1998 bis 2005 war er Professor an der Fachhochschule Vorarlberg, drei Jahre lang auch Vizerektor. Seit vielen Jahren hält er didaktische Seminare und Workshops ab und ist Autor einschlägiger Veröffentlichungen.

Websites
https://www.technikum-wien.at/en/staff/martin-lehner/
http://www.martin-lehner.eu/

Aktuelle Bücher
Lehner M. (2018). *Erklären und Verstehen. Eine kleine Didaktik der Vermittlung*. Bern: Haupt.
Lehner M. (2018). *Viel Stoff – schnell gelernt. Prüfungen optimal vorbereiten* (2. Aufl.). Bern: UTB Haupt.

Dr. René Merten

René Merten ist promovierter Jurist, Erwachsenenbildner und Universitätsdozent. Seit über 10 Jahren arbeitet er als Führungskraft vor allem im tertiären und quartären Bildungs- und Projektmanagement. Als Experte für Karriere-, Persönlichkeits- und Personalentwicklung unterstützt er zum einen AkademikerInnen bei der Lebensplanung und berät zum anderen Organisationen in Fragen der Personal- und Organisationsentwicklung. René Merten ist Inhaber der ABSOLVENTENAKADEMIE in Wien und schreibt u. a. Fachbücher zu den Themen Selbstcoaching, Change- und Projektmanagement.

Website
https://www.absolventenakademie.at/

Profile in Social Media
https://www.linkedin.com/in/renemerten
https://www.facebook.com/AbsolventenakademieWien/

Aktuelles Buch
Merten R. (2019). *Persönliche Lebensveränderungen meistern. Changemanagement – Tools für Hochschulabsolventen* (1. Aufl.) Opladen: UTB Barbara Budrich.
Miljković N. & Merten R. (Hrsg.). (2017). *Erfolg in Studium und Karriere. Fit durch Selbstcoaching* (1. Aufl.). Opladen: UTB Barbara Budrich.

Tom Oberbichler

Vom eigenen Buch hat Tom Oberbichler lange geträumt – die digitale Revolution am Buchmarkt im 21. Jahrhundert hat ihm die Tore geöffnet und er ist entschlossen hindurchgegangen. Das Tempo der rauschenden Entwicklung, die folgte, hat ihn zum Teil selbst überrascht. Erst ist er mit seinen Ratgebern im Selfpublishing durchgestartet, seit 2012 begleitet er nun Unternehmerinnen und Unternehmer dabei, ihren Ratgeber, ihr Sachbuch zu schreiben, im Selfpublishing als E-Book und Taschenbuch zu veröffentlichen und erfolgreich zu vermarkten und verkaufen. Oberbichler arbeitet mit AutorInnen in 1:1-Mentoringprogrammen und leitet den Mission Bestseller Club – eine Selfpublishing-Community für Sachbuch und Ratgeber. Bis 2018 hat Oberbichler mehr als 70 Bücher erfolgreich (mit) auf die Welt gebracht.

Website
www.mission-bestseller.com

Profile in Social Media

https://www.facebook.com/missionbestseller/
https://www.YouTube.com/c/tomoberbichler/
https://www.instagram.com/mission_bestseller/

Aktuelle Bücher

Oberbichler T. (2017). *Metaprogramme im NLP – erkennen, verstehen, anwenden.*
Oberbichler T. (2016). *Mission Bestseller – Sachbücher und Ratgeber erfolgreich ver-markten und verkaufen.*
Oberbichler T. (2015). *Du darfst! 50 Tipps und Inspirationen: erfolgreich Buch und eBook schreiben, veröffentlichen, vermarkten.*

Dipl.-Psychologin Ulrike Scheuermann

Diplom-Psychologin und Schreibcoach Ulrike Scheuermann unterstützt in ihrer „Aka-demie für Schreiben" mit CrossMedia-Programmen, Coaching und durch ihre Bücher seit rund 25 Jahren SachbuchautorInnen, WissenschaftlerInnen und andere Berufs-tätige dabei, inspiriert zu schreiben und erfolgreich zu publizieren. Zudem begleitet sie sie bei tiefgehender persönlicher Entwicklung, um (wieder) gut für sich zu sorgen. Mit ihrem psychologisch fundierten Lebensstilkonzept „Self Care" hilft sie dauergestressten, erschöpften HochleisterInnen, sich von Verausgabung, Depression oder Burn-out in ein gesundes und erfülltes Leben zu entwickeln.

Website

https://ulrike-scheuermann.de/

Profile in Social Media

https://www.facebook.com/UScheuermann/
https://de.linkedin.com/in/ulrikescheuermann
https://www.xing.com/profile/Ulrike_Scheuermann

Aktuelle Bücher

Scheuermann U. (2019). *Self Care – Du bist wertvoll: Das Selbstfürsorge-Programm.* München: Knaur Balance.
Scheuermann U. (2017). *Die Schreibfitness-Mappe. 60 Checklisten, Beispiele und Übun-gen für alle, die beruflich schreiben* (2. Aufl.). Wien: Linde.
Scheuermann U. (2016). *Innerlich frei: Was wir gewinnen, wenn wir unsere ungeliebten Seiten annehmen.* München: Knaur.

Dr.ⁱⁿ Birgit Schreiber

Birgit Schreiber ist Journalistin, Biografieforscherin und Supervisorin/Beraterin. Sie hat Weiterbildungen in systemischer Beratung/Organisationsberatung an IBAF und HISW in Hamburg sowie in Poesie- und Bibliotherapie am Fritz-Perls-Institut, Hückeswagen, abgeschlossen. Sie ist der erste Journal-Writing-Coach (Journal to the Self®) im deutschsprachigen Raum (zertifiziert am ICT, Denver) und bietet Coachings, Supervisionen und Schreibworkshops an – im Bremer Schreibstudio, an Universitäten, Behörden und in Bildungsinstitutionen.

Websites
www.schreibercoaching.de
https://schreiben-zur-selbsthilfe.com

Aktuelles Buch
Schreiber B. (2017). *Schreiben zur Selbsthilfe. Worte finden, Glück erleben, gesund sein.* Heidelberg: Springer.

MMag.ª Dr.ⁱⁿ Huberta Weigl

Huberta Weigl hat Betriebswirtschaft und Kunstgeschichte studiert. Von 1997 bis 2007 war sie Assistentin am kunsthistorischen Institut der Universität Wien, wo sie auch promoviert hat. 2012 hat sie schließlich die Schreibwerkstatt gegründet. Hier unterstützt sie zusammen mit ihrem Team Menschen bei Fragen rund um ihre schriftliche Kommunikation – von der ersten Idee über die Strategieentwicklung bis zur Umsetzung.

Website
https://www.schreibwerkstatt.co.at/

Profile in Social Media
https://www.facebook.com/schreibwerkstatt.hubertaweigl/
https://twitter.com/HubertaWeigl
https://www.YouTube.com/channel/UCXByFcHCyoXmGqRRgKihqbw/videos

Aktuelles Buch
Weigl H. (erscheint 2019). *Jakob Prandtauer (1660–1726). Das Werk des Klosterbaumeisters* (Bd. 1+2). Petersberg: Michael Imhof Verlag.
Weitere Publikationen auf: https://www.schreibwerkstatt.co.at/%C3%BCber-mich/publikationen/.

Intention und Motivation

Als Wissenschaftlerin und Wissenschaftler sind Sie gewöhnt, viel zu schreiben, da es in den Wissenschaften geradezu Pflicht ist, zu publizieren – wenn auch in völlig anderen Settings. Sachtexte in der Wissenschaft und Lehre haben ganz bestimmte Nutzen zu bedienen: Laborjournale zur Dokumentation, wissenschaftliche Publikationen, um der Scientific Community neue Erkenntnisse zum Begutachten („peer review") zu präsentieren, zur weltweiten Verbreitung von neuen Ideen, als Proceedings von Konferenzen und Kongressen, Skripte für Vorlesungen und Seminare als Lernunterlage. Ein Sach- oder Fachbuch muss darüber hinaus noch einige andere Nutzen bedienen.

Warum möchte ich ein eigenes Buch schreiben?
Ein eigenes Sach- oder Fachbuch zu verfassen, ist ein riesiges Projekt und Ihre Gründe dafür, dieses Buch zu schreiben, sind sicherlich zahlreich. Nur wer sich der eigenen *Intentionen* völlig klar ist, kann ausreichend *Motivation* aufbringen, um bis zur Manuskriptabgabe durchzuhalten. Je klarer Ihre Intention ist, umso leichter wird es Ihnen auch fallen, im *Exposé* (s. Kap. 8) Ihre *Zielgruppe* und die *Marktanalyse* punktgenau zu beschreiben – essenziell, um einen geeigneten Verlag für sein Werk zu interessieren. Weitere *Publikationsvorteile* sind, ein komplexes Thema einmal in allen Facetten ausleuchten zu können, Aufmerksamkeit in den Medien, der Fachwelt und der Öffentlichkeit zu generieren und so v. a. für jüngere ExpertInnen den „Kompetenznachweis Buch" als Karrieremotor zu nutzen (Gorus 2011, S. 17ff.).

Weitere Gründe, ein Buch zu schreiben, können sein:

- Wissen an ein breiteres Publikum weitergeben
- den eigenen *Expertenstatus* stärken

© Springer Fachmedien Wiesbaden GmbH, ein Teil von Springer Nature 2019
N. Miljković, *Vom Vortrag zum Sachbuch*, https://doi.org/10.1007/978-3-658-27151-0_1

- durch *Selbstmarketing* die eigene Bekanntheit forcieren
- InteressentInnen und/oder KäuferInnen für ein neu entwickeltes Produkt finden
- einen wichtigen Beitrag zur *Wissenschaftskommunikation* für Ihr Fach leisten
- neueste Forschungsergebnisse und Umstrittenes im Kanon berücksichtigen
- Studierenden endlich ein umfassendes Werk zu einem Thema empfehlen können
- ein *Zusatzeinkommen* aufbauen
- eine gute *Akquisechance* für freiberufliche Vortragende nutzen

Zusätzlich zu diesen Gründen und dem großartigen Erfolgserlebnis, wenn das eigene – besonders das erste eigene – Buch endlich käuflich erhältlich ist, gibt es auch viele indirekte Nutzen. Wie Psychologin und Autorin Ulrike Scheuermann im sechsten *ExpertenInneninterview* (s. Kap. 6) erläutert, werden durch den *Schreibprozess* bei der Arbeit am eigenen Buch auch zahlreiche positive Impulse für die persönliche Weiterentwicklung angestoßen.

Zum Ausprobieren

Welche Gründe auch immer Sie bewegen – solange sie Sie über einige Monate bis Jahre hinweg motiviert genug halten, sich regelmäßig an die *Schreibarbeit* zu setzen, sind sie völlig legitim. Schreiben Sie eine Liste mit Ihren persönlichen Beweggründen und prüfen Sie diese regelmäßig. Sind diese Gründe noch auf der Liste, bevor Sie Ihr Exposé an Verlage auszusenden beginnen, sind das Ihre ganz persönlichen starken *Motivatoren*.

Was spricht gegen (m)ein Buchprojekt?

Erlös – Wer das schnelle Geld sucht oder ein/eine *BestsellerautorIn* werden möchte, ist (mit ganz wenigen Ausnahmen) am Sachbuchmarkt fehl am Platz. Die Verkäufe bringen selten mehr als einige Prozent vom Nettopreis des Buches ein (s. Kap. 9), und Rekordverkäufe gelingen häufig nur zuvor bereits in der Öffentlichkeit stehenden Personen gut. Als Neuling kann man nicht davon ausgehen, auf Anhieb ein gut gehendes Sachbuch vorzustellen bzw. muss viel Zeit, Energie und Geld in Buchmarketing und Öffentlichkeitsarbeit investieren.

Zeitaufwand – Sofern Sie nicht in Ihrer regulären Arbeitszeit schreiben dürfen, sich extra freistellen lassen oder sich überhaupt Bildungskarenz (Sabbatical) nehmen können, sind Sie mit großem zeitlichem Aufwand als größtem Nachteil des Buchschreibens konfrontiert. Besonders Selbstständige sollten sich errechnen, wie viel Geld gemessen an den zu erwartenden Arbeitsstunden sie tatsächlich in ihr Buch investieren können. Zudem ist die Arbeit an einem Buch mit dem Erscheinen noch lange nicht getan: Auch viele Jahre danach kann es durch Neuauflagen, Überarbeitungen und Übersetzungen noch zu einem größeren Arbeitsaufwand kommen.

Lesernutzen – Ausschlaggebend sind auch die Wünsche und Nützlichkeit für die Lesenden. Können diese Ihr Buch brauchen? Verstehen sie es? Ist es für sie überhaupt relevant? Reine Informationssammlungen sind in unserer von Informationen überfluteten

Zeit nicht mehr gefragt. Viel besser zu verkaufen sind Konzepte, Tipps oder Hilfs-angebote, die aus der Fülle an Wissen einen „instant way" für ein Problem oder eine Herausforderung bieten. Ihr umfassendes Lexikonprojekt, das weltweit nur zehn Spezi-alistInnen verstehen können, mag brillant verfasst und inhaltlich bereichernd sein, doch Großverlage sind von Klein- und Kleinstauflagen selten begeistert, die Margen für solche Projekte sind zu gering für sie.

Ruhm – In früheren Jahrzehnten verpönt, sind Sach- und Fachbücher (s. Kap. 3) für WissenschaftlerInnen zu angesehenen Ergänzungen ihrer Literaturliste geworden. Wissenschaftlichen Ruhm darf man sich jedoch nicht erwarten, da ein Sach- bzw. Fach-buch eher der Verbreitung (Dissemination) an ein breites Publikum dient.

Wie viel kostet es mich, ein Buch zu erstellen?
In der Verlagsbranche sieht man das Buchhonorar als sekundären Effekt, die zuvor genannten Vorteile sind der eigentliche Hauptnutzen für die AutorInnen (Gorus 2011, S. 15). Zumeist können Bücher verfasst werden, ohne besondere Tools anschaffen zu müssen (s. Kap. 10). Doch bereits im Vorfeld können *Ausgaben* für Literatur (Bücher kaufen, Ent-leihgebühren, Fachartikel bestellen) und Recherchen (Dienstreisen für Datenerhebung, Recherchen, Feldversuche) anfallen.

Selbst wenn Sie EinzelautorIn sind, sind nicht Sie alleine an der Erschaffung eines guten Werkes beteiligt. Häufig werden *Dienstleistungen* von virtuellen AssistentInnen (s. Kap. 12), LektorInnen und/oder KorrektorInnen (s. Kap. 14), TranskripteurInnen, GrafikerInnen und StatistikerInnen (s. Kap. 15) zugezogen. Teils variieren die Honorar-höhen für die einzelnen Dienstleistungen sehr. Eine zeitsparende, wenn auch kostspielige Variante, zu einem eigenen Sachbuch zu kommen, ist eine Ghostwriterin/einen Ghost-writer zu beauftragen (s. Kap. 6).

Was bringt mir ein eigenes Buch ein?
Bei der ersten Machbarkeitserhebung müssen alle Ausgaben mit dem erhofften *Nutzen* und den tatsächlichen Einnahmen gegengerechnet werden. Die vielen, zum Großteil unbezahlten Arbeitsstunden (s. u.) müssen in das Werk fließen, bevor auch nur ein Vorteil ganz ausgekostet werden kann.

Ihre *Einnahmen* hängen u. a. davon ab, …

- wie viele KoautorInnen am Buch mitwirken (s. Kap. 6),
- welchen *Honorarsatz* Sie mit Ihrem Verlag aushandeln konnten (s. Kap. 9),
- welche Leistungen der Verlag für Sie übernimmt,
- welche Produktionskosten je nach Ausstattung des Buches auftreten,
- wie viele *DienstleisterInnen* ggf. zugezogen werden (s. Kap. 15),
- welchen *Ladenpreis* Ihr Buch haben wird,
- welche Absatzmenge zu erwarten ist.

Durch Ausschüttungen der *Verwertungsgesellschaften* (s. Kap. 9 und Kap. 20) kommen weitere Erlöse hinzu. Diese Gesellschaften fordern von NutzerInnen, die ein Werk weiterverwenden oder zur Verfügung stellen (z. B. Bibliotheken, Medien, andere AutorInnen und Verlage) für Kopien, Zitate, E-Book-Downloads etc. autonom kleine Entgelte. Die AutorInnen bekommen meist eine Pauschale ausgezahlt, die Höhe variiert stark.

▶   **Gut zu wissen** Konkrete Angaben zu Kostenkalkulationen und AutorInnen-honoraren sind selten. Empfehlenswert ist das einfache Rechenbeispiel von Oliver Gorus (Gorus 2011, S. 12f.). Deutlich komplexer ist die *Mischkalkulation* zu Einnahmen von Druckwerken und E-Books von Nina Kreutzfeldt (Buchreport 2013). Wenngleich sich der Buchmarkt seit Erscheinen dieser beiden Quellen weiterentwickelt hat, die Verhältnismäßigkeiten und die hohen Handelsrabatte für Druckwerke sind ähnlich geblieben.

Wie lange dauert es, ein Buch zu schreiben?

Den Zeitraum der Textproduktion können Sie in den meisten Fällen weitgehend selbst bestimmen. Wie Sie in Kap. 8 genauer erfahren werden, verlangen Verlage bei Vertragsschließung meistens nur die Vorlage eines möglichst realistischen *Abgabedatums* Ihres ersten vollständigen Manuskriptes. Um den benötigten *Zeitaufwand* abzuschätzen, erfassen Sie beim Recherchieren, Verfassen und Überarbeiten der Leseprobe, wie viel Zeit Sie dafür benötigen. Rechnen Sie dann diese Summe auf die Anzahl der Seiten der Leseprobe herunter, um die durchschnittliche Dauer pro Seite zu ermitteln.

Je nach Thema ist die *Vorbereitungsphase* sehr umfangreich: Müssen Sie zuerst noch Forschungsarbeiten abschließen, Feldforschung im Ausland durchführen, Literatur in Fernleihe bestellen oder sich mit anderen Projektmitgliedern oder KoautorInnen (s. Kap. 12) mehrmals abstimmen? Selbstverständlich kommt es bei der Abschätzung der Dauer auch auf die Art des Projektes an: Für gehobene Ratgeberliteratur wird weniger Recherche- und Textproduktionszeit anfallen als beispielsweise bei einem Bildband, für den Sie zuvor längere Forschungsreisen machen und Fotoreihen erstellen müssen.

Wenn Sie die Inhaltsangabe mit den pro Kapitel geplanten Seitenzahlen erstellt haben (s. Kap. 8), können Sie eine grobe Schätzung vornehmen, wie lange die gesamte Textproduktion mindestens dauern wird. Rechnen Sie weitere 30 % als Puffer für Krankheit, Urlaube, andere berufliche Verpflichtungen, zeitliche Änderungen durch Einbinden von DienstleisterInnen, Verzögerungen bei der Bearbeitung der Endfassung, Dienst- oder Recherchereisen usw. dazu.

Zum Ausprobieren

Wann Sie Ihr Abgabedatum festlegen, hängt nun davon ab, wie oft Sie sich für den Zeitraum von einem Jahr – je nach Projektumfang vielleicht sogar bis zu drei Jahre – regelmäßig fünf, zehn oder noch mehr Stunden pro Woche zum Schreiben freihalten können.

Dividieren Sie die Gesamtstundenzahl der Textproduktion durch Ihre voraussichtliche wöchentliche Schreibzeit und erheben Sie so, in welchem Jahr und Monat Sie voraussichtlich Ihr Buch fertigstellen werden.

Wie entscheide ich mich, ob ein Projekt machbar ist?
Auch bei bester Planung und großem Werbebudget (s. Teil IV) wird vielleicht kein Break-Even-Point erreicht, also es wurde nicht annähernd so viel Geld wieder eingenommen, wie Arbeitsstunden in ein Buch hineinflossen. Sie müssen nun klären, ob es Ihnen dennoch wert wäre, Ihr Buch zu verfassen.

Zum Ausprobieren

Legen Sie ähnlich einer *SWOT-Analyse* (Entscheidungsviereck aus der Wirtschaft) zur Analyse Ihres Buchprojektes folgende vier Quadranten an:

- Ich befürchte folgende Nachteile: zu erwartende zeitliche Aufwendungen, Ausgaben, Uneinigkeit zwischen KoautorInnen, …
- Ich rechne mit folgenden Vorteilen: mögliche Einnahmen, Ihre Gründe (s. o.), …
- Ich baue auf diese Chancen – mein *Best-Case-Scenario* ist …
- Ich wappne mich gegen diese Risiken – mein *Worst-Case-Szenario* ist …

Ein Buch ist jedoch kein reines Kopfprodukt. Um v. a. die widerstreitenden Gefühle und Zweifel, die viele AutorInnen vor einem Projekt plagen, sachlich bewerten zu können, wenden Sie eine Abwandlung des *Freewriting* an.

Zum Ausprobieren

Setzen Sie sich mit Papier und Stift oder mit dem Laptop und einem leeren Word-Dokument an einen ruhigen Ort. Schreiben Sie in einem kurzen Intervall von fünf oder zehn Minuten, ohne abzusetzen, über Ihre Gefühle dem Buchprojekt gegenüber. Was stört Sie am Thema? Welche Befürchtungen hegen Sie, was andere über das Buch denken könnten? Haben Sie Angst, nicht gut genug schreiben zu können oder sich zu viel Arbeit aufzuhalsen? Oder fühlen Sie sich als HochstaplerIn, weil das Thema zu groß ist, als dass Sie je alle Antworten wissen könnten? Zensieren Sie sich nicht, lassen Sie alles zu Papier fließen! Lesen Sie sich nach Ablauf der Zeit Ihre Anmerkungen durch und klären Sie, ob Befürchtungen einen realistischen Kern haben. Wenn ja, prüfen Sie weiterhin, ob man diese Befürchtungen durch konkrete Gegenmaßnahmen mildern oder beseitigen kann. Auch irrationale Zweifel wollen Beachtung bekommen, loten Sie in den nächsten Wochen aus, wie es sich anfühlen könnte, sollten diese Szenarien eintreten. Könnten Sie damit leben? Bewahren Sie Zweifel über das Thema oder Fragen, die für Sie noch offen sind, gut auf – diese könnten sogar für das Buchprojekt von direktem Nutzen sein.

Wenn Sie sich aller hinderlichen Faktoren schon vor Beginn bewusst sind, gehen Sie die Entscheidung für oder gegen ein Buchprojekt sehenden Auges ein. Sie können mit voller Kraft daran arbeiten, und Ihre Motivation wird bis zuletzt hoch bleiben. Wenn Sie sich nach diesen ersten Überlegungen noch nicht wirklich für oder wider ein Buch entscheiden können, informieren Sie sich in den Kap. 2 bis Kap. 8 weiter. Sie werden einen guten Überblick zu Beweggründen und Aufwand für das gesamte Projekt bekommen. Zusätzlich prüfen Sie dabei alle verlegerisch relevanten Aspekte gründlich und können anschließend die vergleichsweise zeitlich geringe Investition in die Erstellung einer Inhaltsangabe, Leseprobe und eines Exposés angehen, den drei wichtigsten Unterlagen neben dem Buchmanuskript.

Sollten Sie nach Abschluss dieses wichtigen Bearbeitungsprozesses immer noch größere Bedenken haben, lassen Sie Ihr Konzept einige Zeit ruhen, bevor Sie das Exposé an Verlage aussenden. Holen Sie zusätzlich von FreundInnen und KollegInnen Feedback zu Ihrer Idee ein.

ExpertInneninterview: Im Gespräch mit Dr.[in] Andrea Klein

In der heutigen schnelllebigen Zeit können die meisten KonsumentInnen 24 Stunden täglich von vielen Orten aus auf große Informationsmengen zugreifen. Man spricht gar schon von Informationsüberflutung.

▶ Lohnt es sich in Zeiten der Informationsüberflutung noch, ein Sachbuch zu verfassen?

Es gibt tatsächlich Themen, die noch nicht ausreichend behandelt wurden oder jetzt erst aktuell und relevant werden. In meinem Fall bedeutete das beispielsweise, dass ich mich der Themen „Software beim wissenschaftlichen Arbeiten" und „Wissenschaftliches Arbeiten im dualen Studium" angenommen habe. Diese offensichtlichen Lücken habe ich gern geschlossen.

▶ Was kann ein Sachbuch Lesenden bieten, was sie nicht auch auf Blogs, Websites und in anderen Informationsquellen finden können?

Zunächst einmal ist da der Vorteil, alle Informationen übersichtlich aufbereitet an einer Stelle zu finden. Wesentlich bedeutsamer finde ich jedoch bei der Entscheidung für ein Buch den Autor oder die Autorin: Vertraue ich ihm oder ihr? Sagt mir der Schreibstil zu? Wie wahrscheinlich ist es, dass diese Person eine überraschende Perspektive auf das Thema einnimmt, neue Aspekte damit verknüpft und mich kompetent durch die Materie führt? Für diesen Mehrwert lese ich Sachbücher.

▶ Welche drei Kriterien sind für Sie persönlich ausschlaggebend, ein Buchprojekt zu beginnen?

Erstens, ich möchte Bücher schreiben, die wirklich helfen. Hätte ich daran Zweifel, würde ich ein Buchprojekt wohl gar nicht erst angehen. Zweitens, die Zielgruppe soll groß genug sein, denn sonst bin ich nicht motiviert genug, um das Buch überhaupt zu planen. Zu „nischige" oder „nerdige" Themen, für die sich nur einige wenige Menschen begeistern können, wären daher nichts für mich. Drittens: Das Thema muss natürlich in meinen Kompetenzbereich fallen. Damit meine ich nicht, dass das Buch schon vor dem Startschuss in meinem Kopf nahezu fertig ist. Im Gegenteil: Reizvoller finde ich Themen, bei denen ich selbst beim Verfassen noch etwas lerne und mich weiterentwickle.

▶ Was spricht Ihrer Meinung nach eindeutig dagegen, ein Sachbuch zu schreiben oder herauszugeben?

Eigentlich recht wenig. Selbstverständlich steht einem hohen Zeitaufwand in vielen Fällen erst einmal der vergleichsweise geringe finanzielle Ertrag gegenüber. Aber das ist letztlich für mich nicht ausschlaggebend. Wenn die Leserschaft aus der Lektüre meiner Bücher den ersehnten Nutzen zieht, bedeutet mir das mehr.

▶   Welche motivierenden Kniffe wenden Sie an, um Ihr Sachbuch auch zu Ende
       zu bringen?

Mir hilft es sehr, das zukünftige *Cover* im Wortsinn vor Augen zu haben. Daher ist der Auftrag für das Cover meist einer meiner ersten Schritte. Das Ergebnis hänge ich dann an meinem Arbeitsplatz auf. Zudem brauche ich den vereinbarten Abgabetermin. Ich unterzeichne also lieber zuerst den Vertrag, bevor ich richtig tief in das Schreibprojekt einsteige. Das Datum kommuniziere ich früh in meinem Umfeld und spreche oft über das Schreiben und meinen Fortschritt. Das gibt mir den nötigen Schwung.

Literatur

Buchreport (2013). Kreutzfeldt N.: *Wie wird der Kuchen künftig verteilt?* In Buchreport.de. https://www.buchreport.de/news/nina-kreutzfeldt-e-book-kalkulation-wie-wird-der-kuchen-kunftig-verteilt/. Zuletzt zugegriffen: 19. Nov. 2018.
Gorus O. (2011). *Erfolgreich als Sachbuchautor: Von der Buchidee bis zur Vermarktung* (2., vollst. überarb. Aufl.). Offenbach: GABAL.

Unterricht und Sachbuch

Nachdem Sie Ihren Gründen für ein eigenes Buch in Kap. 1 nachgefühlt haben, gilt es im nächsten Schritt zu ergründen, ob und wie Sie ein bereits bestehendes Konzept (Ihrer Vorlesung, Ihres Seminars, eines Vortrags) zu einem Buchkonzept abändern bzw. ein Thema von Grund auf entwickeln können. Ähnlich wie beim Unterrichten muss das Buch auch auf den Vorkenntnissen der Zielgruppe aufbauen und didaktisch ausgereift sein. Und es muss v. a. nutzbringend sein. Wie Zinsser schreibt, muss Ihr Werk ein Problem lösen helfen, indem es Fakten bereitstellt, eine ganz anders gelagerte Sicht auf ein Thema liefert, neues Wissen präsentiert oder das Thema neu anordnet (Zinsser 2006, S. 47).

Wie designe ich ein Buchkonzept von Grund auf?
„In einem Buch steht viel mehr, als ich in meinem Seminar je durchnehmen kann." „Mein Vorlesungsskript ist nicht einmal ein Viertel eines richtigen Buches." Kein Grund zu verzagen – die Menge des bereits vorliegenden Materials ist ein nebensächlicher Faktor. Ein Buchkonzept kann grundsätzlich aus nur einer einzelnen Idee, z. B. eines Keynote-Vortrags, oder auch einer neuartigen Hypothese bzw. eines bisher unbekannten Fakts zu einem vollständigen Sachbuch ausgebaut werden.

Wenn Sie bisher nur allgemein mit dem Gedanken gespielt haben, ein Sachbuch zu schreiben und noch keine konkrete Idee haben, lernen Sie in einem ersten Schritt, Ihr Fachthema auszuloten. Sehen Sie Curricula, die Sie unterrichten, und Ihre Forschungsarbeit mit neuen Augen – den Augen möglicher Lesender. In Kap. 1 haben wir bereits über den Lesendennutzen gesprochen, denn wie Zinsser sagt, wollen Texte Problem lösen helfen: „Es kann darin bestehen, die nötigen Fakten zu finden oder den Stoff zu ordnen." (Zinsser 2006, S. 47). Einige dieser auslotenden Fragen könnten sein:

- Gibt es Standardfragen von Studierenden in Ihren Veranstaltungen?
- Haben Sie ein Lieblingsthema, über das Sie regelmäßig vortragen?

© Springer Fachmedien Wiesbaden GmbH, ein Teil von Springer Nature 2019
N. Miljković, *Vom Vortrag zum Sachbuch*, https://doi.org/10.1007/978-3-658-27151-0_2

- Werden einzelne Aspekte eines Themas auf Konferenzen heiß diskutiert?
- Finden Sie für manche Fragestellungen bislang keine befriedigende Antwort?
- Sind Fachartikel erschienen, deren verquere Argumentation Sie nicht akzeptieren?
- Denken Sie sich bei Ihrem Fachthema oft „Was wäre, wenn …?"
- Wundern Sie sich gelegentlich, wie ein bestimmter Aspekt in Vergessenheit geraten konnte?

Alle diese „Nadelöhre des Wissens" sind Hinweise, hier könnte sich ein Aufhänger für eine Buchidee verbergen. „Das geeignete Thema für Ihr Buch zu finden ist letztlich ein Dreischritt." (Gorus 2011, S. 45). Was Sie Lesenden anbieten können, muss zum Erscheinungstermin gerade im Trend sein oder einen Nutzen stiften. Wie gut Sie die Erwartungen der Lesen erfüllen können, bestimmt schließlich, ob Ihr Buch gekauft wird. Darum kann es natürlich nicht bei den anfänglichen Ideen bleiben, zu einem Sachbuch gehört noch sehr viel mehr Recherche- und Entwicklungsarbeit (s. Kap. 5). Der Zugang zum Buchkonzept ist tatsächlich ähnlich wie beim Erstellen eines Vorlesungs- oder Lehrgangskonzepts. Dafür würden Sie zunächst klären, in welchem Rahmen die Veranstaltung stattfindet: Vor welcher Zielgruppe sprechen Sie? Wie viele Einheiten und welche Inhalte sind im Lehrplan vorgesehen? Welche Lernziele bzw. Erkenntnisse möchte ich den Lesenden mitgeben? Mit welcher Art des Leistungsnachweises erheben Sie, ob die Lernziele der Teilnehmenden erreicht wurden?

Dann erstellen Sie eine Feinplanung pro Einheit („Scaffolding" von Lehrplänen) und stellen so sicher, dass die Lernziele damit erfolgreich erreicht werden können. Ganz ähnlich verhält es sich mit einem Buchkonzept. Es gibt nur einen großen Unterschied – bei einem Buchkonzept definieren Sie den „Lehrplan" selbst. Dafür ordnen Sie die möglichen Inhalte der Kapitel und Unterkapitel in einer logischen und aufeinander aufbauenden Struktur, der Inhaltsangabe, und beschreiben Ihre Zielgruppe für sich und danach für Ihr Exposé (s. Kap. 8). Darin sind auch Details zum geplanten Rahmen (Umfang an Kapiteln und Seiten, ggf. auch die Anzahl an Bänden) und das didaktische Konzept zum Erreichen des Nutzens für die Lesenden festgehalten.

Stellen wir uns also ein Buchthema als Seminar vor, das Sie während eines Semesters abhalten: Die einzelnen Kapitel eines Buches sind wie die einzelnen Seminartermine, die Ihnen während eines Semesters zur Verfügung stehen. Im vorliegenden Buch sind es 20 klar abgegrenzte, aber aufeinander aufbauende Kapitel. Zu Beginn Ihres Seminars müssen Sie den Teilnehmenden einige Basiskenntnisse zum jeweiligen Thema vermitteln. So haben diese Zeit, Sie kennenzulernen, sich im Thema zu orientieren und womöglich sogar einige Wissenslücken zu schließen, bevor es in schwierigeres Terrain geht. So ähnlich verhält es sich auch mit einem Buch – nach einleitenden Gedanken bauen Sie das Thema mehr und mehr aus.

Sehr wahrscheinlich besteht ein Seminar aus unterschiedlichen Aspekten eines Themas oder aus mehreren Themen, die zu einem Überthema, einem „organisierenden Gedanken" (Cioffi 2006, S. 10) gehören. In einem Buch wären dies die Abschnitte. Die Anzahl und Auswahl an Abschnitten, Kapiteln und Unterkapiteln gewichten Sie ganz ähnlich, wie Sie dies für Ihr Seminar auch machen würden. Ob Sie die Einleitung in Ihrem Buch in nur einem, dem ersten, Kapitel oder im ersten Abschnitt mit insgesamt zwei oder drei Kapiteln gestalten, liegt ganz bei Ihnen. Bedenken Sie jedoch, dass Sie bei einem Buch eine möglichst ausgewogene Anzahl an Kapiteln pro Abschnitt und Unterkapiteln pro Kapitel haben sollten. In diesem Buch sind es beispielsweise vier Abschnitte mit je vier Kapiteln, wobei jeder Abschnitt einen anderen Fokus zum Überthema „Fachbücher produzieren" hat.

Dieses Prinzip, vom großen Überblick ins knifflige Detail zu arbeiten, spiegelt sich nicht nur in der Kapitelstruktur, sondern sogar bis tief in die Satzebene hinein wider. „Stellen Sie sich den wissenschaftlichen Text wie eine auf den Kopf gestellte Pyramide vor. Erklären Sie im ersten Satz die Sache, die der Leserwissen muss, bevor er die nächste Sache verstehen kann. Jeder Satz erweitert den vorherigen ein Stück mehr, bis Sie sich schließlich über die Fakten hinaus bewegen und in den Bereich der Anwendung und der Spekulation gelangen […]." (Zinsser 2006, S. 127).

Für wen schreibe ich mein Buch?
Eine einfache Frage, ganz klar – zunächst schreiben Sie einmal nur für sich selbst! Diese Erkenntnis wird beim eigentlichen Schreibprozess noch nützlich sein (s. Kap. 13 und Kap. 14). Doch geht das denn, etwas zu schreiben, so ganz ohne zu wissen, für wen man es schreibt? Ja und nein, wüssten Sie gar nicht, für wen Sie schreiben, würde Ihr Buch eine Faktensammlung oder Ihre bloße Meinungsäußerung bleiben. Sie müssen sich dringend Gedanken zu Ihrer Zielgruppe machen (s. Kap. 5).

Woher wollen Sie als AutorIn aber wissen, welche Vorkenntnisse, Wünsche und Erwartungen Ihre Zielgruppe hat? Anders als in einem Seminar hat man sein Publikum bei einem Buch leider nicht unmittelbar vor sich, Sie können sie nicht direkt fragen oder einen Test durchführen, um dies festzustellen. Um beim Seminarbeispiel zu bleiben: Sie wissen zum Beginn Ihres Seminars auch nicht exakt, wen Sie alles vor sich haben werden, wenn Sie zum ersten Mal zur Tür hineingehen. Wahrscheinlich treffen Sie – zum Teil bewusst, zum Teil unbewusst – zur Vorbereitung Ihres Seminars einige Annahmen über die Hörenden:

- Welche anderen Veranstaltungen oder Vorlesungen könnten sie zuvor bereits besucht haben?
- Welche Informationen aus Büchern, dem Fernsehen oder aus dem Internet könnten ihnen zuvor schon einmal in die Hände gefallen sein?
- Welche ähnlichen Themen könnten die Teilnehmenden noch interessieren?
- Wie alt sind die Teilnehmenden circa?
- Welche Beweggründe könnten sie haben, ausgerechnet Ihre Veranstaltung mit diesem Titel und dieser Beschreibung zu besuchen?
- Was könnten sie sich von dieser Veranstaltung zu erfahren hoffen?

Diesen „geistigen Kennenlernprozess" wenden Sie nun auch für Ihr Buchprojekt an und vertiefen es später noch gründlich, wenn Sie im Exposé Ihre Zielgruppe genauer definieren (s. Kap. 5 und Kap. 8). Um den Vorgang zu erleichtern, können Sie sich basierend auf den oben getätigten Annahmen über typische VertreterInnen der Zielgruppe, Ihrer späteren Leserschaft, vorstellen, welche Fragen Sie ihnen im Seminar zu bestimmten Themen (den Kapiteln) stellen würden. Was wären richtig schwierige Fragen, die nur Teilnehmende mit ausgeprägtem Vorwissen stellen würden? Welche Fragen werden Ihnen regelmäßig zum Thema gestellt („Nadelöhre", denen Sie im Buch unbedingt zuvorkommen müssen und in einem Kapitel explizit erläutern müssen)? Welche Fragen würden Sie als „dumm" ansehen? Beantworten Sie alle diese fiktiven Fragen mit ein bis zwei Sätzen schlüssig, um einen besseren Überblick über die Ausdehnung der einzelnen Kapitel zu bekommen.

Welche Erwartungen stellen Erwachsene an ein Buch?

Erwachsene stellen eine schwierige und zugleich sehr lohnende Zielgruppe dar. In der *Andragogik,* der Lehre von der Erwachsenenbildung, geht man häufig von Konzepten zur (Selbst-)Hilfe beim Lernen von Erwachsenen aus, die auf das deutlich größere Vorwissen aufbauen, das Erwachsene im Vergleich zu Kindern und Jugendlichen bereits mitbringen. Die Zielgruppe erwachsener Lesender zeichnet sich u. a. durch folgende generelle Eigenheiten aus:

- Sie haben ein gewisses Maß an Vorbildung und/oder Vorwissen zum Thema (s. o.).
- Sie könnten auch über praktische Erfahrungen mit dem Thema verfügen.
- Dadurch haben sich mehr oder minder stark ausgeprägte Meinungen zu bestimmten Themen entwickelt.
- Die eigenen Bildungslücken sind ihnen thematisch bekannt, aber womöglich nicht immer auch das Ausmaß ihres Nichtwissens.

Achten Sie bei der Entwicklung Ihres Buchkonzeptes daher auf eine entsprechende Ansprache auf Augenhöhe, die diese grundlegenden Stärken und Mankos weder kleinredet noch aufbauscht. Ähnlich wie Kinder oder Jugendliche wollen erwachsene Lesende aber auch überrascht, herausgefordert und unterhalten werden, weshalb eine ausgewogene und je nach *Genre* (Sachbuch, Fachbuch oder Ratgeber) ansprechende Mischung aus Informationsvermittlung und Unterhaltung gefunden werden sollte.

▶ **Gut zu wissen** Sachtexte sind Nutzwerke mit klar definiertem Nutzen, der sich sowohl im generellen Aufbau Ihres Buches als auch in seinen einzelnen Elementen wiederfindet. Erwachsene Lesende könnten sich beim Lesen von Sachliteratur beispielsweise ein Bedienen der in Tab. 2.1 dargestellten Punkte wünschen.

Tab. 2.1 Wunsch vs. Nutzen: Verschiedene Elemente können Wünsche der Lesenden in konkreten Nutzen umsetzen

Wunsch	Umsetzung zu Lesernutzen
Rasch Informationen bekommen	Klare Struktur, verständliche Aufbereitung, Zusammenfassung der wichtigsten Punkte am Anfang oder Ende eines Kapitels, …
Lösungsansätze kennenlernen	Szenarien bieten, Praxisbeispiele aufzeigen, …
Angeregt werden	Offene Punkte und Diskussionsansätze darstellen, Ausnahmen von der Regel vorstellen, Cutting-Edge-Themen ansprechen, für die von ExpertInnen noch kein breiter Konsens gefunden wurde, …
Gewisses Maß an Unterhaltung finden	Guter Schreibstil, kleine Anekdoten, seltsame oder seltene Begebenheiten als Einschübe, …
Eigene Lehren ziehen können	Nachhaltige Informationen anbieten, Reflexionsfragen stellen, …
Abgrenzung ermöglichen	Klare Struktur vorgeben, weiterführende Informationen bieten, nennen, womit sich das Buch nicht befasst, …
Auf Augenhöhe angesprochen werden	Auf Erfahrungen/eigenen Alltag der Zielgruppe beziehen, an Beispiele aus deren Leben anknüpfen, aktuelle Ereignisse einarbeiten, …

Welche didaktischen Elemente kann ich verwenden?

Eine der größten Herausforderungen von Schreibenden ist die indirekte Vermittlung ihrer Ideen durch den Text. Mögliche Fragen der Lesenden, die mit Teilnehmenden während eines Seminars oder Workshops direkt angesprochen oder zumindest sofort ausgelotet werden können, müssen im Schriftlichen von den Schreibenden mitgedacht und eingebaut werden. Während eines Seminars werden Sie anhand von Denkaufgaben und/ oder Hausübungen den Teilnehmenden dabei behilflich sein, das soeben vermittelte neue Wissen zu verstehen und zu verfestigen. Sie stellen ihnen zwischendurch immer wieder herausfordernde Fragen, damit sie zur nächsten Stufe der Wissensaneignung gelangen können – statt Informationen nur aufzunehmen und zu reproduzieren, sollen sie sie von Grund auf verstehen und darüber hinaus auch anwenden lernen. Auch wenn Sie mit Ihren Lesenden anders als mit den Teilnehmenden im Seminar nicht direkt kommunizieren können, stehen Ihnen dennoch ähnliche didaktische Elemente für Bücher zur Verfügung. Für die Festlegung des Nutzens für die Lesenden lohnt ein Blick auf Vortragstechniken. Idealerweise bieten Vortragende Informationen auf drei unterschiedlichen Ebenen an – auf der kognitiven (K), der affektiven (A) und der psychomotorischen (P) Ebene *(KAP-Schema)*.

Zum Ausprobieren

Das übergreifende Ziel ist es, einen Lernerfolg oder Aha-Momente der Lesenden zu erzeugen. Diese Outcomes sind in der Vortragswelt weit verbreitet und manchmal sogar verpflichtend zu definieren. Typische Formulierungen sind „Nach Besuch diese Seminars werden die Teilnehmenden … anwenden können." oder „In diesem Seminar erkennen die Teilnehmenden …" Formulieren Sie zehn Nutzen oder Reading Outcomes Ihres Buches (insgesamt oder auch pro Kapitel) nach dem geschilderten KAP-Schema, z. B.: „Nach dem Lesen meines Buches sollen die LeserInnen … Unterschiede erkennen (K)/sich bewusst werden (A)/anwenden (P) können." Gliedern Sie diese Lernziele in die drei Bereiche K, A und P und notieren Sie sich, ob es sich um essenzielle Nutzen handelt oder ein „nice to have". Stehen die Reading Outcomes fest, können Sie sich aus einer Fülle von beliebten didaktischen Elementen bedienen, um diese mit Ihrem Werk zu erreichen:

- inspirierendes Zitat am Kapitelanfang zum Einstimmen auf das Thema,
- sogenannter „Trailer", eine Einleitung bzw. Zusammenfassung am Kapitelanfang,
- Lernziele am Kapitelanfang zur Orientierung,
- bestimmte Schlagwörter typografisch hervorheben (im Text durch fett oder kursiv schreiben betonen) und/oder Hervorheben der Schlagworte am Seitenrand, meist in Kombination mit einem Stichwortverzeichnis oder Glossar im Nachspann,
- interaktive Elemente wie Übungsanleitungen im Text oder am Ende eines Kapitels,
- (rhetorische) Fragen im Text, um den Argumentationsaufbau voranzutreiben und/ oder Spannungsbögen aufzubauen, oder als Unterkapitelüberschriften (wie in diesem Buch),
- sogenannte Container in den Fließtext einbauen, Infoboxen mit Zusatzwissen wie (historische) Hintergründe, Lebenslauf wichtiger Personen oder aktuelle Studien,
- Merk- oder Kernsätze für wichtige inhaltliche und praktische Hinweise, meist typografisch hervorgehoben oder in einem *Container* (Box, Umrandung) dargestellt,
- Aufzählungen mit „bullet points" oder nummeriert schaffen Übersicht,
- Definitionen erklären wichtige Fachbegriffe, meist typografisch hervorgehoben,
- Abbildungen (wie Fotos, Grafiken, Infografiken und Diagramme), Tabellen und Formeln ziehen den Blick auf sich, lockern den Text auf und bieten Zusatzinformationen,
- Fallbeispiele geben typische Anwendungsmöglichkeiten oder charakteristische Begebenheiten wieder,
- Praxisbeispiele erläutern einen komplexen Zusammenhang aus der und für die Praxis,
- reflexive Elemente im Text oder am Ende des Kapitels als Lernstandsabfrage oder zur tieferen Beschäftigung mit dem Thema,
- weitere Erläuterungen zu einer Referenz in den Fußnoten,

- weiterführende Literatur anbieten, meist pro Kapitel zusammengefasst oder am Ende des Buches,
- Zusatzmaterialien online, damit sich Lesende bei Bedarf noch intensiver mit dem Thema beschäftigen können,
- Zusatz durch Interviews (in Auszügen in Boxen oder wie hier im Buch als Kapitelanhang),
- Conclusio, Fazit oder „take home messages" am Kapitelende,
- Ableitungen der Theorie in die Praxis,
- Quiz am Kapitelende zur Verständnis- und Lernstandsabfrage, die Auflösungen finden sich am Buchende.

Um das bestmögliche Set an didaktischen Elementen anbieten zu können, überlegen Sie sich, wann und in welchen Situationen Ihre Lesenden wohl auf das Buch zurückgreifen könnten. Benötigen Sie Ihr Buch eher, wenn sie gerade ein Problem zu lösen versuchen, dann unterstützen Infoboxen, mehrere Gliederungsebenen und ein Glossar für schnelles Nachschlagen die Lesenden sehr gut. Wollen sich Ihre zukünftigen Lesenden hingegen tief greifend über ein Thema informieren, dann sind sehr detailreiche Beispiele, Reflexionsfragen und viele weiterführende Materialien förderlicher, um die Theorie rascher zu verinnerlichen.

ExpertInneninterview: Im Gespräch mit FH-Prof. Dr. Martin Lehner

Sachbücher können Lehre, Unterricht und Bildung unterstützen und ergänzen. Dank Einfluss aus dem Angloamerikanischen scheinen allzu „trocken" verfasste Lehrbücher nun auch im deutschsprachigen Raum passé. Der Faktor Unterhaltung hat Einzug gehalten.

▶   Wie ermitteln Sie die Bedürfnisse Ihrer Zielgruppe?

Ich habe das große Glück, seit über 30 Jahren Seminare mit der Zielgruppe bzw. mit den Zielgruppen meiner Bücher abzuhalten. Das sind hauptsächlich Lehrende an Fachhochschulen und Universitäten, an Schulen, aber auch *TrainerInnen* aus der Wirtschaft. Der Austausch mit meinen Zielgruppen ist in den Seminaren sehr intensiv, wodurch z. B. mein Buch „Viel Stoff, wenig Zeit" auch entstanden ist. Meine Teilnehmenden sagen mir in den Seminaren manchmal ganz konkret, was ihnen fehlt. Da hörte ich z. B. Bemerkungen, dass in den üblichen Didaktikweiterbildungen fast nur Methoden und Medien vorkommen würden, aber sie selbst als Lehrende ja auch viel mit Inhalten zu arbeiten haben. Manchmal können sie es selbst auch gar nicht einmal benennen, spüren aber, da mangelt es einfach an etwas dazwischen. Natürlich treffe ich meine Zielgruppe auch auf *Konferenzen,* der Austausch mit FachkollegInnen ist auch spannend.

▶   (Wie) Stellen Sie sich Ihre Zielgruppe beim Verfassen der Texte vor?

Ja, schon. Ich habe schon viele Leute in meinen Seminaren gehabt, darum kann ich mir meine Zielgruppen sehr gut vorstellen. Ich weiß, dass Lehrende an Schulen ganz andere Voraussetzungen und Arbeitsumfelder haben als gut bezahlte Trainer aus der Wirtschaft, die viel in ihre Weiterbildung investieren. Zurzeit bereite ich eine *Neuauflage* von meinem Didaktikhandbuch vor. Das hat mehrere konkrete Zielgruppen, denen muss ich allen gerecht werden. Aus Erfahrung weiß ich, die Lehrenden brauchen reflexive Elemente, aber PraktikerInnen wollen wissen, was ihnen das alles nützt. Da sind Welten dazwischen. Als Autor muss ich dann einen Spagat zwischen all diesen Bedürfnissen leisten und die Zielgruppen immer gut vor Augen haben. Aber das klappt schon, weil ja gerade ein *Sachbuch* von niemandem von vorne bis hinten gelesen wird. Jeder pickt sich da raus, was sie oder er eben brauchen kann. Ich finde, manchmal darf man die Teilnehmenden auch ein wenig irritieren, wenn sie reflexive Anregungen sehen, die für eine andere Zielgruppe des Buches gedacht sind. Ich biete z. B. gerne Fragen an, die sich die Lesenden vielleicht selbst nicht stellen würden.

▶   Welche didaktischen oder textuellen Methoden nutzen Sie, um gesprochene Inhalte (z. B. aus einer Vorlesung, einem Vortrag) in einen Text für ein Buch zu „übersetzen"?

Ganz ähnlich wie in meinen Veranstaltungen versuche ich immer Miniaufgaben einzubauen, Fragen anzubieten, verschiedene Methoden und Tools zu beschreiben. Je nachdem, was meine Zielgruppen brauchen, ist das schon divers. Ich persönlich spreche aber nichts auf Band, bei mir muss alles im Kopf „vorgeschrieben" und ein *roter Faden* geplant sein, bevor ich richtig loslegen kann. Generell empfehle ich zu üben, viel zu schreiben und womöglich etwas Feedback dazu zu bekommen. So treibt man die eigene Sprachentwicklung voran und mit der Zeit lernt man auch, schneller zu schreiben.

▶ Wie setzen Sie Reading bzw. Learning Outcomes für Ihr Buch um bzw. ein?

Für mich ist wichtig, Learning Outcomes je nach Veranstaltungstyp festzulegen, da die Schwerpunkte der einzelnen Formate doch sehr unterschiedlich sind. Bei Büchern bin ich nicht so streng unterwegs, ich habe auch die Erfahrung gemacht, dass Erwachsene selbst festlegen mögen, was ihnen das bringt. Würde ich da sehr eng gefasste Outcomes festlegen, würde ich meine Lesenden ja bevormunden.

▶ Welche Vorteile der eindirektionalen Kommunikation (Buch → Lesende) sehen Sie?

Ein Buch bietet einen ganz anderen Zugang zu einem Thema, auch und gerade für den Autor. Für Artikel und auf Websites muss man sich sehr beschränken, ein Buch bietet den großen Vorteil, sich auslassen zu können. Man kann sich richtig intensiv mit etwas beschäftigen, und ich genieße es schon sehr, etwas großes Ganzes präsentieren zu können. Und im Idealfall sind Bücher auch ein stimmiges Ganzes, wenn man sich nicht zu sehr beschränkt oder beschränkt wird.

▶ Was stört Sie an der eindirektionalen Kommunikation zwischen Ihrem Werk und den Lesenden am meisten und wie könnte man diese „Handicaps" umgeben/wie umgehen Sie sie?

Für mich ist das nicht so eindirektional, ich erhalte relativ viele Rückmeldungen zu meinen Büchern, schon alleine in meinen Workshops. Ein anderer Indikator, dass meine Bücher Mehrwert haben und gut ankommen, sind die zahlreichen Einladungen zu Vorträgen und Seminaren. Das freut mich immer sehr! Einige dieser Anfragenden sind durch meinen TedTalk[1] auf YouTube auf meine Bücher gekommen, das ist natürlich auch sehr erfreulich. Ich lese auch immer wieder einmal nach Erscheinen Rezensionen. Die sind dann bei der Buchseite von UTB z. B. eher akademischer als bei Amazon, wo manchmal auch nur Befindlichkeiten stehen. Besonders wichtig sind mir die Feedbacks von meinen

---

[1] https://www.YouTube.com/watch?v=f7viFRZAEqM

Testlesenden. Manche AutorenkollegInnen geben in ihren Büchern eine E-Mail-Adresse für Rückfragen an, kann man schon machen, ich habe das bisher noch nicht ausprobiert.

▶   An welchen Details kann man Ihre Persönlichkeit/Ihren Vortragsstil auch in
        Ihren Sachbüchern erkennen?

Die Art meiner Ideen ist sicher sehr typisch. Vor allem, dass vieles sowohl „Bodenhaftung", also praktische Bezüge, hat, als auch theoretisch fundiert ist. Das ist mir bei aller Liebe zur Wissenschaft wichtig, dass das nicht komplett abgehoben ist. So unterrichte und lebe ich und darum findet man diese Dinge auch in meinen Büchern wieder, was natürlich den Zielgruppen zugutekommt.

Literatur

Cioffi F. L. (2006). *Kreatives Schreiben für Studenten & Professoren. Ein praktisches Manifest.* Berlin: Autorenhaus Verlag.
Gorus O. (2011). *Erfolgreich als Sachbuchautor: Von der Buchidee bis zur Vermarktung.* (2., vollst. überarb. Aufl.). Offenbach: GABAL.
Zinsser W. (2006). *Nonfiction schreiben: Fach- und Sachbuch, Biografie, Reisebericht, Kritik, Business, Wissenschaft und Technik.* Berlin: Autorenhaus Verlag.

Wissenschaft und Sachbuch

3

Vielen WissenschaftlerInnen ist es wichtig, ein Sachbuch zu schreiben, weil es immer auch ein wichtiger Beitrag zur *Wissenschaftskommunikation* für ihr Fach ist. Eine weitere häufig genannte Intention ist es, neueste Forschungsergebnisse und Umstrittenes im Kanon berücksichtigten zu können (s. Kap. 2). Dennoch tummeln sich in vielen Wissenschaften Vorurteile über sogenannte populärwissenschaftliche Bücher (s. Tab. 3.1), also Sachbücher, die einem breiteren Publikum Themen zugänglich machen, für die es ohne wissenschaftliche Bildung kaum Informationen beziehen könnte. Diese Bedenken haben mehrere Ursprünge – und häufig auch einen kleinen wahren Kern.

Was ist so schrecklich an der Populärwissenschaft?
WissenschaftlerInnen sehen populärwissenschaftliche Textsorten oft als „unwissenschaftlich" an. Manche haben womöglich in der Vergangenheit schlechte Erfahrungen mit JournalistInnen gemacht, die ihre Anliegen nicht ganz korrekt in Zeitungen veröffentlicht hatten. Das ist enttäuschend, doch auch verständlich, denn tatsächlich muss eine regelrechte Übersetzungsarbeit stattfinden, um wissenschaftliche Artikel für andere Zielgruppen als die eigenen FachkollegInnen zugänglich zu machen. Viele Details, die für WissenschaftlerInnen spannend sind, fallen dabei unter den Tisch, eher nebensächliche Resultate werden hingegen übertrieben oder gar aufgebauscht. Fragen wie „Wozu ist das gut?" oder auch „Was nützt mir das im Alltag?" sind für die steuerzahlenden Laien sehr interessant. Diese Aspekte stehen in der wissenschaftlichen Auseinandersetzung oft hinten an oder werden nicht ausdrücklich bearbeitet.

Auch auf der anderen Seite steht das wissenschaftliche Publikationswesen und der Impact Factor, als „Währung" von WissenschaftlerInnen. Je hochwertiger ein Journal angesehen wird, umso mehr Impact hat es. Eine Veröffentlichung in einem guten Journal zu erreichen, steigert auch das Prestige der WissenschaftlerIn. Diese Fachtexte sind für Laien nicht mehr verständlich, was auch an der mit Fachtermini gespickten

© Springer Fachmedien Wiesbaden GmbH, ein Teil von Springer Nature 2019
N. Miljković, *Vom Vortrag zum Sachbuch*, https://doi.org/10.1007/978-3-658-27151-0_3

Tab. 3.1 Gängige Klischees über wissenschaftliche und populärwissenschaftliche Texte

Wissenschaftlicher Text	Populärwissenschaftlicher Text
Sehr kleine, klar abgegrenzte Zielgruppe	Für jeden
Kurz und prägnant	Ausufernd
Klare Absichten, roter Faden	Ein wenig von allem, Sammelsurium
Komplizierte, verschachtelte Sprache	Einfacher Stil, Geplapper
Trockener, unpersönlicher Stil	Überschwänglich und direkt
Viele Fachbegriffe	Catch Phrases und Jugendsprache
Argumentationsstrategien	Erzählerisch, man muss nicht überzeugen
Viele Details aufzählend	Zu pauschalisierend
Zitieren	Erfunden ist noch gut genug
Abbildungen und Tabellen als Mehrwert	Fotos zur Unterhaltung
Ergebnisse	Zu zugespitzt, effekthaschend
Sinnstiftend, Forschungsfortschritt zeigen	Zeitvergeudung, nutzlos

Wissenschaftssprache liegt. Zwar ist es ein Klischee, das Wissenschaftssprache sehr komplex sein muss, ja sogar das Gegenteil ist richtig, und doch hält sich diese Vorstellung hartnäckig.

▶   **Gut zu wissen** Populärwissenschaftliche Texte müssen nicht so komprimiert sein wie wissenschaftliche Texte, aber guter Absatzaufbau, stichhaltige Argumentation und ein deutlicher roter Faden (s. Kap. 13) gehören auch bei dieser Textsorte zum guten Ton.

Lange Zeit galt: Wer in nicht „gerankten" Medien publiziert oder nicht wissenschaftliche Texte wie Sachbücher veröffentlicht, steigert seinen Impact Factor nicht. Wohl mangels Übung im Umgang mit diesen Textsorten weigerten sich manche WissenschaftlerInnen sogar, etwas anderes zu schreiben als ihre wissenschaftlichen Texte. Dabei ist gerade der Übertrag von Wissenschaft zu Gesellschaft von größter Wichtigkeit und für viele Fördermittel sogar verbindlich zu disseminieren. Mittlerweile hat sich auch ein Trend aus dem angloamerikanischen Raum in Europa begonnen durchzusetzen: Viele WissenschaftlerInnen schreiben einen eigenen Blog, andere nutzen *Social Media* (s. Kap. 17 und Kap. 19) aktiv und tragen so niederschwellig zur Wissenschaftskommunikation bei. Generell gibt es keine klare Definition von Wissenschaftskommunikation, wie Könnecker schreibt, fördern „Tage des offenen Labors ebenso wie populäre Sachbücher, Wissenschaftsblogs und einschlägige Hörfunk- wie Fernsehsendungen; Ausstellungen, Podiumsdiskussionen und Podcasts genauso wie Artikel in Wissenschaftsmagazinen" die wissenschaftliche Bildung der Bevölkerung gleichermaßen (2012, S. XI).

Welche Sprache ist für einen populärwissenschaftlichen Text angemessen?
Wie erwähnt, kommt es auch beim Schreiben von populärwissenschaftlichen Büchern
auf die richtige Technik an. Erstaunlicherweise enthalten viele Bücher zu wissen-
schaftlichem Schreiben für Studierende genau dieselben Schreibtipps, wie sie auch für
populärwissenschaftliche Literatur angemessen sind. Tatsächlich sind dies Schreibtipps für gute Texte im Allgemeinen, welche nicht so sehr zwischen Wissenschaft und
Populärwissenschaft unterscheiden:

- Entwerfen Sie eine nachvollziehbare *Gliederung*.
- Finden Sie einen roten Faden, der durch Ihre Arbeit leitet.
- Schreiben Sie aktive Sätze statt starre Passivkonstruktionen.
- Vermeiden Sie lange Schachtelsätze.
- Geben Sie immer alle verwendeten *Referenzen* an.
- Streichen Sie unnötige Füllwörter.
- Legen Sie ein *Abkürzungsverzeichnis* an.
- Erläutern Sie Fachtermini bei der ersten Verwendung.
- Abbildungen und Tabellen müssen einen Mehrwert stiften.

Zum Ausprobieren

Damit beim Schreiben eines Sachbuchs die negativen Seiten des wissenschaftlichen
Schreibens (lange Sätze, zu komplex, zu viele Fachbegriffe) nicht Überhand nehmen,
sammeln Sie in Anlehnung an Tredinnicks „Speed-Dating"-Tipp (2008, S. 30) in kurzen Intervallen Inhalte zu einem Thema. Was müssen Sie Ihren Lesenden in einem
Unterkapitel vermitteln, wenn Sie nur zwei Minuten Zeit haben, es zu erklären?
Schreiben Sie in ganzen Sätzen und so, dass sie auch nach nur zwei Minuten einen
zusammenhängenden Text erhalten. Natürlich wird nach dieser Zeit noch viel Inhaltliches fehlen, als Basis Ihrer Ideensammlung ist es dennoch nützlich. Erweitern Sie in
einem zusätzlichen zehn minütigen Intervall pro Unterkapitel, was des Weiteren noch
unbedingt vermittelt werden sollte. Haben Sie diese Übungsschritte für alle Unterkapitel durchgeführt, steht ein kurzes, aber rundes Ganzes zur Verfügung, das in 20
bis 30 Minuten Lesezeit alles Wichtige zu einem Thema vermittelt. Ihre ursprüngliche
Gliederung nimmt langsam Gestalt an, von nun an geht es nur noch um Detailfragen.

Zudem soll uns ein Buch gerne auch unterhalten, für die Schreibenden ist dabei jedoch
Vorsicht geboten: Es soll angenehm zu lesen sein, aber doch genau und informativ. Nutzen Sie witzige Metaphern, Anekdoten oder eine andere ungewöhnliche Aufbereitungs-
art, Unterhaltung im Sinne von Jux und Tollerei ist bei den meisten Themen hingegen
nicht angebracht.

Wie erläutere ich komplexe Inhalte?
Bei allen Ähnlichkeiten benötigen unterschiedliche Genres jedoch auch unterschiedliche
Strategien der *Wissensvermittlung* (s. Kap. 6): Ein wissenschaftliches Buch muss andere

Strategien für LeserInnen bieten als ein populärwissenschaftliches Werk, ein Buch für Kinder zum selben Thema oder ein Ratgeber. Besonders wichtig ist es, eine gute didaktische Strategie zu verfolgen (s. Kap. 2) und komplexe Inhalte für Laien zu übersetzen (s. o.).

Als Lehrende sind Sie an das Erklären komplexer Inhalte gewohnt, nun gilt es schriftliche Ausdrucksweisen für die ansonsten mündlich exerzierten Erklärungen zu finden. Typische Strategien hierfür sind (Cioffi 2006, S. 28ff.):

- Interpretieren: im Sinne von Inhalte in eine andere Sprache, die Sprache der Lesenden, übertragen,
- Prämissen entlarven: Sachverhalte in bestimmten Voraussetzungen sichtbar machen, womöglich auch Vorurteile aufzeigen,
- wichtige Muster erläutern,
- Brüche in Mustern aufzeigen,
- Umbettung in einen anderen *Kontext:* z. B. ins Licht aktueller Ereignisse oder in Zusammenhang mit den Lebensrealitäten der Lesenden, in einen anderen geografischen oder historischen Kontext stellen,
- generalisieren oder zuspitzen,
- die Wirkung herausstellen: Wie steht etwas in Verbindung zu beobachteten Reaktionen?
- Extrapolieren: etwas ins Lächerliche führen.

Zum Ausprobieren

Wer sich beim Schreiben unsicher ist, ob er den richtigen Mix aus Erläutern und Unterhalten für seine Zielgruppe(n) trifft, stellt sich seine Lesenden vor: Wo werden sie das Buch lesen? Zu Hause im Bett lesend, am Wochenende auf dem Sofa blätternd, am Schreibtisch lernend oder fallweise am Arbeitsplatz nachschlagend? Welchen Stil würden Sie in den jeweiligen Situationen bevorzugt lesen? Ein weiterer Tipp, die Ansprache der Lesenden auszutesten, ist, schon früh im Entstehungsprozess eine Leseprobe an verschiedene Testlesende (aus diesen Gruppen oder andere Personen seines Vertrauens) auszusenden. Autorin Ulrike Scheuermann empfiehlt in Ihrem ExpertInneninterview (s. Kap. 12), von diesen HelferInnen ehrliches und direktes Feedback einzufordern und dieses genau umzusetzen.

Für ein anspruchsvolles Fachpublikum müssen Komplexität, Klarheit und Tiefe vereint sein. Cioffi empfiehlt hierfür, folgende Aspekte achtsam umzusetzen, da fachlich gebildete Lesende darauf für gewöhnlich besonderen Wert legen (2006, S. 50f.): Eine einfallsreiche und sorgsame Argumentation mit einer deutlichen Positionierung aufbauen, einen originellen Ansatz wählen, präziser Sprachgebrauch mit einwandfreier Grammatik und korrekte Rechtschreibung sind ein absolutes Muss, ebenso wie gut entwickelte und zusammenhängende Absätze und eine logische Struktur. Zu guter Letzt sollte man natürlich auch auf aktuelle und/oder relevante Publikationen eingehen, Querverweise setzen (s. u.) und passende Fachbegriffe, die im jeweiligen Fach üblich sind, nutzen (Cioffi 2006, S. 53).

Tab. 3.2 Funktionen von Zitaten in (populär)wissenschaftlichen Texten

Funktionen für die Schreibenden	Funktionen für die Lesenden bzw. Dritte
Stärken der eigenen *Argumentation*	Roten Faden vorfinden
Einbringen von ExpertInnenmeinungen	Vertiefung des Themas
Aufzeigen von Vorarbeiten	Weiterführende Informationen bekommen
Stand der Forschung abbilden	Orientierung im Thema bekommen
Sich einer Denkschule zuordnen	Intentionen der Schreibenden einschätzen
Vermeiden von *Plagiatsvorwürfen*	Wahren der eigenen Urheberrechte
Schutz vor Fehlern anderer	Wiederfinden von Quellen ermöglichen

Wozu dienen wissenschaftliche Zitate in meinem Text?

Das Zitieren ist das einzige Merkmal, das wissenschaftliche Texte auszeichnet, aber in anderen Texten sehr selten genutzt wird. Dennoch sollten auch in populärwissenschaftlichen Werken die UrheberInnen fremder Inhalte immer genannt werden. Darüber hinaus haben Zitate noch viele unterschiedlichen Funktionen (s. Tab. 3.2) – für Schreibende und für Lesende.

Beim Zitieren ist es wichtig, nie Zitate um ihrer selbst Willen zu verwenden: Sie müssen zwingend Teil der eigenen Argumentation sein und eine wichtige Funktion (s. o.) erfüllen. Dafür müssen AutorInnen Zitate für die Lesenden sorgsam auswählen, begutachten, abwägen, vergleichen, bewerten und kommentieren. Denn: „Auch externe Quellen dürfen Ihre eigene Meinung in einem Essay nicht verdrängen oder ersetzen; stattdessen können sie dazu dienen, Ihre Position zu stützen, sie zu unterstreichen und sie im richtigen Licht darzustellen." (Cioffi 2006, S. 35).

ExpertInneninterview: Im Gespräch mit Mag.ᵃ Dr.ⁱⁿ Edith Huber

Das Schreiben in den Wissenschaften beruht auf einer sehr langen Tradition und zahlreichen Regeln. Für FachexpertInnen sind solche Schriftstücke wahre Goldgruben und Publikationen in qualitätsvollen Zeitschriften gar zu einer Art „Währung" geworden. Für Laien sind diese Textsorten jedoch meist völlig unverständlich und daher die Wissenschaften auch unzugänglich.

▶   Wird es für FachexpertInnen immer wichtiger, sich mit einem Sachbuch zu
    positionieren? Warum ja/nein?

Grundsätzlich denke ich, dass es wichtiger wird, seine *Expertise* gut zu vermarkten. Das hat unterschiedliche Gründe. Zum einen kann es einen persönlichen Beitrag zur *Karriereentwicklung* leisten, zum anderen kann man *Fachwissen* der breiten Öffentlichkeit zugänglich machen. Nichtsdestotrotz gibt es Themen, die besser als Sachbuch geeignet sind als andere. Am Ende des Tages muss die Forscherin/der Forscher es selbst entscheiden, ob sie/er in diesem Zusammenhang publizieren möchte.

▶   Was verbinden Sie persönlich mit dem Begriff populärwissenschaftlich?

Für mich bedeutet populärwissenschaftlich, Texte im Sinne von *„Science to Public"* aufzubereiten. Man muss das Fachthema in ein Wording bringen, dass von der Allgemeinheit verstanden wird.

▶   Wann ist die „Übersetzungsarbeit" von purer Wissenschaft zu einem auch für
    interessierte Laien verständlichen Werk gelungen oder anders gefragt – was
    macht ein gutes Sachbuch aus?

Je besser die Forscherin/der Forscher diese Übersetzungsarbeit leisten kann, umso besser ist das Sachbuch geworden. Wobei man durchaus immer mehr mit didaktischen und belletristischen Elementen der Autorenschaft arbeiten muss. Der Text muss in kleinen Portionen spannend und verständlich zu lesen sein.

▶   Wie stellen Sie das Vorwissen Ihrer womöglich nicht so intensiv wissenschaft-
    lich vorgebildeten Lesenden fest?

Das kann man nicht. Grundsätzlich gibt es wissenschaftliche Themen, die auch für die Allgemeinheit interessanter sind, wie z. B. Umweltschutz, medizinische Themen usw. Da kann man auch von einem gewissen *Vorwissen* ausgehen. Je weiter das wissenschaftliche Thema von einer Alltagsbetroffenheit entfernt ist, umso schwieriger wird es.

▶   Wie passen Sie Ihren Schreibstil für das Sachbuch im Vergleich zu einem
    wissenschaftlichen Paper an?

Ich erkläre mehr, mache mehrere kleinere Kapitel und fasse nochmals zusammen.

▶ Geben Sie Ihre populärwissenschaftlichen/nicht rein wissenschaftlichen Sachbücher auch in Ihrer wissenschaftlichen Publikationsliste an? Warum ja/nein?

Ja, das mache ich schon, da auch Publikationen im Bereich „Science to Public" gezählt
werden, da man damit ein interessiertes Zielpublikum erreicht.

Literatur

Cioffi F. L. (2006). *Kreatives Schreiben für Studenten & Professoren. Ein praktisches Manifest.*
Berlin: Autorenhaus Verlag.
Könneker C. (2012). *Wissenschaft kommunizieren. Ein Handbuch mit vielen praktischen
Beispielen* (1. Aufl.). Weinheim: Wiley-VCH Verlag.
Tredinnick M. (2008). *Writing Well. The essential guide.* Cambride: Cambridge University Press.

Schriftstellerln sein statt werden

In der Belletristik mag es deutlich öfters als in den Fachmedien begnadete Schreibende geben, dennoch fallen Texte auch für diese AutorInnen nie vom Himmel. Selbst die kreativsten Menschen müssen einige Schreibtechniken beherrschen und einen guten Kapitelaufbau bewerkstelligen – zwei Aspekte, die auch für Sachtexte zutreffen. Diese Anteile sind durch die Analyse anderer Texte und Übung erlernbar. Was wirklich zählt, sind hingegen „Persönlichkeit und Wärme des Autors" (Zinsser 2006, S. 8f.). Viele Laien meinen, ein Buch wäre einfach ein sehr langer Text. Das geht schon irgendwie, das kennt man von den Abschlussarbeiten des Studiums und von Publikationen als Forschende. Tatsächlich ist ein Buch aber viel mehr als ein langer technischer Text – es scheint auch viel Persönlichkeit der Ausführenden durch, die Gestaltung des Inhalts atmet Ihre Eigenheiten, da Sie jeden einzelnen Inhalt genau moderieren.

Ab wann darf oder soll ich mich AutorIn nennen?
Grundsätzlich darf sich jede/r AutorIn nennen, wann immer sie/er will. Da Sie ein Buch wohl auch als neuen, seriösen Aspekt Ihrer Karriere schreiben möchten, sollte hinter dieser Titulierung allerdings auch Substanz stecken: Ab dem Unterzeichnen eines *Verlagsvertrags* bzw. bei *Selbstverlag,* sobald Vorbestellungen eines Werkes möglich sind, darf man sich mit Fug und Recht publizierte Autorin/publizierter Autor nennen. Vor diesen wichtigen Meilensteinen während der Buchproduktion ist es eher zu vermeiden, sich schon AutorIn zu nennen. Manche KollegInnen bevorzugen den Begriff SchriftstellerIn, wobei dieser Begriff im Allgemeinen eher BelletristikautorInnen vorbehalten ist.

Das Selbstverständnis, dass man nun AutorIn ist, entwickelt sich erst mit der Zeit. Versuchen Sie sich schon in der ersten Zeit Ihrer Schreibphase anzugewöhnen, diese Tätigkeit auch als solche auszudrücken – es ist ein vollwertiger Beruf neben Ihrem Hauptberuf, es ist eine neue Karriererichtung, doch es ist sicher nicht nur „ein bisschen schreiben". Nutzen Sie den Umstand, NeuautorIn zu sein, auch für das bevorstehende

© Springer Fachmedien Wiesbaden GmbH, ein Teil von Springer Nature 2019
N. Miljković, *Vom Vortrag zum Sachbuch,* https://doi.org/10.1007/978-3-658-27151-0_4

Buchmarketing, und tun Sie diesen neuen Schritt in der Karriere öffentlich kund
(s. Teil IV).

Welche Aufgaben habe ich als AutorIn zu erfüllen?

Als AutorIn haben Sie einige wichtige Aufgaben, Funktionen und Rollen zu
erfüllen, die weit über das Verfassen eines Textes hinausgehen. Selbstverständlich sind
Sie durch einen *Buchvertrag* an vertragliche Vereinbarungen (s. Kap. 7) gebunden. Es
wird u. a. erwartet, dass Sie das von Ihnen im Exposé (s. Kap. 8) vorgeschlagene Thema
mit einer klar umrissenen Abgrenzung zu Konkurrenzwerken aufbereiten. Sie sollen
auch ein für Ihre Zielgruppe(n) passendes didaktisches Konzept entwickeln, idealerweise
mit einer neuen „Masche" der Vermittlung, um nicht nur eine Informationssammlung zu
fabrizieren. Ihre Funktionen sind auch kommunikativ – gegenüber dem Verlag während
der Produktion und verkaufsfördernde Unterstützung in der Phase der Buchvermarktung.
Dabei vertreten Sie stets Ihren (wissenschaftlichen) Standpunkt, den Sie in Ihrem Buch
darstellen, Sie sind niemands Maskottchen für Thema xy.

▶   **Gut zu wissen** Wie Sie im Laufe des Entstehungsprozesses feststellen wer-
       den, sind neben diesen offiziellen Aufgaben und Funktionen auch einige Rol-
       len zu erfüllen: Sie sind KreativdirektorIn Ihrer Ideen, fleißiger Schreiberling
       von Textschnipseln, spitzzüngige KritikerIn, Sprachrohr eines Themas oder
       für eine Zielgruppe, ProjektmanagerIn und ZeitwächterIn, DompteurIn vieler
       Wünsche (von KoautorInnen und von LektorInnen, bedingt durch das Verlags-
       programm) und wenn mal etwas nicht ganz so schnell oder ganz so einfach
       klappt, auch mal ein „Watschenbaum". Diese Rollen sind sehr individuell und
       man muss sicher nicht alle annehmen. In manchen Phasen des Schreibens ist
       es hilfreich, sich zu überlegen, welchen „Hut" man sich gerade aufsetzt: Das
       erleichtert weiterhin effizient arbeiten zu können und sich nicht zu sehr von
       oft unausgesprochenen Befürchtungen, die hinter diesen Rollen liegen kön-
       nen, ablenken zu lassen.

Was macht mich als AutorIn besonders?

Ihr Standpunkt zu einem Thema und die Art und Weise, wie sie diesen aufbereiten, prä-
sentieren und auch gegen andere Ansichten verteidigen, ist die wohl wichtigste Aufgabe
für Sie als AutorIn (s. o.) und eines der wichtigsten Verkaufsargumente für Ihr Buch.
Um diese kolossal wirkende Arbeit zu erleichtern, empfiehlt Gorus eine sehr einfache
Botschaft, die Sie zu Ihrem Buchthema vermitteln wollen, in einem Satz zu definieren.
Idealerweise verknüpft dieser Spruch das Thema direkt mit Ihrer Persönlichkeit (2011,
S. 39), Sie werden zur Verkörperung Ihres Buchthemas.

▶   **Gut zu wissen** Damit Ihre Botschaft von den Lesenden auch wahrgenommen
       wird und *Reputation* erzeugt, muss sie glaubwürdig sein, und Sie müssen als
       ernst zu nehmende Vertreterin/ernst zu nehmender Vertreter dieser Botschaft

gesehen werden. Wie wird man glaubwürdig? Authentisch sein ist das Stichwort, indem Sie …

- mit Ihrer Zielgruppe bereits zu tun hatten und ihr respektvoll begegnen,
- die Ängste und Befürchtungen der Zielgruppe kennen und ernst nehmen,
- die „Sprache" der Zielgruppe aufgreifen können,
- die Sorgen Ihrer Zielgruppe mit plausiblen Fakten zerstreuen können,
- Referenzen vorweisen können, wann und wo Sie mit dem Thema gearbeitet haben,
- handfeste Beispiele und nützliche Übungen mit echtem Mehrwert vorstellen.

Erfüllen Sie diese Punkte, werden die Lesenden das Gefühl haben, Sie sind glaubwürdig und können so Ihrer Botschaft auch vertrauen. Manchmal kann man diese Botschaft auch gleich als Untertitel für das Buch verwenden, zu Marketingzwecken auf Flyern, als eingängiger Slogan auf Ihrer Webseite oder als Aufhänger zum *Storytelling* für *Medien* (s. Kap. 19).

Zum Ausprobieren

Notieren Sie all das, was Sie auszeichnet und authentisch macht. In Anlehnung an die Wirtschaft könnte man es auch Ihren „persönlichen USP" nennen („unique selling proposition" oder Alleinstellungsmerkmal). Das ist wichtiger, als man denken mag, denn „nicht das Thema, sondern die Person hinter dem Text entscheidet am Ende, ob sich das Geschriebene verkauft." (Zinsser 2006, S. 15). Zeigen Sie sich leidenschaftlich und äußern Sie gerne auch Emotionen zum Thema:

- Was bewegt Sie auch nach vielen Jahren der Arbeit an diesem Thema noch heute?
- Was ärgert Sie besonders, weil es gerne missverstanden wird?
- Was haben Sie in den letzten 15 Jahren dazugelernt?
- Wenn Sie einen Menschen mit Bezug zu Ihrem Thema treffen könnten, wäre es …?
- Wenn Sie sich wünschen könnten, was auch immer Sie möchten, würden Sie …?
- Wenn Sie die Zeit 15 Jahre zurückdrehen könnten, würden Sie sich warnen vor …?
- Welche persönlichen Rückmeldungen der Zielgruppe haben Sie bekommen?
- Was wäre, wenn es dieses Thema nicht mehr gäbe/das Problem gelöst wäre?

Definieren Sie nun Ihre *Botschaft* (s. o.) und was das Buch für die Lesenden bewirken kann. Alternativ können Sie diese Aufgabenstellung auch umsetzen, indem Sie in nur 150 Worten den *Klappentext* (Blurb) verfassen, der eine sehr kurze Zusammenfassung zum Buch bietet und Ihre Botschaft aufgreift.

Wie finde ich meine eigene Schreibstimme?

Durch die zumeist ausgeprägte Schreiberfahrung mit anderen Textsorten, die Sachbuch-autorInnen aus ihrem Beruf in der Forschung und Lehre mitbringen, sind viele äußerst selbstkritisch geworden. Besonders, was das Thema betrifft. „Die wahrscheinlich größte Angst von Non-Fiction-Autoren besteht darin, ihrem Thema nicht gerecht zu werden", schreibt Zinsser (2006, S. 165) und spricht damit an, was viele befürchten: „Das haben doch schon zig andere geschrieben" ist typisch. Das kann v. a. zu Beginn des Schreib-prozesses belastend sein.

So authentisch wie möglich zu bleiben und seine eigene *Schreibstimme* zu finden, hilft enorm dabei, das Thema auch wirklich stimmig verkörpern und vermitteln zu kön-nen. Mit der richtigen inneren Haltung (s. o.) klappt das schon ganz gut: Sie sind jetzt AutorIn, andere haben das Thema auch schon bearbeitet, aber Ihre ganz persön-lichen Erfahrungen damit hat sonst niemand. Um diese Erfahrungen zu vermitteln, muss man sich bis zu einem gewissen Grad öffnen und seine Persönlichkeit in den Text ein-bauen. Im Laufe des Schreibens auch Persönlichkeit einfließen zu lassen heißt, sich so zu zeigen, wie Sie sich darstellen möchten.

Neben dieser persönlichen Schreibstimme zählt auch die Arbeit am Handwerkli-chen. Abgesehen von Rechtschreib- und Grammatikfehlern, die keinesfalls im Text vorkommen sollen, sind handwerkliche Fauxpas gedankliche Unordnung, irritierende Zeitsprünge, Vorausschauen und Ankündigungen, die später nicht geboten werden und dergleichen mehr.

Zum Ausprobieren

Sprachgefühl und Sprachvertrauen entwickelt man, wie auch Autor Martin Lehner im ExpertInneninterview (s. Kap. 2) anspricht, nur durch das Schreiben. Hier einige Tipps für ein „Schreib-Workout":

- Stellen Sie fest, welcher *Schreibtyp* Sie sind und wie Sie sich Ihre Schreiberleb-nisse ideal gestalten können (s. Kap. 12 und Kap. 14).
- Schreiben Sie versuchshalber zu unterschiedlichen Uhrzeiten und vergleichen Sie, welche Zeit für Sie am angenehmsten und produktivsten ist.
- Testen Sie unterschiedliche Schreibstile aus, gerne auch, indem Sie jemanden imi-tieren, der Ihnen zusagt.
- Schreiben Sie zur Abwechslung in der ersten Person und aktiv, auch wenn es Ihnen schwerfallen sollte, weil das ein in der Wissenschaft eher verpönter Stil ist.
- Lassen Sie alles gelten, und zensieren Sie Ihre Ideen nicht frühzeitig.
- Stellen Sie die automatische Rechtschreibprüfung Ihres Schreibprogramms ab und achten Sie zunächst nicht auf Tippfehler und Grammatik, das kann auch später noch ausgebessert werden.
- Versuchen Sie nicht, „gut", „elegant" oder „gewitzt" zu klingen. Schreiben Sie wie „Sie".

- Lesen Sie Ihre Texte laut vor und prüfen Sie, ob sie die Wirkung erzielen, die Sie beabsichtigen.
- Holen Sie sich Schreib-Feedback von Vertrauenspersonen ein.
- Analysieren Sie Ihre fünf zuletzt geschrieben, abgeschlossenen Texte jeder Art: Welche Formulierungen ziehen Sie besonders gerne heran? Was könnten Sie im Rückblick sprachlich besser machen und warum? Ist Ihre Argumentation schlüssig genug? Gehen Sie mit einem Rotstift durch diese alten Texte und streichen Sie alle Füllwörter weg. Finden Sie gute (besser geeignete?) Synonyme für alle Hauptworte in Ihren alten Texten.

Wie kann ich meine anfängliche Gliederung weiterentwickeln?
Nach Erstellen der ersten Gliederung müssen die leeren Überschriftenhülsen mit Ideen gefüllt werden. Viele Inputs werden Sie durch Ihre Erfahrung und Ihr Vorwissen einbringen können, andere erst recherchieren müssen. Um entscheiden zu können, welche Informationen in welcher Reihenfolge in welche Kapitel und Unterkapitel gut hineinpassen, sammeln Sie alle Ideen systematisch. Bauen Sie dafür zu jedem Kapitel und Unterkapitel Ihre anfängliche Schlagwortsammlung nun mit mehr und mehr Inhalten, Zitate, Abbildungen und Studien aus. Inhalte Dritter sind selbstverständlich nur mit korrektem Zitat anzugeben.

▶ **Gut zu wissen** Zusätzlich zu Ihren eigenen Ideen gilt es natürlich, viele Fachwerke zu lesen, sich weiterzubilden und andere Medien zu nutzen. So verpacken Sie das neueste und relevanteste Material in Ihrem Buch und führen die Lesenden entlang einesroten Fadens durch die zahlreichen Details. Clark empfiehlt AutorInnen folgende *Lesetricks* (2008, S. 300):

- Versuchen Sie beim Lesen nicht nur auf den Inhalt zu achten. Passen Sie auch auf den Stil und die „Stimme" der Autorin/des Autors auf.
- Am Wochenende beim Frühstückstisch finden Sie in der Zeitung möglicherweise Trendthemen, die erst im Aufkeimen sind.
- Lesen Sie zwischendurch auch Onlineliteratur wie *Blogs* (s. Kap. 17) oder *E-Books*. Diese sind durch ihr kürzeres Format und ihre abgewandelte Aufmachungsart inspirierend.
- Sie müssen nicht alle Bücher immer von Deckel zu Deckel oder Artikel von oben nach unten fertiglesen. Gewöhnen Sie sich an, auch nur durchzublättern und Ausschnitte zu lesen.
- Achten Sie nicht zu sehr auf Empfehlungen anderer und „must reads". Sie wissen selbst meist genau, welche Art von Input Sie wann benötigen.
- Führen Sie gelegentliche Lesevormittage oder -nachmittage ein. Gehen Sie dazu ins Kaffeehaus und genießen Sie dort die Fülle an Zeitschriften und Magazinen zum Querlesen.

- Trauen Sie sich auch an Themen, die mit Ihrer Arbeit wenig zu tun haben, aber dennoch Ihre Aufmerksamkeit erregen. Anregungen finden sich an den ungewöhnlichsten Stellen.
- Führen Sie immer Papier und Stift mit sich, um Einfälle, Fragen oder besondere Informationen sofort festzuhalten. Auch die Notizfunktion auf dem Mobiltelefon bzw. *Notizenapps* sind sehr nützlich.

Zur Erweiterung Ihrer Informationssammlung nutzt die als *Braindump* bekannte Methode kurze Zeitintervalle, um das Gehirn zu einem Thema „auszuleeren": Nehmen Sie sich drei Minuten Zeit, und halten Sie alles, was Ihnen zu einer Überschrift oder zu einem Schlagwort einfällt, fest. Machen Sie diese Übung, bevor Sie mit den Recherchearbeiten beginnen, um auf Ihr eigenes Vorwissen zuzugreifen, und wiederholen Sie diesen Vorgang in längeren Abständen während der *Recherche*.

Zum Ausprobieren

Dokumentieren und kategorisieren Sie alles, was Sie notieren und recherchieren. Erstellen Sie für jedes Kapitel einen eigenen Ordner und ein eigenes Word-Dokument für jedes Unterkapitel. Zudem sind entsprechende Lesezeichenordner in Ihrem Browser und in Notizprogrammen wie *Evernote* und *Microsoft OneNote* sehr hilfreich. Wenn Sie *Literaturverwaltungsprogramme* verwenden, nutzen Sie die Beschlagwortungsfunktion, um sich in der Fülle an Informationen rasch zurechtzufinden. Wenn Sie analoge Systeme bevorzugen, ist eine Sichtung und Sortierung der Inhalte mittels Zettelkastens nach wie vor sehr geeignet.

Diese Sammelphase dauert einige Zeit und überschneidet sich meist auch mit der Schreibphase. Sollten Sie Bedenken haben, weil Sie viel zu viel Material haben, das niemals in nur ein Buch hineinpasst, können Sie auswählen und auszusortieren beginnen. Dabei empfiehlt es sich die aus dem Zeitmanagement entlehnten Grundsätze des *Eisenhower-Prinzips* anzuwenden:

- Welche der gesammelten Inhalte haben absoluten Vorrang (Priorität A)? – Es handelt sich hier um Inhalte, die Sie den Lesenden zu diesem Thema unbedingt näherbringen müssen (s. Kap. 3, Speed-Dating-Übung). Meist beinhalten diese Topinhalte wichtiges Vorwissen oder Fakten, die die Verständlichkeit des restlichen Buches bedingen.
- Welche Inhalte sollte man über dieses Thema noch kennen (Priorität B)? – Diese Inhalte sind einerseits alle didaktischen Elemente wie *Reflexionsfragen*, allerlei Beispiele und *Infoboxen,* die für den Nutzen für die Lesenden sehr wichtig sind. Durch eine wohl durchdachte Auswahl ergänzen sie alles, was unbedingt notwendig (Priorität A) ist und unterstützen so den nachhaltigen Kenntniszugewinn der Lesenden.
- Was wäre zudem über dieses Thema noch gut zu wissen (Priorität C)? – Diese Inhalte sind „nice to have", aber nicht essenziell. Sie könnten im Zweifelsfall gestrichen werden, indem man diese Inhalte auch auf andere, kürzere Weise vermitteln, durch

Verweis auf ein anderes Fachwerk weglassen, im Anhang zusammenfassen oder als zusätzliche Onlineinhalte zur weiteren Information anbieten kann.

Sobald ein Grundstock an Input gesammelt wurde, können Sie leichter abschätzen, wie viel Recherche Sie für manche Themen noch vornehmen müssen und dafür entsprechend Zeit einplanen. Eventuell erkennen Sie, dass es für Ihr Buch wichtig wäre, Wissen von außen in Form von KoautorInnen einzuholen (s. Kap. 6).

ExpertInneninterview: Im Gespräch mit Dr. René Merten

Plötzlich AutorIn! Die meisten SachbuchautorInnen haben vermutlich keine klassische Schreibausbildung gemacht und springen ins kalte Wasser. Statt literarischer Kunstgriffe bringen sie jedoch viel Praxisnähe und Einblicke aus dem Lehr- bzw. Vortragsbetrieb mit.

▶ Haben Sie Aus- und Weiterbildungen besucht, bevor Sie Ihr Buch zu schreiben begonnen haben? Wenn ja, welche?

Ich habe mehrere Aus- und Weiterbildungen u. a. als Trainer zur Persönlichkeitsentwicklung, als *Coach* sowie ein Fernstudium zur *Erwachsenenbildung* absolviert, was mir bei der inhaltlichen wie didaktischen Konzeptionierung des Selbstcoaching-Ratgebers (Miljković & Merten 2017) sehr geholfen hat. Auch habe ich an diversen *Schreibkursen* und *Buchwerkstätten* teilgenommen, um vom Rat und den Tipps der anderen zu lernen.

▶ Welchen Begriff bevorzugen Sie persönlich: AutorIn, SchriftstellerIn, PublizistIn, SachbuchautorIn?

Da ich nicht nur im Sachbuchbereich publiziere, praktischerweise meist den Begriff „Autor" (weil er schön einfach und kurz ist), am liebsten aber „Schriftsteller". Gute Schriftstellerei sehe ich in weiten Teilen eher von Handwerk, denn von KünstlerInnengenie geprägt.

▶ Wie gehen Sie mit dem Beruf AutorIn um – ist es für Sie eine Notwendigkeit, Haupt- oder Nebenberuf, „nice-to-have", Ergänzung zum Unterricht/zur Vortragstätigkeit, ...?

Für mich ist es einer meiner (vielen) Hauptberufe, da ich mich beruflich wie privat in den Bereichen Sprache, Schreiben und Bildung bewege. Er steht aber nicht unangefochten an erster Stelle, da manchmal andere meiner Berufszweige bedacht werden wollen, z. T. aus saisonalen oder angebotsspezifischen Gründen.

▶ Wie geht Ihr Umfeld mit Ihrer zusätzlichen Verpflichtung um, ein Buch zu schreiben?

Mein Umfeld versteht (meistens), dass das Buchschreiben nichts mit Freizeitkreativität unter dem Lindenbaum liegend oder gelegentlich abendlichem Lustgeschreibsel zu tun hat, sondern mir Professionalität wichtig ist und es viel Zeit(management) erfordert, weit über die bloße Produktion von druckfähigen Zeilen hinaus.

▶ Wie war das bei Ihnen – kam zuerst das Interesse an einem Gebiet und der Wille, sich mit einem Buchprojekt intensiver daran abzuarbeiten, oder aber eine langjährige Erfahrung in einem Fachgebiet und der Wunsch (oder Auftrag), es in Buchform zusammenzufassen?

Zuerst kam das fachliche Interesse, das u. a. durch meine langjährige Gründungs-, Trainings- und Beratungstätigkeiten gelebt wurde und erst anschließend in eine Sachbuchform geflossen ist.

▶ Nennen Sie drei entscheidende Eigenschaften einer Sachbuchautorin/eines Sachbuchautors?

- KundInnenorientierung: Gibt es einen LeserInnenmehrwert? Warum liest jemand mein Buch, anstatt sich die Info aus Blogs zusammenzugoogeln?
- Liebe zur Vermittlung: Motiviert es mich, anderen etwas mitzugeben? Spiele ich gerne mit Sprache (auch in langwierigen Überarbeitungs- und Korrekturphasen)?
- Kompromiss- und Kritikfähigkeit: KoautorInnen, Verlage und (Ko-)LektorInnen schreiben das Buch mit und verbessern es; Familie, FreundInnen und KundInnen fordern ihren Anteil an meiner Zeit zurück, die nie komplett für das Buch „reserviert" ist, sondern um die manchmal hart gekämpft wird.

Literatur

Clark R. P. (2008). *Writing tools: 55 essential strategies for every writer* (1. Aufl.). New York: Little, Brown and Company.

Gorus O. (2011). *Erfolgreich als Sachbuchautor: von der Buchidee bis zur Vermarktung* (2., vollst. überarb. Aufl.). Offenbach: GABAL.

Miljković N. & Merten R. (Hrsg.) (2017). *Erfolg in Studium und Karriere. Fit durch Selbstcoaching* (1. Aufl.). Opladen: Budrich.

Zinsser W. (2006). *Nonfiction schreiben: Fach- und Sachbuch, Biografie, Reisebericht, Kritik, Business, Wissenschaft und Technik*. Berlin: Autorenhaus Verlag.

Teil II

Vorbereitungen

Zielgruppen- und Konkurrenzanalyse

5

Nach den ersten Überlegungen zu Ihren Intentionen (s. Kap. 1) und den möglichen Lesenden (s. Kap. 2) haben Sie eine erste Ideensammlung und Gliederung erstellt (s. Kap. 2). Die Verwertbarkeit Ihrer Buchidee bestimmen Sie nun, indem Sie einerseits das Thema und die Zielgruppe noch genauer analysieren und andererseits auch eine gründliche Konkurrenz- und Marktanalyse durchführen: Was will die Käuferin/der Käufer? Was kann am Markt Erfolg haben? Was habe ich zu bieten? Diese drei Fragen gilt es im nächsten Schritt aufzuarbeiten.

Wie sondiere ich mein Thema auf Verwertbarkeit?

Selbst wenn es über ein Thema noch kein Buch zu geben scheint, heißt es nicht automatisch, dass es auch unbedingt geschrieben werden sollte oder Verlage es mangels *Konkurrenzwerken* auch unbedingt verlegen wollen. Es zählen ausschließlich großer Nutzen für die Lesenden, gute Verkaufsargumente und eine ausreichend große Leserschaft, also jene, die das Buch kaufen. Dann kann man bei passender Aufbereitung auch ein Thema vorschlagen, das bereits verlegt wurde. Definieren Sie zunächst, zu welchem generellen Thema und zu welchem konkreten Buchthema Sie schreiben, z. B.:

- Medizin – Diabetesprophylaxe
- Politik – Auswirkungen der Kolonialzeit auf heutige Gesellschaften
- Natur – Anstieg des Meeresspiegels
- Wirtschaft – Initiativen zu Bioökonomie weltweit

Manche Themen sind zwar spannend, doch wenn Sie zu früh oder zu spät auf den Markt gelangen, verpufft ihr Potenzial. Erfolgreiche Autoren haben den Nerv der Zeit getroffen oder einen Trend mitbegründet. Die nächste Frage muss daher lauten: Wie zeitgerecht ist mein Thema für den Markt? Es gibt stets gewisse *Trends*, die man nutzen kann, sobald

© Springer Fachmedien Wiesbaden GmbH, ein Teil von Springer Nature 2019
N. Miljković, *Vom Vortrag zum Sachbuch*, https://doi.org/10.1007/978-3-658-27151-0_5

sie zum eigenen Thema wieder aktuell werden. Vielleicht steht in Kürze ein wichtiges Jubiläum oder ein bedeutendes Großereignis bevor. Bedenken Sie dabei, Aktualität nicht nur auf die allzu nahe Zukunft auszulegen, da die Buchproduktion zumeist verhältnismäßig lange Vorlaufzeiten und Produktionsphasen benötigt (s. Kap. 11). Aus diesem Grund müssen zeitsensible Aspekte, auf die die Produktion im Hinblick auf das rechtzeitige Erscheinungsdatum Rücksicht nehmen sollte, unbedingt im Exposé (s. Kap. 8) erwähnt werden.

Zum Ausprobieren

Sondieren Sie mit einer gründlichen Onlinerecherche den Markt für Ihr Buch. Geben Sie in der News-Suche bei Google einige der Schlagworte Ihres Fachbereichs ein. Überprüfen Sie, wie aktuell die zuletzt dazu in den allgemeinen und spezielleren Medien erschienenen Artikel sind. Gehen Sie dann auf die Seite *Google Trends* und analysieren Sie dort die Suchbegriffe weiter. Denselben Vorgang können Sie in vielen sozialen Medien anwenden, besonders bei *Twitter, YouTube* und für visuelle Fachbereiche auch bei Instagram und Pinterest. Sammeln Sie Erkenntnisse zu diesen Fragen:

- Worüber spricht die Welt außerhalb Ihrer Fachwelt?
- Welche Entwicklungen und/oder Produkte gibt es?
- Welche Befürchtungen werden gehegt?
- Welche Hoffnungen hat man zu neuen Entwicklungen?
- Werden in manchen Ländern besonders häufig Informationen dazu gesucht?
- Haben bestimmte aktuelle Ereignisse einen Schatten auf Ihr Gebiet geworfen?
- Gibt es Trends, die Sie berücksichtigen können/sollten?
- Gibt es Lichtblicke in Ihrem Forschungsbereich, in die große Hoffnungen gesetzt werden?
- Kamen die Schlagworte in populären Büchern, gar Romanen oder Filmen vor?

Stöbern Sie in Studien bedeutender nationaler und internationaler Organisationen (z. B. Statistisches Bundesamt (Deutschland), Statistik Austria, Bundesamt Statistik (Schweiz), WHO, NATO, UN, EU) und Firmenberichten großer Unternehmen. Lesen Sie Print- und Onlinemedien aufmerksam, auch, indem Sie Auslandsberichte berücksichtigen und über den „Tellerrand" Ihres Themas blicken. Die Verwertbarkeit zu sondieren, bedeutet auch, ein Thema abzuändern oder zu überdenken, wenn es bereits in aller Munde ist, da dann sehr wahrscheinlich schon andere AutorInnen daran arbeiten.

Für wen schreibe ich mein Buch, und wer wird es kaufen?

Im Idealfall möchten Sie Ihr Buch gestalten, weil Sie bereits seit Jahren die Zielgruppen, die sich für das Buch interessieren sollen, beforschen und/oder eng mit ihnen zusammenarbeiten. Sie kennen die Bedürfnisse und Eigenheiten dieser Gruppe gut, wissen genau, wie Sie sie ansprechen können. Selbst in diesem Fall ist es von großem Nutzen, *Personas* seiner Zielgruppen zu entwickeln, die typische VertreterInnen der Zielgruppe darstellen. Von deren möglichst detaillierten Beschreibungen (s. u.) hängt viel ab, u. a. besonders, welche Verlage Sie ansprechen, welches Genre Sie wählen, wie Sie die Ansprache gestalten, welchen Nutzen Sie für die Lesenden aufbauen und welche *Verkaufsargumente* Sie nutzen werden. Zugleich schärfen Sie mit diesem Hintergrundwissen auch Ihr Bewusstsein gegenüber den späteren Lesenden und vermeiden so, womöglich an deren Bedürfnissen (s. u.) vorbei zu arbeiten.

Zum Ausprobieren

Befragen Sie die fünf wichtigsten *Personas* in einer „virtuellen Aufstellung": Stellen Sie sich vor, je eine Vertreterin, einen Vertreter der von Ihnen definierten Personas wäre mit Ihnen in einem Seminarsaal. Stellen Sie den Personas nun zehn wichtige Fragen, um ihre Vorkenntnisse auszuloten, z. B.:

- Wie alt sind Sie? (Geben Sie eine Schätzung von … bis … an.)
- Sind Sie eine Frau oder ein Mann? (Das Geschlecht könnte je nach Thema für Sie als AutorIn vielleicht ausschlaggebend sein. Wenn ja, überlegen Sie, wie sich das konkret auswirkt.)
- Wie sieht Ihre aktuelle familiäre Situation aus (lebt in einer Wohngemeinschaft, junges Paar in erster eigener Wohnung)?
- Was zeichnet Sie aus (sind selbstbewusst, unorganisiert, fordernd, zögerlich, unbeschwert)?
- Welches (berufliche) Vorwissen haben Sie? Wie lange sind Sie schon berufstätig?
- Welche Themen interessieren Sie gerade besonders (neue Technologien, Umweltschutz, guter Verdienst, Abenteuer erleben)?
- Wie verbringen Sie Ihre Freizeit am liebsten (Fernsehen, Computerspiele, Reisen)?
- Was muss ein Thema beinhalten, damit Sie sich damit beschäftigen, obwohl es Sie sonst nicht so interessiert (trendy, hoher Unterhaltungsfaktor, Wiedererkennungswert, wirklich nützlich, um Ziele zu erreichen)?
- Was möchten Sie für Ihre Zukunft?
- Wenn Sie einen Wunsch frei hätten, würden Sie …?

Beantworten Sie sich die Fragen mit den plausibelsten Antworten. Lesen Sie danach alle Antworten kritisch: Worauf basieren die Antworten der Personas? Gibt es Berichte darüber, wie diese Zielgruppe agiert oder Zukunftsprognosen, wie es in zehn Jahren für sie sein wird? Wo kann man öffentlich zugängliche Daten zu diesen Aussagen finden? Gibt es Forschungsgruppen oder NGOs (Non-Governmental Organization), die Infos anbieten? Sitzen Sie bei Ihren Beschreibungen womöglich bloßen Annahmen oder Vorurteilen auf?

Wenn Sie sich nach einer Recherche zu den möglichen Vorkenntnissen der Zielgruppe immer noch unsicher sind, treten Sie mit tatsächlichen VertreterInnen Ihrer Zielgruppe in Kontakt. Stellen Sie ihnen die oben genannten Fragen in einem kurzen Interview (s. Kap. 15) direkt oder erstellen Sie eine Onlineumfrage. Je genauer Sie die Zielgruppe definieren können, die ein Buch zu Ihrem konkreten Buchthema interessieren wird, umso besser können Sie dieses im „Fine-tuning" der Gliederung auch auf deren Lesernutzen zuschneiden: „Wenn Sie wissen wollen, was Ihre Leser interessiert, müssen Sie sich umgekehrt für Ihre Leser interessieren." (Gorus 2011, S. 42f.).

Wie ist es um den Markt für mein Buch bestellt?
Von den rund 100.000 deutschsprachigen Neuerscheinungen pro Jahr entfallen grob die Hälfte auf Fachbücher, Sachbücher und Ratgeber (Gorus 2011, S. 61f.). Das bedeutet, Sie haben viel Konkurrenz. Umso wertvoller ist es, sich genau über Ihre Zielgruppe zu informieren und nachzuprüfen, wie es um Ihren konkreten Markt bestellt ist. Da Sie bei der Persona-Entwicklung aus einer Vielzahl von Lesenden alle herausfiltern, die kein oder ein nicht so großes Interesse an Ihrem Buch haben könnten (s. o.), wird der mögliche Marktanteil Ihres Buches noch kleiner. Das ist gut so, denn „dann fällt die verkaufte Auflage im Allgemeinen höher aus als ohne einen solchen Zuschnitt – obwohl die Zielgruppe absolut gesehen kleiner ist. Letztlich erzielen Sie so mehr Resonanz." (Gorus 2011, S. 51).

Um nun abschätzen zu können, wie groß der maximale Absatzmarkt für Ihr Buch tatsächlich ist, müssen Zahlen recherchiert werden, wie viele KäuferInnen es gibt. Angenommen Sie verfassen ein Studienbuch für die Zielgruppe „Studierende des Fachbereiches Psychologie", so können Sie aus den offiziellen statistischen Erhebungen der deutschsprachigen Länder herauslesen, wie viele Personen im vorherigen Jahr dieses Fach an einer Hochschule belegt oder abgeschlossen hatten. Halten Sie bei diesen Recherchen auch fest, ob diese Zahlen in den DACHLI-Ländern (Deutschland, Österreich, Schweiz und Liechtenstein) in den letzten Jahren zurückgingen, stagnierten oder anstiegen. Wenn möglich, finden Sie in Veröffentlichungen gute Argumente, warum die Zahlen angestiegen sind, Ihr Markt also größer wurde, da dies gute Verkaufsargumente sind.

Natürlich werden bei Weitem nicht alle der erhobenen Studierenden Ihr Psychologiebuch kaufen wollen. Zum einen, weil es für viele auch bei bestem Bemühen Ihrerseits nicht genügend Nutzen haben könnte oder der Zeitpunkt (ganz zu Beginn des Studiums, ganz am Ende des Studiums) nicht passt. Und dann ist da noch der nicht zu übersehende Umstand, dass es schon einige andere Bücher zum selben Thema zu kaufen gibt bzw. diese für die kommende Saison bereits angekündigt wurden – die Konkurrenzwerke.

Welche Konkurrenzwerke gibt es zu meinem Thema bereits?
Die Analyse der Konkurrenzwerke ist ein entscheidender Schritt im Vorbereitungsprozess. Wenn es schon zig andere ähnliche Werke gibt, die sich nur wenig von Ihrem abheben, ist der Markt für dieses Thema und diese Zielgruppe womöglich schon gesättigt. Das ist allerdings in starkem Maße von Zielgruppe und Relevanz abhängig, denn: „Je größer die Zielgruppe und je höher die Relevanz des Themas für diese

Zielgruppe, desto mehr konkurrierende Titel verträgt der Markt." Andererseits sollten für spezielle Themen mit kleiner Zielgruppe nach Möglichkeit keine oder nur sehr wenige Konkurrenzwerke erhoben werden (Gorus 2011, S. 64f.).

Kontrollieren Sie auch das „erweitertes Wettbewerbsumfeld": Manche Themen sind in anderen inkludiert, auch wenn es aus dem Titel zunächst nicht abzulesen ist. Ein Beispiel: Das Thema „Ziele setzen und erreichen" ist auch in vielen Produktivitäts- und Erfolgsbüchern enthalten (Gorus 2011, S. 67). Wenn Sie ein interdisziplinäres Thema bearbeiten, das es in der von Ihnen geplanten Kombination noch nicht gibt, greifen Sie auf Werke aus den beiden (oder mehreren) kombinierten Themen zurück.

▶ **Gut zu wissen** Gehen Sie in Bibliotheksdatenbanken, Buchhandlungsregalen, Verlagsprogrammen und -vorschauen sowie auch im Onlinebuchhandel auf die Suche nach der Konkurrenz. Entscheidend sind neben Ankündigungen der nächsten Werke auch alle relevanten Bücher der letzten drei bis fünf Jahre. Sollte Ihr Thema jedoch nicht besonders schnelllebig sein (politische Themen und Trends veralten rasch, Kunst und Kultur wahrscheinlich viel langsamer), lohnt ein Blick auf antiquarische Bücher (Gorus 2011, S. 69). Untersuchen Sie auch große Initiativen, Berufsverbände, Vereine, Akkreditierungsstellen, Selbsthilfegruppen und Weiterbildungsstätten (z. B. der Deutsche ADHS-Verband, der Verband Deutscher Prädikatsweingüter, der Public Relations Verband Austria (PRVA), der Richard-Wagner-Verband Wien, Energie. Finder Schweiz (unabhängige Expertenplattform für den Schweizer Energiesektor), Liechtensteiner Alpenverein usw.) in Ihrem Fachbereich. Ein Blick in deren Bibliotheken, Leseecken mit Rezensionen neu erschienener Fachliteratur und/oder Leselisten zur Weiterbildung können auch wertvolle Informationen liefern, zudem verlegen viele dieser Institutionen auch eigene Publikationen.

Online stehen Ihnen neben den klassischen Suchmaschinen auch Sammlungen und Rankings des Buchhandels zur Verfügung, z. B. auf Bestsellerlisten aus Deutschland, erhoben von Buchreport.de und Buchhandel.de, und aktuelle Sachbuch-Bestsellerlisten des Hauptverbandes des österreichischen Buchhandels (HVB).

Interessant könnte auch ein Stöbern in den Angeboten der aktuell umsatzstärksten Buchhandlungen im deutschsprachigen Raum sein, die von Handelsdaten.de[1] regelmäßig erhoben werden. Die Hassliebe zu *Amazon* ist zwar einigermaßen weit verbreitet, seine Bedeutung für den Buchhandel ist jedoch nicht wegzudiskutieren. Achten Sie bei Recherchen auf Amazon auch, ob ein Werk einen Topsellerstatus erreicht hat: Konnte ein Sachbuch in einem Jahr mehr als 10.000 Stück verkaufen, was ein enorm hoher Wert ist, ist es auf Amazon circa unter den ersten 5000 Rängen (Gorus 2011, S. 68).

---

[1] https://www.handelsdaten.de/buchhandel/ranking-umsatz-top-unternehmen-buchhandel-deutschland-oesterreich-schweiz-0

Andere Bücher zu kritisieren ist einfach, doch dabei stets strategisch und sachlich vorzugehen, ist Pflicht. Legen Sie sich eine einfache Tabelle an, in der Sie alle Beobachtungen zu einem Buch sammeln. Arbeiten Sie dabei von innen nach außen – von Formalem wie der Schriftart, zu Taktisch-Didaktischem wie dem Kapiteldesign hin zu Inhaltlichem und der Argumentationstechnik:

- Was gefällt Ihnen an diesem Buch gut?
- Was fällt Ihnen auf, was ist anders als bei anderen Werken, aber neutral?
- Was ist ganz anders, als Sie erwartet hätten?
- Was gefällt Ihnen gar nicht daran?
- Welche Aspekte unterscheiden sich stark von Ihrem Werk?
- Welche Merkmale sind ähnlich zu Ihrem Werk?
- Welche wichtigen Themen fehlen im Konkurrenzwerk?

Begutachten Sie nach einigen Wiederholungen der Konkurrenzsuche und -analyse alle Eintragungen genau und erstellen Sie eine Reihung der relevantesten Konkurrenzwerke. Selbst wenn in einem Verlag Ihr Thema bereits einmal aufgegriffen wurde, macht das nicht viel aus – Themencluster (mehrere unterschiedliche Bücher zu einem Thema) erleichtern Verlagen das Marketing, da sie eine ähnliche Zielgruppe erreichen können. Sollten Sie hingegen zu viele ähnliche Werke entdecken oder einige wenige, aber sehr relevante KonkurrentInnen, ist jetzt die Entscheidung zu fällen, ob Sie mit Ihrer ursprünglichen Idee überhaupt loslegen oder besser zunächst eine grundlegende Überarbeitung vornehmen sollten.

Welche Verkaufsargumente biete ich für mein Buch?

Nachdem nun Ihre Intention ein Buch zu schreiben, aufgearbeitet (s. Kap. 1) wurde, Themen, die Sie behandeln, und Lesenden, die Sie erreichen möchten (s. Kap. 5), feststehen, geht es nun an die Formulierung wichtiger Verkaufsargumente. Der Nutzen (s. Kap. 2) für Lesende und *Verkaufsargumente* können sich durchaus überschneiden. Verkaufsargumente sind allerdings deutlich auf Verlage ausgerichtet, die besonders auf wirtschaftliche Aspekte achten müssen.

Die Verkaufsargumente beinhaltet Ihre *„unique selling proposition" (USP)*, also alles das, was Ihr Buch einzigartig macht und von der (möglichen) Konkurrenz abhebt. Stellen Sie sich die Lesenden und KäuferInnen Ihres Sachbuchs bei den Formulierungen der Verkaufsargumente genau vor: Was hat sie/er wirklich von Ihrem Buch? Wie Gorus anmerkt, sind alle Agenden, die von Verlagsseite bestimmt werden (wie Verkaufspreis, Layout, Onlineangebote usw.), nicht Bestandteil Ihres USP (Gorus 2011, S. 74f.). Vermeiden Sie daher Verkaufsargumente wie „Das Buch ist kompakt und daher sehr günstig.", „Erstmals kann man das Thema auch in Großschrift lesen." oder „Das Werk ist auch als E-Book zu haben".

Ersetzen Sie xy in diesen Beispielsätzen. „Die Leserin/der Leser …

- … meistert durch den neuartigen Lösungsansatz das Problem/die Herausforderung xy."
- … orientiert sich durch das Buch/folgende Elemente im Buch effizient im großen Fachbereich."
- … erhält direkte Anwendungsmöglichkeiten für die Situation xy."
- … kann zusätzliche Erklärvideos online abrufen, um auch im Alltag für xy rasch Hilfestellungen zu bekommen."
- … wird durch praxiserprobte Übungsanleitungen in ihrer/seiner Problemlöse-kapazität für xy aktiviert."
- … gewinnt durch die *interdisziplinäre* Aufbereitung des Themas xy komplexe Einblicke in zwei bislang nicht kombinierte Bereiche."
- … trifft durch die dargestellten Informationen zu xy eine kompetente Entscheidung."
- … findet kompakte Anleitungen zum Bau von xy/bei Installation von xy/bei der Planung für xy."
- … ist durch folgende didaktische Elemente motiviert, sich mit persönlichen Implikationen des Themas xy auseinanderzusetzen."
- … bildet sich für die Zertifizierung zum xy zu diesem aktuellen Thema intensiv weiter."
- … kann alternative Lösungsansätze nutzen, die sich durch xy von den herkömmlichen entscheiden."
- … prüft anhand einer umfangreichen Checkliste/mithilfe eines Tests zur Selbsteinschätzung ihren/seinen Level an xy."

Wenn Sie sich nach der Konkurrenzanalyse und dem Definieren der Verkaufsargumente entschließen, Ihr Buch weiter voranzutreiben, haben Sie nun zwei sehr wichtige Vorarbeiten für das Exposé (s. Kap. 12) abgeschlossen, das immer eine Beschreibung der drei bis fünf wichtigsten Konkurrenzwerke und ganz konkrete Verkaufsargumente verlangt.

Welchen Arbeitstitel soll ich meinem Buch geben?
Die Titelfindung für ein Buch hängt von mehreren Faktoren wie Genre, Zielgruppe und bei Buchreihen auch von entsprechenden Vorgaben der Reihe ab. Der Titel prangt gut sichtbar auf dem Cover, dem „Gesicht eines Buches" (s. Kap. 10) und muss sehr stimmig zum Gesamtkonzept des Buches passen, um die volle Wirkung zu entfalten. In wenigen Fällen ist die Wahl des Buchthemas (z. B. Projektmanagement, Wirtschaftswissenschaften, Psychologie) als *Titel* geeignet. Gemäß der sogenannten *AIDA-Formel* („attention", „interest", „desire", „action"; nach Gorus 2011, S. 81ff.) sollte ein Titel vier Ansprüchen genügen:

1. Erregt Aufmerksamkeit bei der Zielgruppe
2. Weckt Interesse bei den möglichen KäuferInnen
3. Löst Wunsch aus, das Buch zu besitzen
4. resultiert in Gang zur Kasse und Kauf des Buches.

Ein Titel besteht meist aus einem ganz kurzen Haupttitel und einem etwas längeren Untertitel. Der Haupttitel ist dabei für die Aufmerksamkeit zuständig, der Untertitel für das Wecken von mehr Interesse, was durch Einschränkung oder Erweiterung des Themas im Untertitel geschieht. Konnte die Aufmerksamkeit der Interessierten gewonnen werden, lesen sie den Klappentext und blättern in der *Inhaltsangabe.*

▶   **Gut zu wissen** Weil die Wahl des passenden Titels so verkaufsentscheidend ist, kann eine Autorin/ein Autor nur Titelvorschläge vorbringen. Letztlich bestimmt der Verlag mit seiner Erfahrung am aktuellen Buchmarkt und seinen Trends den endgültigen Titel. Für die AutorInnen ist zunächst wichtig, einen *Arbeitstitel* zu finden, mit dem sie ihr Buch bei Verlagen präsentieren können – kann der Arbeitstitel die Aufmerksamkeit der Lektorin/des Lektors oder der Programmleiterin/des Programmleiters erreichen, ist man seinem Ziel, bei einem Verlag unterzukommen, viel näher. Nehmen Sie sich dafür bei aktuellen Buchtiteln Anleihen: Diese wurden genauestens geplant und durch passende Stichworte im Titel auch suchmaschinenoptimiert. Achten Sie schon bei der *Konkurrenzanalyse* auf die Titel und Untertitel – finden Sie die AIDA-Formel? Machen Sie Notizen, welche Buchtitel Sie ansprechen und Ihre Aufmerksamkeit erregen und welche das nicht schaffen.

ExpertInneninterview: Im Gespräch mit Mag.ª Dr.ⁱⁿ Edith Huber

Die Konkurrenz ist auch im Sachbuchbereich sehr groß. Dennoch haben immer wieder Expertinnen und Experten aus den unterschiedlichsten Fachbereichen das Bedürfnis, ein eigenes Buch zu verfassen und sich in die gut besetzten Reihen der SachbuchautorInnen zu gesellen.

▶   Wie eruieren Sie, ob Ihre Buchidee es wert ist, bearbeitet zu werden?

Wenn mich ein Thema interessiert, recherchiere ich zuerst, ob es etwa auf Amazon dazu schon ein Buch gibt. Ich versuche neue Trends aufzugreifen, das mache ich relativ intuitiv.

▶   Welche Aspekte haben Ihr letztes Buch von der Konkurrenz abgehoben?

Ich war die erste Person europaweit, die das Thema Cyberstalking und Cybercrime kriminalsoziologisch behandelt und die Inhalte in Form eines Buches publiziert hat. Viele andere WissenschaftlerInnen publizieren nur in wissenschaftlichen Journalen.

▶   Sprechen Sie vor dem Anschreiben eines Verlages mit einzelnen VertreterInnen der angestrebten Zielgruppe/Ihrer Leserschaft, und erfragen, was diese zu Ihrer Buchidee sagen?

Nein, ich persönlich schreibe lieber zuerst das Buch und suche dann erst einen geeigneten Verlag.

▶   Was motiviert Sie mehr: gute Beispiele, denen Sie es gleichmachen möchten, oder eher abschreckende Beispiele aus der Fülle an Sachbüchern, weil Sie wissen, es besser machen zu können?

Motivierend finde ich gute Sachbücher v. a. dann, wenn sie ein schwieriges Thema behandeln, und doch gut verständlich bleiben. Das strebe ich auch mit meinen eigenen Büchern an.

▶   Wie erheben Sie oder legen Sie fest, welchen Mehrwert Ihr Buch bietet/bieten kann/soll?

Dafür habe ich keine Regel, das entscheide ich ganz intuitiv.

▶ Mit welchen didaktischen und auch unterhaltenden Inhalten/Elementen „fetten" Sie Ihren Text gerne auf (z. B. Interviews, Textboxen, Beispiele, Grafiken)?

Ich verwende dafür viele Textboxen und *Grafiken*. Außerdem halte ich die Kapitel bewusst kurz und mache immer Zusammenfassungen.

Literatur

Gorus O. (2011). *Erfolgreich als Sachbuchautor: Von der Buchidee bis zur Vermarktung* (2., vollst. überarb. Aufl.). Offenbach: GABAL.

Strategien

6

Einige grundsätzliche Taktiken und Strategien sind nun zu klären, die viele weitere Vorgänge massiv beeinflussen. Diese drei Entscheidungen sind essenziell: Holen Sie KoautorInnen hinzu? Lassen Sie Ihr Werk schreiben *(Ghostwriting)?* Wer könnte als SponsorIn für Ihr Werk auftreten? Selbstverständlich ist auch die Entscheidung, ob Sie auf Verlagssuche gehen oder doch *Selfpublishing* der richtige Weg für Sie ist, äußerst wichtig, weshalb ich diesen beiden Themen eigene Kapitel gewidmet habe (s. Kap. 7 und Kap. 10). Zunächst gilt es jedoch, Formalkriterien diverser Textgattungen zu erkennen und sich auf ein Genre festzulegen.

Welche Arten von Non-Fiction gibt es?
Was erwarten Sie, wenn Sie einen Atlas aufschlagen? Die logische Antwort: Sehr wahrscheinlich möchten Sie darin eine große Zahl an Landkarten vorfinden. Die meisten werden farbig gestaltet sein, damit man topografische Unterschiede schnell erkennen kann. Es werden viele Linien, Symbole und Beschriftungen verwendet werden, damit einhergehend werden auch einige Legenden zur Erklärung dieser Kennzeichnungen angeboten werden. Vermutlich erwarten Sie auch ein umfangreiches Verzeichnis, um die von Ihnen gesuchten Orte rasch finden zu können. In vorigen Kapiteln haben wir bereits die Unterschiede zwischen Fachbuch, Sachbuch und Ratgeber (s. Kap. 2) geklärt, drei der häufigsten Formen von Sachliteratur, und es gibt noch zahlreiche weitere Textgattungen. Wählen Sie eine Textgattung aus und wahren Sie deren Eigenheiten.

▶ **Gut zu wissen** Jede Textgattung muss gewisse Richtlinien erfüllen, um die Lesenden auf dem Weg zum Lesernutzen sicher zu begleiten. Die Lesenden wollen die Informationen mit dem jeweiligen Text eindeutig verorten können. In Tab. 6.1 sind die wichtigsten Eigenheiten gängiger Non-Fiction-Arten im Überblick dargestellt.

© Springer Fachmedien Wiesbaden GmbH, ein Teil von Springer Nature 2019
N. Miljković, *Vom Vortrag zum Sachbuch,* https://doi.org/10.1007/978-3-658-27151-0_6

Tab. 6.1 Wichtige Textgattungen im Bereich Non-Fiction

Textgattung	Definition	Eigenheiten der Textgattung
Almanach (Jahrbuch)	Nachschlagewerk, kalendarisch sortierte Sammlung diverser Texte zu einem bestimmten Thema, häufig bebildert oder illustriert, meist jährlich erscheinend	Sehr eng eingegrenzte Leserschaft (z. B. LandwirtInnen)
Anthologie	Sammlung literarischer Texte oder anderer Textarten (Gedichte, Kurzgeschichten, Artikel) zu einem bestimmten Thema, Zusammenstellung wird durch HerausgeberInnen kuratiert	HerausgeberInnen gelangen oft durch (Schreib-)Wettbewerb oder Ausschreibung an die Texte
Atlas	Sammlung von Karten, in Buchform oder multimedial, komprimierte Informationen durch Farben und viele Symbole	Es gibt nicht nur geografische Atlanten, auch medizinische, Sternenkartensammlungen etc.
Bericht	Objektiv gehaltene Mitteilung von Ereignissen, oft chronologisch sortiert und mit Analysen zu den Ereignissen	Je nach Branche und Fachgebiet sehr unterschiedlich gehandhabt (s. Forschungsbericht sehr sachlich, z. B. Reisebericht teils emotional/persönlich gefärbt)
Bildband (Fotobuch)	Veröffentlichung, die zu großem Teil aus Abbildungen besteht, Bilder erzählen Geschichte (visuelles Storytelling)	Teils mit ausführlichen Beschreibungen und/oder Analysen zu den Abbildungen, bei Kunstbänden mit biografischen Angaben zu den KünstlerInnen
Biografie	Sonderform der Monografie, in sich geschlossenes, scharf abgegrenztes Werk	Behandelt einen Schwerpunkt – Leben eines bestimmten Menschen
Essay	Schwammige Definition von kurzen Texten zu einem bestimmten Thema, häufig argumentative Aufsätze	Können formellen oder informellen Stil aufweisen, viele kritische (Streit-)Schriften fallen darunter
Handbuch	Chronologisch oder thematisch gegliedertes kurzes Sachbuch mit meist ausführlicher Inhaltsangabe, bildet Stand der aktuellen Forschung ab	Da oft sehr große Themenbereiche abgedeckt, häufig von vielen AutorInnen und HerausgeberInnen erstellt, manchmal in mehreren Bänden erscheinend
Handreichung (Handouts)	Teils umfangreiche Gebrauchsanweisungen für bestimmte Vorgänge oder Nutzungsfälle	Spezialfall Handouts: kürzere Notizen zu einem kleinen Themenabschnitt, oft mit Übungsanleitung für Unterricht oder Selbststudium/Reflexion

(Fortsetzung)

Tab. 6.1 (Fortsetzung)

Textgattung	Definition	Eigenheiten der Textgattung
Katalog	Stark systematisierte Darstellung diverser Informationen (z. B. Bibliothekskatalog, Produktpräsentationen)	Früher als Zettelkästen mit Karteikarten geführt, manchmal in Buchform erschienen, jetzt meist online mit Suchmaschinen und als Datenbanken verfügbar
Kommentar	Persönliche Stellungnahme zu einem Thema oder aktuellen Ereignissen, meist journalistisch-kritisch, kann sehr subjektiv sein, sollte aber immer Analysen bringen	Meist entlang Musteraufbau (Überschrift, These, Zusammenfassung, Argumentation, Widerlegung, Schluss), oftmals Übertreibungen und Ironie enthalten, die Identifikation der Lesenden mit dem Schreibenden wird gesucht
Kompendium	Kurzes Lehrbuch, bietet als Nachschlagewerk Überblick über großes Thema; manchmal als Sammlung mehrerer Beiträge verstanden	Für EinsteigerInnen gedacht, daher klarer, einfacher Aufbau
Lehrbuch	Für die Lehre erstelltes, didaktisch durchdachtes Sachbuch für Schule (s. u. Schulbuch) und Studium, umfassende Darstellung eines Faches	Soll zum Erlernen eines bestimmten Faches dienen, daher immer viele didaktische Elemente für das Selbststudium der Lesenden enthalten
Monografie	Umfangreiche und in sich geschlossene Darstellung, oft durch EinzelautorIn erstellt	Geht konkreten Fragestellungen nach, deshalb manchmal als „wissenschaftlicher Aufsatz in Buchlänge" bezeichnet
Reiseführer	Besondere Form von Bericht, die Reisenden Einblicke in Geschichte, Kunst und Landeskunde einer bestimmten Gegend bietet	Meist bebildert (Landschaftsaufnahmen, Gebäude, Kunstwerke) und mit Karten oder Stadtplänen ergänzt, zahlreiche Tipps für Reisende werden gegeben
Schulbuch	Speziell für den Schulgebrauch erstelltes Lehrbuch, das Lernenden den Lehrstoff in kleinen Einheiten näherbringt, sehr stark auf deren Vorkenntnisse abgestimmt und auf den zu lernenden Stoff ausgerichtet ist	Enthalten viele didaktische Elemente, um Lernen zu unterstützen, werden oft überarbeitet, da sich Lehrpläne rasch ändern, dennoch manchmal grobe Vereinfachungen, Fehler und veraltete Forschungsergebnisse enthalten

Selten sind extreme stilistische Abweichungen oder gar Brüche mit diesen Textkonventionen sinnvoll, da Mischungen der Textgattungen Irritationen bei den Lesenden hervorrufen kann. Diese hegen ganz bestimmte Erwartungen an eine Textgattung und wären enttäuscht, würden sie diese in Ihrem Buch nicht erfüllt sehen (Gorus 2011, S. 58f.). Wie Gorus weiterhin anmerkt, lassen sich Mischformen meist auch schwerer vermarkten.

Welchen Formal- und Designkriterien sollte mein Werk genügen?

Zumeist weiß man bald sehr genau, welches Genre man anpeilen möchte. Testen Sie Ihre Wahl mit den nachfolgenden Übungen bzw. kommen Sie Ihrer Auswahl näher, wenn Sie noch unschlüssig sein sollten.

Zum Ausprobieren

Durchforsten Sie die Fachliteratur in Ihrem Bücherregal und erstellen Sie dabei eine Liste mit Vorteilen und Nachteilen der diversen Fachbücher in Ihrem Themengebiet, um zu entscheiden, welche Kriterien Sie in Ihrem Buch auch umsetzen möchten. Stellen Sie sich folgende Fragen: Welche *Formalkriterien* kann ich an den Büchern erkennen? Welche Kriterien mag ich, welche mag ich weniger? Ein Buch ist z. B. besonders großformatig und leicht lesbar, gleichzeitig ist es dadurch jedoch auch sehr unhandlich und mobil kaum zu gebrauchen. Ein anderes weist einen Zitierstil auf, den Sie nicht leiden können, allerdings hat es auch ein nützliches Glossar und ein sehr umfangreiches Literaturverzeichnis. Ein drittes ist in der E-Book-Version sehr handlich, hat viele konkrete Übungen, aber kaum Querverweise und enthält gelegentlich sogar Tippfehler. Notieren Sie sich fünf der für Sie wichtigsten formalen Muss-kriterien, die Ihr Werk unbedingt vorweisen können sollte, und drei weitere Soll- bzw. Kannkriterien.

Andere Bücher zu kritisieren ist meist einfach, und das eigene Buch ist noch nicht einmal begonnen – in Ihrem Kopf existiert es allerdings schon. Nutzen Sie Ihre Vorstellungskraft und Intuition, um dem passenden Genre näherzukommen.

Zum Ausprobieren

Eine *Visualisierungsübung:* Schließen Sie die Augen und stellen Sie sich Ihr fertiges Werk in den Händen vor. Welches Format halten Sie – hochformatig, Taschenbuch, Querformat? Ist es ein Hardcoverbuch oder ein Softcoverbuch? Oder hat Ihr Buchprojekt überhaupt eine ganz andere Form? Ist der Umschlag bunt, mit einem Foto auf dem Cover oder schlicht gehalten? „Sehen" Sie einen konkreten Titel (und Untertitel) auf Ihrem Buch? Schlagen Sie Ihr imaginäres Buch nun vor Ihrem geistigen Auge auf und fühlen Sie die Beschaffenheit des Papiers. Ist es ein mattes, dickes oder eher ein dünnes Papier? Blättern Sie im Geiste darin – wie wirkt das Schriftbild auf Sie? Sind Abbildungen enthalten? Sehen Sie Tabellen? Notieren Sie sich im Anschluss an diese Übung alle Empfindungen, Wünsche und ganz besonders mögliche Titelideen auch in Ihrem Journal.

Selten können Verlagshäuser alle diese Wunschkriterien erfüllen. Dieser erste Überblick unterstützt Sie jedoch dabei, passende Verlage zielgerichteter auszuwählen. So lassen Sie sich auch nicht so schnell von den großen Namen der Branche blenden, die womöglich viel weniger Ihrer Kriterien erfüllen als kleinere, spezialisiertere Verlage mit Blick auf Details. Dies ist auch für die spätere Verhandlung, für die Vertragslegung sowie auch für die didaktische Aufbereitung entscheidend, da beispielsweise Farbdruck oder Zusätze wie DVDs und Inserts deutlich langwieriger und teurer herzustellen und daher teilweise sogar nur gegen Zuzahlung durch die Autorin/den Autor zu erreichen sind.

Schreibe ich alleine oder hole ich KoautorInnen mit ins Boot?
AutorInnen decken manchmal nicht das gesamte Spektrum eines Themas alleine ab. Das wird besonders dadurch bedingt, dass gerade in den Wissenschaften starke Spezialisierung auf kleine Fachgebiete verbreitet und die Bearbeitung von wissenschaftlichen Themen in Teams zumeist Standard ist. Auch Vortragende und TrainerInnen in der Erwachsenenbildung konzentrieren sich häufig auf nur ein Fachgebiet.

Wenn Sie Ihre vorläufige Buchgliederung durchsehen, erkennen Sie womöglich Schwachstellen, Aspekte, in denen Sie nicht so firm sind, oder Themen, die Sie weniger interessieren. Damit diese inhaltlich sinnvollen, aber Ihnen nicht so entsprechenden Themen nicht zulasten des Gesamtkonzepts gekürzt werden, muss eine Strategie zur Bearbeitung entwickelt werden. Man kann durch Inkaufnahme langwieriger Recherchen viel Zeit und Energie verbrauchen, um diesen Mangel auszubügeln – oder man kann sich des Wissens anderer ExpertInnen bedienen.

▶ **Gut zu wissen** Ein Buch mit KoautorInnen zu schreiben, bringt viele Vorteile mit sich, aber auch einige Nachteile (s. Tab. 6.2).

Tab. 6.2 Vorteile und Nachteile durch Einbindung von KoautorInnen

Vorteile	Nachteile
Erweiterung des thematischen Spektrums des Buches	Verhandlungsphase kann länger dauern, um viele Wünsche zu berücksichtigen
Kompetenzzuwachs durch Beispiele aus anderen Themengebieten	Gruppendynamiken können auftreten, die Motivation in den Keller rasseln lassen
Mehr Ideen für die Umsetzung der Inhalte durch andere Erfahrungen	Viel Koordinationsaufwand im Schreibprozess, um alles zeitgerecht einzuholen
Zeitgewinn, da weniger Seiten selbst erstellt werden müssen	Wenn persönliche Besprechungstermine vorgesehen sind, noch mehr Zeitaufwand nötig
Gegenseitig motivieren bei Schreibprozess und Endfertigung	Überarbeitungsschritte bleiben häufig an Hauptverantwortlichen hängen
Mehr Feedback durch mehr KorrekturleserInnen	Weniger Honorar, da auf mehr Leute zu verteilen
Gemeinsames Bewerben spart Zeit	Kaum Handhabe, falls sich jemand an Details der Abmachungen nicht halten sollte

Welche taktischen Fragen sind mit KoautorInnen zu klären?
Eine Kooperation kann von keiner, mittlerer bis hin zu starker Einbindung von Expert-
Innen erfolgen, z. B. in Form informeller Befragungen Einzelner, über Interviews oder
kurzen Statements der ExpertInnen bis hin zur Einbindung als KoautorInnen. Welche
Kooperationsform auch immer gewählt wird, es müssen die Nachteile durch die Vorteile
aufgewogen werden können. KoautorInnen in Ihr Projekt zu inkludieren, bedingt einige
weitere Entscheidungen, im Detail bezüglich genereller Abmachungen, Administration
und Inhaltlichem (für vertragliche und finanzielle Details s. Kap. 9).

- *Generelle Abmachungen:*
  - Mit wie vielen KoautorInnen möchten Sie arbeiten? – Je mehr Personen involviert
    sind, umso mehr Koordinierungs- und Administrationsaufwand ist erforderlich.
    Ein oder zwei weitere Personen sind zwar leichter zu koordinieren, mit sechs
    oder mehr lässt sich hingegen statt eines Kompendiums ein viel umfangreicherer
    Sammelband erstellen. Was passt besser zu Ihren Intentionen (s. Kap. 1) und zu
    Ihrer Zielgruppe (s. Kap. 2 und Kap. 8)?
  - Welche ExpertInnen könnten angesprochen werden? – Sollen nur Fachleute dabei
    sein oder müssen sie auch Erfahrung im Schreiben von Fachbüchern mitbringen?
- *Administration:*
  - Welcher Abgabetermin kann realistischerweise eingehalten werden? – Bedingt
    durch unterschiedliche berufliche Verpflichtungen und Urlaube werden längere
    Bearbeitungsphasen und mehr Pufferzeiten nötig.
  - Wer unterstützt die *Vermarktung?* – Soll nur die/der HauptautorIn Marketingmaßnah-
    men entscheiden dürfen oder sind alle AutorInnen nach Bedarf an der Vermarktung
    beteiligt? Dürften KoautorInnen auch eigenständig Interviews zum Buch geben?
  - Wie handhabt man den „worst case", sollte eine Autorin, ein Autor mitten im Pro-
    jekt ausfallen? – Schreiben die anderen KoautorInnen diese Anteile fertig, wenn Sie
    die jeweilige Expertise ersetzen können? Könnten diese Anteile ausgelassen wer-
    den, ohne den Buchaufbau komplett zu zerstören? Oder sollten gar weitere Auto-
    rInnen mit an Bord genommen werden? Und wer entscheidet diese Vorgänge (alle
    zusammen, es gibt Teilverantwortliche oder nur die/der *Hauptverantwortliche*)?
- *Inhaltlich:*
  - Welche Art von Beitrag sollen die ExpertInnen für das Buch leisten und wie
    viel Gestaltungsfreiraum haben sie hierfür? – Schreiben KoautorInnen nur für
    Teile eines bestehenden Konzepts oder müssen sie auch das Konzept dafür selbst
    erarbeiten? Liefern sie ein Kapitel für ein Thema ihrer Wahl oder bekommen sie
    enger gefasste inhaltliche Vorgaben?
  - Soll man erkennen, dass mehrere Personen geschrieben haben oder soll ein ein-
    heitlicher Stil erreicht werden? – Wenn es einheitlich werden soll, müssen schon
    zu Beginn einige stilistische Vorgaben (z. B. zur maximalen Seitenzahl pro Kapi-
    tel, zum Kapitelaufbau, zum Zitierstil, verwendete Abkürzungen, gendergerechte
    Sprache etc.) vorgegeben werden. Je einheitlicher es sein soll, umso mehr Zeit und

Geld ist auch nötig, da voraussichtlich professionelle LektorInnen die Texte überarbeiten müssen (s. Kap. 14).

▶ **Gut zu wissen** Abmachungen zum Honorar müssen zum einen schon im
Buchvertrag definiert werden, da dieser von allen AutorInnen unterschrieben
werden muss. Alle sind *UrheberInnen* Ihrer Text- und anderer Anteile am Buch,
wie Abbildungen und Ideen, und müssen daher ihre Verwertungsrechte
daran aktiv an den Verlag abtreten (s. Kap. 7 und Kap. 9). Zum anderen sollten Details der Zuständigkeiten und genaue Verteilung der Honorare in einem
separaten Dokument schriftlich festgehalten und ebenfalls von allen unterschrieben werden. Empfehlenswert ist auch, die gesamte Kommunikation zu
dokumentieren und allen zur Verfügung zu stellen, um Missverständnissen
vorzubeugen. Diese Abmachungen betreffen Auszahlungen von Verwertungsgesellschaften nicht – dort muss sich jede Autorin/jeder Autor mit
der tatsächlich von ihr/ihm verfassten Seitenmenge anmelden und bekommt
im Folgejahr einen entsprechenden Anteil der Einnahmen ausgezahlt.

Es besteht kein Grund, sich voreilig auf das Einbeziehen von KoautorInnen festzulegen.
Kooperationen sind sehr inspirierend, doch zum Erfolg eines Buches braucht es
viel mehr als nur den bloßen Text. Auch sind Verhältnismäßigkeiten genau zu überdenken, denn für das Abliefern eines geringen Textbeitrags eine *Gewinnbeteiligung* zu
vereinbaren, ist nicht immer das Beste für die HauptideenlieferantInnen. Es gibt auch
die Möglichkeit einer einmaligen Pauschalzahlung an KoautorInnen, die nicht so viel
beisteuern und mit den restlichen Prozessen nicht mehr so viel oder nichts mehr zu
tun haben werden oder wollen. Bedenken Sie immer, dass es nicht nur um finanzielle
Entlohnung geht, KoautorInnen bekommen durch das Buchmarketing auch zusätzliches
Selbstmarketing und eine weitere Veröffentlichung auf ihrer Publikationsliste. Eine
andere Möglichkeit ist die Zusammenarbeit mit GhostwriterInnen.

Soll ich mein Buch schreiben lassen?
Wer lieber keine Einmischung durch KoautorInnen in sein Buch möchte und andererseits dennoch Unterstützung in Anspruch nehmen will, kann eine professionelle Schrei-
berin/einen professionellen Schreiber beauftragen, Texte nach den eigenen Vorgaben zu
liefern. Dieser Schritt will v. a. durch den beträchtlichen finanziellen Aufwand von je
nach Ausstattung 15.000 bis 30.000 € Honorar pro Buch (Gorus 2011, S. 14) gut überlegt sein. Die/der GhostwriterIn begleitet die/den AutorIn dabei meist von der Konzept-
erstellung bis zum fertigen Buch, erstellt also auch die Leseprobe, und unterstützt
teilweise auf Wunsch beim Anschreiben der Verlage. Auch Selfpublisher werden von
GhostwriterInnen betreut.

Ghostwriting ist eine Teamarbeit, die Expertentum durch Handwerkliches unterstützt. Diese *Kooperation* kann sich auszahlen, wenn Unternehmensbücher (wie
Firmenchroniken, Jubiläumsbücher) geschrieben werden sollen, für die man hohen

Rechercheaufwand betreiben müsste, was man nicht unbedingt persönlich durchführen will. Auch für Selbstständige ist es ein guter Weg, durch die Auslagerung an
GhostwriterInnen mehr Zeit für ihr Kerngeschäft zu bewahren und dennoch mehr Marketing und Selbstpositionierung mit einem eigenen Buch erreichen zu können. Auch
alle jene, die zu sehr in der Materie stecken, als dass sie Zielgruppenbedürfnisse gut
definieren oder umsetzen könnten, die keine zündende Idee für einen roten Faden oder
Talent für Storytelling haben, ist die Unterstützung durch Profis eine gute Lösung.
Für Neulinge am Buchmarkt, die einen starken Eintritt erreichen wollen, für alle, die
sich schriftlich nicht besonders sicher fühlen und/oder in einer anderen Sprache als
ihrer Muttersprache schreiben und für alle jene, die sich lieber auf Inhaltliches als auf
Schreiberisches fokussieren wollen, kann Ghostwriting eine überlegenswerte Alternative sein.

▶ **Gut zu wissen** Selbstverständlich muss auch die/der ursprüngliche
   IdeengeberIn Arbeit in ein „geschriebenes" Buch investieren. Die meisten Ghostwriting-Projekte starten nach einem Erstgespräch, indem IdeengeberIn und GhostwriterIn meist mehrere Stunden den Ablauf und das
   Thema gründlich besprechen. Dabei muss, sofern es sich nicht um ein
   Unternehmensbuch handelt, für das Informationen in Archiven des Unternehmens dokumentiert sind, alles Inhaltliche von der Autorin/vom Autor
   kommen. Eine gute Vorbereitung beider Seiten auf diese Gespräche ist
   daher absolut erforderlich. Danach erstellen Sie entweder das Konzept
   gemeinsam oder Sie lassen der/dem GhostwriterIn freie Hand. Vielleicht
   haben Sie allerdings auch schon ein Konzept und möchten in der Erstellung
   des Buches mehr eingebunden sein. Alle Formen von Abmachungen sind
   auf Verhandlungsbasis möglich. Zumeist wird die/der GhostwriterIn einige
   Probeseiten abliefern, bevor sie/er an die Arbeit geht, um falls nötig letzte
   Anpassungen vorzunehmen. Bis zu einer zuvor ausgemachten Deadline übergibt die/der GhostwriterIn das Manuskript im ausgemachten
   Umfang inklusive aller Rechte an Sie. Meist sind danach noch zwei bis
   drei Überarbeitungsschleifen nötig, bis das Manuskript fertig erstellt ist.
   Sofern nicht anders ausgemacht, treten GhostwriterInnen danach nicht
   mehr in Erscheinung, sie stehen nicht als AutorInnen auf dem Buch oder
   im Impressum, dies ist im Vertrag per *Verschwiegenheitsklausel* fixiert – außer
   die AuftraggeberInnen wünschen je nach Vertragsform die Nennung als
   NebenautorIn („unter Mitwirkung von").

Damit das Risiko bei Beauftragung für Sie als InteressentIn so klein als möglich bleibt,
sollten GhostwriterInnen einige Qualitätskriterien erfüllen: Da sie durch die Ver-
schwiegenheit ihrer Tätigkeit bedingt kaum Referenzen der von ihnen geschriebenen
Bücher vorweisen dürfen, sollten sie Websites mit einer Auswahl an frei verfügbaren
Referenztexten, einen Blog und wenn möglich eigene Bücher zeigen, damit Interessierte

daran ihre stilistische und textliche Bandbreite sehen können. Die meisten GhostwriterInnen bieten nur einige Spezialgebiete an, die sie z. B. durch Studien und andere Ausbildungen erlernt haben. Die GhostwriterInnen sollten die Vorbereitungsphase äußerst gründlich und systematisch angehen, den AuftraggeberInnen nie eigene Ideen oder ihren Stil aufdrängen und nicht schon zu schreiben beginnen, bevor das Konzept fixiert ist. Auch sollte der Umfang und damit das Honorar und der zeitliche Rahmen, vielleicht sogar wie viele Feedback- und *Überarbeitungsschleifen* gemacht werden sollten, zuvor genau geklärt und in einem detaillierten Kostenvoranschlag festgehalten werden. Akademisches Ghostwriting von Texten für Schule und Studium bzw. Abschlussarbeiten für SchülerInnen und Studierende sollten alle seriösen Ghostwriter strikt ablehnen.

Von wem könnte mein Werk gesponsert werden?
Als VerlagsautorIn hat man zumeist keinen Einfluss auf den Ladenpreis, außer durch bewusste Auswahl des Verlages (s. Kap. 7): Stellt dieser qualitativ hochwertige Bücher her, können diese auch zu einem höheren Preis angeboten werden. Auch der Umfang und die Ausstattung des Buches können den Preis beeinflussen – Lehrbücher und Fachbücher sind generell teurer als Ratgeber, *Farbdrucke* deutlich teurer als Bücher mit Schwarz-Weiß-Abbildungen. In Abstimmung mit dem Absatzmarkt und der zu erwarteten Absatzmenge entscheidet der Verlag, in welche preisliche Schiene das Buch fallen wird. Da bei der Buchproduktion immer wieder Zusatzkosten (für GrafikerInnen bei Abbildungen und Formatierungen, eventuell für StatistikerIn, für Lektorat/Korrektorat sowie für Marketing, s. Teil IV) vorab anfallen können, lohnt sich die Überlegung, sich um finanzielle Förderungen (z. B. von der eigenen Hochschule oder Hochschulbibliothek) oder *Sponsoring* durch Firmen, die mit Ihrem Thema zu tun haben, zu bemühen.

Zum Ausprobieren

Erstellen Sie einen Überblick über die zu erwartenden Kosten, die Ihnen als AutorIn anfallen, und halten Sie einige Vorteile fest, die sich für die möglichen FördergeberInnen ergeben könnten, wie z. B. Nennung als SponsorInnen und ihr Logo im Buch, Mitbewerbung auf Ihren Social-Media-Kanälen (fassen Sie zusammen, wie viele FollowerInnen, Fans oder AbonnentInnen Sie haben). Planen Sie die SponsorInnenlogos bei Veranstaltungen anzuzeigen, nennen Sie im Anschreiben einige geplante Termine mit geschätzten TeilnehmerInnenzahlen. Wählen Sie dann eine Person der Wunschinstitution (GeschäftsführerIn, Bibliotheks-, Institutsleitung) aus und beschreiben Sie ihr in einer E-Mail in wenigen Zeilen Ihr Anliegen und Ihr Buchprojekt sowie die Kosten und Vorteile. Rufen Sie nach drei bis vier Tagen an und erkundigen Sie sich, ob generelles Interesse besteht. Sollte es zu einer Übereinkunft kommen, halten Sie alle Abmachungen schriftlich fest, damit es später nicht zu Enttäuschungen kommt. Seien Sie bei gewünschter inhaltlicher Mitwirkung und/oder Abtritt von Rechten am Buch vorsichtig. Sofern die Fördersummen gering sind, sind die angeführten Gegenwerte durch Mitbewerbung etc. (s. o.) mehr als ausreichend.

ExpertInneninterview: Im Gespräch mit Dipl.-Psychologin Ulrike Scheuermann

Ein Sachbuch ist nicht bloß ein langer Text. Erst kombiniert mit den vielen anderen nützlichen Elementen darin, wie Beispiele, Literaturempfehlungen usw., macht dieser ein rundes Ganzes und einen Großteil Mehrwertes für die Lesenden aus. Eine weitere Wunderwaffe für noch mehr Input auf engstem Raum entsteht oft durch das Mitwirken von Gast- oder KoautorInnen bzw. man lässt ein Buch überhaupt zur Gänze von Dritten (GhostwriterInnen) schreiben. Welche Strategie man auch wählt, sie entscheidet schon sehr früh über diverse Aspekte im weiteren Vorgehen.

▶   Ist für Sie persönlich Selfpublishing Ihrer Werke eine Option? Warum ja/nein?

Als Autorin war Selfpublishing bisher nur für ein Buch eine Option: das „Self Care Journal" als Begleitbuch zu „Self Care – Du bist wertvoll", zum Hineinschreiben. Bücher zu schreiben ist für mich eine Lebensaufgabe. Mit dem Schreiben möchte ich Renommee und Expertenstatus aufbauen können und das ist mit einem renommierten Verlag noch immer leichter machbar. Verlage haben bessere Reichweiten für meine Zielgruppen. Ausschließen möchte ich Selfpublishing jedoch auch für die Zukunft nicht, es ist eine gute Möglichkeit, um zum Beispiel ein Buch sehr schnell auf den Markt zu bringen. Man kann sehr gut die beiden Publikationsformen mischen, und durch die guten neuen Erfahrungen werde ich dies sicher in Zukunft wieder einmal kombinieren. Als Seminarleiterin von Schreib-Lehrgängen in meiner „Akademie für Schreiben" gibt es immer wieder auch Teilnehmende, die über Selfpublishing nachdenken. Da empfehle ich es manchmal sogar ausdrücklich, z. B., wenn jemand über ein kaum nachgefragtes Nischenthema schreibt und Gefahr läuft, viel Zeit und Energie auf der langwierigen Suche nach einem passenden Verlag zu vergeuden.

▶   In welchen Formaten kann man Ihre aktuellen Sachbücher erwerben (Print, E-Book, Audiobook, andere Formate)?

Meine Bücher sind alle als Printbücher und als E-Books erschienen. Bei meinem neuesten, in Kürze erscheinenden Buch wird das wieder um ein Hörbuch ergänzt, weil es „Lebensbücher" sind, sie haben also psychologische Themen. Mein Verlag Knaur kooperiert eng mit einem Hörbuchverlag, Argon Hörbuch. Bei meinen älteren Werken bin ich noch unschlüssig, eventuell mache ich das für diese Werke selbst. Ein weiteres Format gibt es für mein Buch „innerlich frei", da gibt es online weitere Übungsimpulse zum Ausdrucken. Und für eines der beiden neuen Bücher („Self Care – Du bist wertvoll") habe ich wie erwähnt als Ergänzung ein „Self-Care-Journal" als Begleitbuch zum Hauptbuch selbst verlegt. Das anzubieten, lag in dem Fall sehr nahe.

▶ Würden Sie sich gegen einen Verlag entscheiden, wenn Ihnen die Möglichkeit für digitale Formate dort nicht angeboten werden würde?

Die digitalen Angebote sind mir schon sehr wichtig, sie antworten auf die unterschiedlichen Lesebedürfnisse der Lesenden. Gelegentlich melden mir Lesende zurück, dass sie sich sehr freuen, dass meine Bücher digital erhältlich sind, weil sie diese auch unterwegs beim Pendeln im Zug bequem lesen können.

▶ Warum haben Sie sich für Ihre aktuellen Bücher gegen die Mitwirkung von KoautorInnen entschieden?

Ich habe bereits sehr gute Erfahrungen mit Co-AutorInnen gemacht, meine ganz frühen Werke über Krisenintervention habe ich noch zusammen mit KollegInnen geschrieben. Seither habe ich allerdings mehr Lust gehabt, allein zu schreiben. Man muss sich beim gemeinsamen Verfassen von Texten sehr auf andere einstellen und ich wollte mich lieber alleine voll und ganz nur auf meine Gedanken konzentrieren können. Nur so hatte ich bei diesen Büchern die Freiheit, alles so zu gestalten, wie ich das möchte. Mein 2020 neu erscheinendes Buch verfasse ich allerdings wieder mit einem sehr geschätzten Kollegen zusammen. Wir sind ein sehr eingespieltes Team, kennen uns seit vielen Jahren und arbeiten auch schon lange eng zusammen. Bei ihm habe ich keine Befürchtungen, zu Inhalten zu lange diskutieren zu müssen, und es kommen keine Fragen auf, wer was wann machen soll. Wir sind gut aufeinander eingestimmt.

▶ Wie prüfen Sie, ob sich jemand als Koautorin oder Koautor eignen könnte?

Grundsätzlich rate ich, sich sehr genau zu überlegen, ob und wie man mit jemanden zusammenarbeiten möchte. Stellen Sie sich das ganz genau vor, auch nach der ersten Begeisterung. Man sollte sehr genau prüfen, ob die andere/der andere auch wirklich so ist, das so machen kann und will, wie man sich die gemeinsame Arbeit vorstellt. Man muss ja nicht nur zusammen schreiben, es muss danach auch noch Marketing und vieles andere gemacht werden. Bei vielen geht der Zwist aber schon bei der Reihenfolge der Autoren auf dem Titel los. Andere wollen Marketing, aber nur interviewt werden, machen aber sonst nichts usw. Wenn ich eine Anfrage für eine Kooperation bekomme, spreche ich zunächst mit meinen Freunden oder Familie darüber. Die kennen mich sehr gut, ich kann mich nämlich schnell für Dinge begeistern, aber ich übertreibe es dadurch auch manchmal. Andere können mich da manchmal hilfreich bremsen. Dann kläre ich mit den möglichen Co-AutorInnen zuerst ganz genau, welche Erwartungen es auf beiden Seiten gibt, und wie die Arbeitsweisen zusammenpassen könnten. Natürlich schaue ich nach, ob und welche eigenen Schreibprojekte diese Person zuvor schon veröffentlicht hat.

▶ Unter welchen Bedingungen könnten Sie sich die Mitarbeit einer Ghostwriterin/eines Ghostwriters vorstellen?

Das kann ich mir für mich zurzeit nicht vorstellen. Meine Werke basieren sehr stark auf meinen eigenen langjährigen beruflichen Erfahrungen aus meinen Coachings und Seminaren. Und ich habe gar kein Bedürfnis, mehr oder schneller Bücher zu schreiben. Wenn ich keine Zeit aufbringen kann, ein Buch zu schreiben, dann muss ich es nicht erzwingen. Auch wenn es aktuell ein wenig anders ist, weil mein Verlag rasch nach dem vorigen Werk aktiv um ein weiteres Buch angefragt hatte und das gerade stimmig für mich war. Ein weiterer sehr wichtiger Grund für mich, meine Bücher selbst zu schreiben, ist, dass ich so stark davon profitiere und als Person enorm damit und daran wachse. Persönlich und natürlich auch fachlich ereignen sich da riesige Sprünge. Ein Buch ist für mich jedesmal ein großes Entwicklungsprojekt. Diese Erfahrung möchte ich keinesfalls missen, deshalb würde ich Bücher zu schreiben nie auslagern, meine LeserInnen profitieren ja auch davon. Habe ich mal keine Freude mehr am Bücher schreiben, was hoffentlich nie passieren wird, würde ich aufhören, das ist ganz klar für mich. Das Business Ghostwriting ist durchaus legitim, ich habe nichts dagegen. Viele meiner Speaker-KollegInnen haben es nicht so mit dem Schreiben, weil sie sehr auf die gesprochene Sprache orientiert sind. Die erzählen mir, sie schreiben nicht gerne oder sie möchten keine Zeit dafür investieren. Natürlich ist es für solche Menschen eine gute Möglichkeit, mit Co-AutorInnen oder GhostwriterInnen zusammenzuarbeiten.

▶   Wie lange hat die Produktion Ihres aktuellen Sachbuches ab Abgabe der ersten Version des Manuskripts gedauert?

Der Schreibprozess hat bei meinen Büchern meist zwischen vier und sechs Monaten gedauert, auch mal neun Monate, also von der ersten Idee bis zur Manuskriptabgabe. Von der Abgabe des Manuskripts, bis es dann im Laden steht, dauert es je nach Verlag auch nochmal drei bis vier Monate.

▶   Man hört immer wieder von Leuten, die Ihre Bücher in sechs Wochen herunter schreiben.

Da zweifle ich doch eher, ob das so stimmt. Da muss schon irgend eine Vorbereitung oder Planung vorausgegangen sein. Oder es wird nicht gut überarbeitet, was oft der Qualität schadet. Schnelligkeit beim Buchschreiben finde ich sehr überbewertet, viele AutorInnen brauchen diese längeren „Reifungsprozesse" eines Buches. Man kann sich das ohnehin selbst festlegen und handelt es mit dem Verlag passend aus, bis wann man fertig sein kann. Nur selten gibt es einen Zwang, so rasch arbeiten zu müssen.

Literatur

Gorus O. (2011). *Erfolgreich als Sachbuchautor: Von der Buchidee bis zur Vermarktung* (2., vollst. überarb. Aufl.). Offenbach: GABAL.

Verlagssuche und -auswahl

Allein in Deutschland gibt es mehrere Tausend echte (mit sporadisch verlegenden bis zu 20.000) Verlage (Gorus 2011, S. 171) – für jedes Thema gibt es einen passenden Verlag. Verschwenden Sie Ihre Zeit nicht damit, Ihre *Projektunterlagen* (s. Kap. 8) wahllos an Unmengen nicht geeigneter Verlage auszusenden, und geben Sie sich auch nicht mit dem nächstbesten zufrieden. Von der gewissenhaften Recherche eines passenden Verlagshauses für Ihr Werk hängt während der Erarbeitung und Produktion vieles ab. Gönnen Sie sich darum in Ihrem Projektmanagementplan für diesen Schritt ausreichend Vorlaufzeit (mindestens zwei bis drei Wochen für einige Checks).

Welcher Verlag passt zu meinem Buch?
Bis hierhin sind einige der ersten, sehr wichtigen *Meilensteine* Ihres Buchprojektes erreicht: *Zielgruppenanalyse,* Inhaltsangabe, strategische Ausrichtung und Konkurrenz- sowie Marktanalyse. Nun stehen Sie vor einer der spannendsten Phasen in Ihrem Buchprojekt. Die brennende Frage lautet: Wie finde ich den passenden Verlag? Wie wird mein Buchkonzept von Verlagen eingeschätzt werden? Und welcher Verlag will mit mir zusammenarbeiten und mein Werk verlegen? Die nachfolgenden Vorbereitungen sind ggf. zusammen mit KoautorInnen durchzuführen.

Zum Ausprobieren

Erweitern Sie Ihre Konkurrenzanalyse (s. Kap. 5) mit einem gründlichen Check der sie verlegenden Unternehmen, am besten in einer Buchhandlung oder Bücherei: Welcher Verlag hat bereits ein ähnliches Buch herausgebracht? Liegt das Format angenehm in der Hand? Ist es stimmig für das Thema? Wie wirkt die Covergestaltung auf Sie? Wie ist die Papierqualität? Erstellen Sie für Ihre Funde zunächst eine *Longlist* mit Verlagen, die für Sie interessant sein könnten. Gehen Sie dann zur Onlinerecherche über, und informieren Sie sich genauer über diese Verlage: Viele größere

© Springer Fachmedien Wiesbaden GmbH, ein Teil von Springer Nature 2019
N. Miljković, *Vom Vortrag zum Sachbuch,* https://doi.org/10.1007/978-3-658-27151-0_7

Verlage decken alle Genres und Themenbereiche ab, andere sind auf einige Genres und/oder Themen spezialisiert. Sehen Sie sich anschließend deren jeweiliges *Verlagsprogramm* für Sachbücher durch: Sind die Titel stimmig oder sind sie eher reißerisch? Wie ist die Website der einzelnen Buchtitel aufgebaut – fühlen Sie sich angesprochen und gut informiert? Was bemängeln negative Bewertungen und Rezensionen an Büchern dieses Verlags?

Gibt es Reihen, in die mein Buch passen könnte?

Viele Verlage bringen thematische Reihen heraus, zu denen man in gedruckten Verlagsprogrammen (über den jeweiligen Verlag zu beziehen bzw. in Buchhandlungen aufliegend) und auch online Informationen bekommt. Das Programm listet alle Neuerscheinungen und aktuell lieferbaren älteren Werke auf. *Reihen* zeichnen sich durch Spezialisierung auf kleine Themenfelder, eine besondere Fragestellung und/oder besondere Herstellungsarten aus. Auch optisch sind sie häufig vom regulären Programm hervorgehoben. Lesen Sie die Beschreibung der Reihe gründlich durch, und überlegen Sie, ob Ihr Werk thematisch in dieses Programm bzw. in diese Spezialreihe passen könnte. Gibt es aktuell einen Aufruf, für diese Reihe Manuskripteinreichungen zu machen, wäre das ein glücklicher Zufall, aber auch ohne ausdrückliche Aufforderung kann man Verlage auf eine konkrete Reihe ansprechen, wenn das eigene Werk besonders gut in die Reihe passen würde.

> **Zum Ausprobieren**
>
> Finden Sie bei Ihren Recherchen im Verlagsprogramm der letzten drei bis fünf Jahre doch einen direkten Konkurrenztitel des Verlags, analysieren Sie diesen genau (Zielgruppe, thematische Aufbereitung, Lesernutzen). Erwähnen Sie dieses Werk im Exposé (s. Kap. 8) ausdrücklich, und erläutern Sie kurz, was Sie in Ihrem Buch anders anlegen oder gestalten als in diesem Werk. Das zeigt der Lektorin/dem Lektor, dass Sie Ihre Vorbereitungen ernst genommen, die Konkurrenz genau analysiert und den Verlag daraufhin bewusst ausgewählt haben.
>
> Halten Sie fünf bis zehn Verlage, die für Sie infrage kämen, in einer Tabelle in Ihrer *Shortlist* fest. Ergänzen Sie zu Ihrer Auswahl an Wunschverlagen in einer Spalte den Namen der AnsprechpartnerInnen für Ihr Thema inklusive deren E-Mail-Adresse. Entweder finden Sie diese Informationen auf eigenen Seiten („Informationen für AutorInnen", „Manuskripteinreichungen" oder dergleichen genannt), oder Sie können bei den Lektoratswebseiten für das jeweilige Fachgebiet oder den Kontaktseiten nachsehen. Diesen Personen lassen Sie in weiterer Folge die *Präsentationsunterlagen* des Buchprojekts zukommen (s. Kap. 8). Bitte beachten Sie, dass es für große Reihen häufig eigene Zuständigkeiten gibt, diese sollten bei den jeweiligen LektorInnen angeführt sein.
>
> Notieren Sie in weiteren Spalten, warum Sie glauben, dass der jeweilige Verlag gut geeignet ist, Ihr Buch zu verlegen (z. B. weil der jeweilige Verlag bereits thematisch ähnliche Bücher schon verlegt hat, er eine konkrete Reihe verlegt, die gut mit Ihrem

Thema übereinstimmt). Überprüfen Sie genau, welche Unterlagen der Verlag von AutorInnen erwartet. Alle diese Informationen werden beim Anschreiben der Verlage benötigt.

Welche Anforderungen haben Verlage und LektorInnen an mich?
Verlage kennen den Markt und die Zielgruppen sehr gut und bewerten daher auch anhand von Trends, Bedarf, Absatzwahrscheinlichkeit und vielem mehr, ob ein Manuskriptvorschlag lukrativ genug ist, um verlegt zu werden. Dafür müssen sie nicht nur die Güte der eingereichten Texte und das „runde Ganze" anhand Ihrer Leseprobe und Ihrer Inhaltsangabe (s. Kap. 8) prüfen. Zugleich müssen sie auch sicherstellen, dass auch die Autorin/der Autor „vermarktbar" ist: Buchthema und AutorIn müssen zusammen-passen (darum sind die Hintergrund-, Eignungs- und Biografiesektionen im Exposé sehr wichtig). „[...] da gerade das breite Publikum die Quellen und Referenzen eines Autors in aller Regel nicht überprüfen kann, bildet es sich ein Urteil anhand des Eindrucks von dessen Persönlichkeit. Dabei verlässt man sich gern auf die Qualitätskontrolle der renommierten Verlage. Autoren, die es in das Programm etablierter Häuser geschafft haben, wird ein Kompetenzvorsprung zugeschrieben. So entsteht Reputation." (Gorus 2011, S. 34f.).
Das bedeutet für AutorInnen ...

- gründliche Vorbereitung der Präsentationsunterlagen,
- richtige Angaben im Exposé,
- USP in Szene setzen,
- stichfeste Nutzen für die Lesenden definieren,
- eigene Kompetenzen hervorkehren,
- realistische zeitliche Planung des Projektes.

▷ **Gut zu wissen** Wenn Sie weitere Informationen über Verlage sammeln möchten, empfiehlt sich der Besuch der großen *Buchmessen* (s. Kap. 18). Das sind wichtige Treffpunkte für Verlage und ihre LektorInnen. Dort können Sie leicht ins Gespräch kommen und Ihre Ideen mit den möglicherweise späteren EntscheiderInnen vorab besprechen und ein Gefühl für den Verlag, aber auch die Buchbranche bekommen.

Welche Vorteile bietet mir eine Literaturagentur?
In den USA sind bereits rund 90 % der AutorInnen durch *AgentInnen* vertreten, da die meisten Verlage Einsendungen von Privatpersonen nicht mehr annehmen (Gorus 2011, S. 133). Auch im deutschsprachigen Raum sind LiteraturagentInnen verbreitet, wenn-gleich sie im Sachbuchbereich noch eher selten anzutreffen sind. Die meisten Literatu-ragentInnen arbeiteten zuvor entweder in Verlagen, sind selbst AutorInnen oder haben in anderen schreibenden Berufen Erfahrung. Verlage schätzen den Umgang mit Ihnen

meist, weil sie sich darauf verlassen können, im Vorfeld gut aufbereitete Unterlagen zu erhalten und einen reibungslosen Entstehungsprozess zu haben.

Für AutorInnen bedeutet die Arbeit mit ihnen: Durch die große Erfahrung der AgentInnen im Umgang mit Verlagen und ihrer Kenntnis deren aktueller Ausrichtungen im jeweiligen Segment steigen die Erfolgsaussichten, zu einem Vertrag zu kommen, mithilfe ihrer Services und Netzwerke stark. Die Leistungen von LiteraturagentInnen (Gorus 2011, S. 141ff.):

- Sie nehmen die mitunter langwierige Suche nach einem geeigneten Verlag ab (s. o.).
- Sie führen eine Markt- und Konkurrenzanalyse durch.
- Sie unterstützen bei der Vorbereitung verlagskonformer Präsentationsunterlagen
- Sie fassen bei Verlagen für eine rasche Entscheidungsfindung über die Aufnahme ins Programm nach.
- Sie stehen bei Vertragsverhandlung für faire Bedingungen aller Seiten ein.
- Sie prüfen Verlagsverträge genau, um alle für AutorInnen wichtigen Rechte zu wahren.
- Sie können höhere *Honorarsätze* erreichen, manchmal sogar *Vorschusszahlungen*.
- Sie übernehmen auf Wunsch auch nach *Vertragsunterzeichnung* die gesamte Kommunikation mit dem Verlag.

Die größten Vorteile einer eigenen Literaturagentin/eines eigenen Literaturagenten sind also eine nicht unerhebliche Zeitersparnis, eine professionelle Ansprache der Verlage und gute Kontaktabwicklung. Die Beteiligung am späteren AutorInnenhonorar (s. u.) motiviert die AgentInnen, die Verhandlungsspielräume für ihre AutorInnen bestmöglich auszunutzen.

▶ **Gut zu wissen** Schon nach kurzer Onlinerecherche findet man zahlreiche LiteraturagentInnen (oder auch AutorInnencoaches) in seiner Nähe. Wichtig ist, nur solche mit Erfahrungen in dem von Ihnen angestrebten Genre, Ihrem Fachgebiet bzw. Ihrer Spezialisierung in Erwägung zu ziehen, da diese ExpertInnen die entsprechenden Märkte gut kennen und dahin passende Kontakte haben. Ein Check der entsprechenden Referenzprojekte ist unbedingt erforderlich. Senden Sie ihnen nicht ungefragt Informationen oder gar Manuskripte zu, das ist verpönt und macht außer Arbeit nur wenig Sinn. Besser klärt man in einem kurzen Telefonat zunächst ab, ob die entsprechende Person auch interessiert ist und entsprechende Erfahrungen mitbringt (s. u.).

Als erfahrender Literaturagent gibt Gorus gute Tipps zur Anbahnung: Bevor man irgendjemandem die eigenen Unterlagen zusendet, sollte man sich zuerst immer telefonisch kurz erkundigen, ob die Agentin/der Agent diese Themen und Genres überhaupt abdeckt. Erläutern Sie Ihre Idee kurz und lassen Sie sich auch schildern, wie sie/er vorgehen wird. Wenn die Agentin/der Agent allzu unklar darauf reagiert, ist das ein schlechtes Zeichen – die

AutorInnen zahlen viel Geld für die Leistungen der LiteraturagentInnen und müssen eine Aufschlüsselung der Services erwarten können. Vorsicht ist auch bei Pauschalen oder Vorauszahlung gegeben, da seriöse AgentInnen ausschließlich bei erfolgreicher Vermittlung und Vertragsabschluss mit einem Verlag ein Honorar einfordern.

Aktuell sind für den Non-Fiction-Bereich im deutschsprachigen Raum circa 15 bis 20 % vom AutorInnenhonorar übliche Sätze für AgentInnen. Dank ihrer Erfahrung am Buchmarkt lehnen seriöse AnbieterInnen Konzepte mit nur schlechten Vermittlungs-chancen sicher ab. Wie Gorus (2011, S. 141ff.) sagt, sind LiteraturagentInnen daher auch eine gewisse Kontrollinstanz, genau das schätzen auch Verlage an der Arbeit mit ihnen. Bei Ablehnung sagen sie meist auch dazu, was man verbessern könnte, dieses Feedback kann sehr nützlich sein.

Haben Sie sich entschieden, mit einer Agentin/einem Agenten zusammenzuarbeiten, muss alles vertraglich geregelt werden, bevor diese mit der Vermittlungtätigkeit begin-nen. Ein guter Tipp ist auch, die Wahl rechtzeitig vor der Frankfurter oder Leipziger Buchmesse zu treffen, so haben die AgentInnen Ihre Buchidee ganz frisch im Kopf und sie können sich auf den Messen schon nach geeigneten Kontakten umschauen und die Stimmungslage für ein Konzept von den Verlagen einholen (Gorus 2011, S. 137ff.).

Selbstverständlich können auch nicht von AgentInnen vertretene AutorInnen und sogar völlige Neulinge am Buchmarkt zu einem renommierten Verlag kommen, wenn sie die Erwartungen (s. o.) der LektorInnen zufriedenstellend erfüllen können. Leider sind auch AgentInnen weder eine Garantie auf einen Buchvertrag noch auf einen Honorar-vorschuss. Ob Sie Ihr zukünftiges Werk einer Literaturagentin/einem Literaturagenten anvertrauen wollen, ist letztlich eine Entscheidung zwischen akut mehr Zeit zu haben versus später noch weniger Honorar zu bekommen. Für die Entscheidung, ob Sie eine Agentin/einen Agenten engagieren sollten, empfiehlt Gorus (2011, S. 134ff.) eine Kosten-Nutzen-Kalkulation zu machen. Beachten Sie, dass AgentInnen ausschließlich Projekte betreuen, die man Verlagen noch nicht selbst erfolglos angeboten hat. Wenn Sie nach einigen Fehlversuchen daher erst später eine professionelle Vertretung in Erwägung ziehen, wird es schwer werden, jemanden zu finden. Treffen Sie Ihre Entscheidung früh.

ExpertInneninterview: Im Gespräch mit Dr.[in] Birgit Schreiber

Da man sich meist, wenn schon nicht ein Leben lang, wohl jedoch für einige Jahre an einen Verlag bindet, sollte die Auswahl eines geeigneten Partners auch in der Buchbranche wohlüberlegt sein.

▶   Nach welchen Kriterien haben Sie Verlage bewertet, ob diese Interesse an
     Ihrem Manuskript haben könnten?

Im Falle meines ersten Buches nach keinen. Der Springer-Verlag ist mit einer Buchidee auf mich zugekommen.

▶   Wo und wie haben Sie sich über Verlage informiert, die für eine Publikation
     Ihres Manuskriptes geeignet schienen?

Springer war mir als *Wissenschaftsverlag* bekannt – außerdem habe ich mir vor meiner Zusage Bücher zusenden lassen, die in der vorgeschlagenen Reihe erschienen sind, in der auch mein Buch erscheinen sollte. So konnte ich prüfen, ob ich den Stil und die Aufmachung mag.

▶   Haben Sie VertreterInnen der Verlage/Verlagslektorate vor Einreichung Ihrer
     Buchidee persönlich getroffen (z. B. bei Lesungen oder Buchmessen)?

Erst nach Erscheinen des Buches. Ich wurde von Springer zu einer Lesung auf der Frankfurter Buchmesse eingeladen. Das ist, wie ich dann erst erfuhr, eine Ehre, weil Springer aus 9000 Titeln angeblich nur fünf für eine Präsentation auf der Messe auswählt. Dabei habe ich dann auch einen weiteren Autor von Springer kennengelernt und mit meiner Lektorin, die eigentlich mehr Projektmanagerin ist, ausführlicher gesprochen.

▶   Käme für Sie die Arbeit mit einer Literaturagentin/einem Literaturagenten
     infrage, die/der für Sie an Verlage herantritt, und wieso ja/nein?

Ja, das käme durchaus für mich infrage. LiteraturagentInnen haben bessere Einsicht in das aktuelle Verlagsprogramm, sie wissen wahrscheinlich, wer eine gute Ansprechpartnerin/ein guter Ansprechpartner ist. Sie haben – so würde ich annehmen – auch Ideen, wie ein Thema gewendet und präsentiert werden muss, damit ein Verlag interessiert ist. Diese Hilfe würde ich durchaus in Anspruch nehmen. Und ich werde diesen Weg bei meinem aktuellen Buch, einem Memoire, wahrscheinlich auszuprobieren. Eine erste Kontaktaufnahme hat bereits stattgefunden.

Literatur

Gorus O. (2011). *Erfolgreich als Sachbuchautor: Von der Buchidee bis zur Vermarktung* (2., vollst. überarb Aufl.). Offenbach: GABAL.

Inhaltsangabe, Exposé und Leseprobe

Brüten Sie schon über Ihrer Buchidee? Freuen Sie sich darauf, sie endlich vorstellen zu können? Wenn man so intensiv an Ideen feilt, wie dies bei Buchprojekten meist der Fall ist, ist das nur zu verständlich. Dieser anfängliche Enthusiasmus und die Begeisterung für Ihr Fach mögen Ihnen noch lange erhalten bleiben und in den folgenden Monaten für viel *Schreibmotivation* sorgen. Für Ihre Buchbewerbung bei Verlagen sollten Sie zunächst jedoch etwas Zurückhaltung an den Tag legen: Bei der Bewerbung gilt es einige wenige Minuten der LektorInnen zu ergattern und sie vom Fleck weg für Ihr Projekt zu begeistern. Für eine ausgereifte *Projektpräsentation* sind drei Dokumente vorzubereiten – das Exposé, die Inhaltsangabe und die Leseprobe. Die meisten Verlage geben auf Ihrer Website Instruktionen für die Gestaltung dieser Texte vor – halten Sie sich unbedingt genau daran. Sollten Sie eine Literaturagentin/einen Literaturagenten engagiert haben, stehen Ihnen diese mit ihrer Kompetenz und ihrem Hintergrundwissen zum Verlagswesen beim Erstellen dieser Unterlagen zur Seite.

Wie erstelle ich eine schlüssige Inhaltsangabe?
Die Inhaltsangabe ist in vielerlei Hinsicht eines der wichtigsten Elemente Ihres Exposés – und Ihres Buches. Schon Schülerinnen und Schüler lernen, bei der Recherche in einem Fach- oder Sachbuch zuerst in die Inhaltsangabe zu schauen. Diese gibt Aufschluss darüber, ob ein Buch für die vorliegende Aufgabe relevant ist und bei deren Bewältigung unterstützen kann. In einer Buchhandlung oder im Onlineshop ereignet sich ein ganz ähnlicher Vorgang. Vor dem Kauf schauen viele Interessierten zunächst in die Inhaltsangabe, bevor sie ein Werk für nützlich genug halten, um dafür auch Geld auszugeben.

Zuvor muss erst einmal ein geeigneter Verlag von Ihrer Buchidee überzeugt werden: „Eine Gliederung zu entwerfen ist für den Sachbuchautor ein Akt der *Vermarktung* seines Buches. Hier werden Weichen gestellt, die darüber entscheiden, ob das Buch einen Verlag finden wird […].“ (Gorus 2011, S. 100). Darüber hinaus muss die Inhaltsangabe

© Springer Fachmedien Wiesbaden GmbH, ein Teil von Springer Nature 2019
N. Miljković, *Vom Vortrag zum Sachbuch*, https://doi.org/10.1007/978-3-658-27151-0_8

auch noch dem Buchinhalt, dem Genre, der schriftlichen Wissensvermittlung und den Anforderungen des *Marketings* gerecht werden. Fixieren Sie nun, was Sie in Kap. 2 begonnen und in Kap. 5 verfeinert haben, ordnen Sie den Inhalt logisch und gut ausbalanciert an und bauen Sie zu guter Letzt geeignete didaktische Elemente (s. Kap. 2) ein, damit Ihr Werk dem Nutzen für die Lesenden gerecht wird – Lesernutzen sind Verkaufsargumente sind Kaufgründe.

▶ **Gut zu wissen** Drei Grundsätze verhelfen zu einer erfolgreichen Gliederung:

- Wichtig ist, eine kompakte und stimmige *Gliederung* zu erarbeiten. Diese ergibt sich natürlich aus dem Thema, doch müssen die Lesenden stets im Auge behalten werden. Eine extrem strukturierte und komplexe Gliederung kann Lesende sogar abschrecken, da sie leicht meinen könnten, ihr „Problem" (tatsächlich oder im übertragenen Sinn) mit Ihrem Buch nicht schnell und einfach lösen zu können.
- Achten Sie auch auf einen harmonischen Aufbau der Gliederung: Pro Abschnitt gibt es mehrere Kapitel, die jeweils mehrere Unterkapitel und darin jeweils eine bis maximal zwei weitere Unterebenen aufweisen. Dieses Schema sollte sich zwischen den Abschnitten oder von Kapitel zu Kapitel nicht extrem unterscheiden.
- Halten Sie zudem die Überschriften aller Elemente kurz und prägnant. Ausnahmen bestätigen diese Regel zwar, doch üblicherweise möchten sich Lesende nicht schon durch einen Wulst an Angaben in der Inhaltsangabe quälen müssen. Vergeben Sie einfache Überschriften, die Sie zunächst als Arbeitstitel nutzen, im Laufe der Produktion ergeben sich dann ohnedies noch zahlreiche Abänderungen einerseits der Gliederung und andererseits auch der Überschriften.

Ergänzen Sie zum Schluss noch die allgemeinen Abschnitte eines Buches: *Danksagung*, Verzeichnisse, *Anhänge* und dergleichen mehr (s. Kap. 15).

Wie schätze ich den Umfang meines Buches ab?

Sobald die erste genaue Gliederung erstellt ist, empfiehlt es sich, für jedes Kapitel und Unterkapitel gleich auch einige Stichworte zu den geplanten Inhalten zu ergänzen. Dies nützt einerseits den LektorInnen oder *ProgrammleiterInnen*, sich etwas genauer vorstellen zu können, was Sie ihnen anbieten und ob Sie dies auch passend für das jeweilige Genre umzusetzen verstehen (Gorus 2011, S. 162). Andererseits nutzen Sie Ihre Gliederung während des gesamten Entwicklungs- und Schreibprozesses als Gerüst, an dem Sie Ihre Ideen arrangieren und in einer logischen Reihenfolge behalten können. Weiterhin benötigen Sie eine gute Übersicht, um eine wichtige Kenngröße festlegen zu können: welchen Umfang Ihr Werk haben wird. Das ist knifflig festzustellen, doch schätzen Sie nicht zu grob, Ihr Projekt- und Zeitmanagement hängen auch sehr davon ab, hier möglichst realistische Angaben zu tätigen.

Zum Ausprobieren

Eine hilfreiche Frage zum Abschätzen der Länge eines Buches ist: „Wie viele Seiten möchte ich mich mit diesem speziellen Thema gerne beschäftigen?" Wenn Ihnen fünf Seiten viel zu wenig vorkommen, um auch nur durch die Einleitung zu diesem Kapitel zu kommen, geben Sie sich mehr Seiten. Arbeiten Sie sich von Kapitel zu Kapitel durch, immer auch die Anzahl an Unterkapiteln für jedes Kapitel im Auge behaltend. Fühlen Sie sich in Ihre Kapitel hinein. Beschleicht Sie bei manchen Abschnitten ein unangenehmes Gefühl? „Um Himmels Willen, dazu soll ich zehn Seiten schreiben?!" Reduzieren oder erhöhen Sie die Seitenzahl entsprechend, bis es Ihnen stimmig vorkommt. Bedenken Sie auch hierbei, dass es ein ausbalanciertes Verhältnis zwischen den Kapiteln und Unterkapiteln geben soll. Es wirkt unstimmig, wenn Sie einem Kap. 20 Seiten einräumen, einem anderen hingegen nur drei Seiten. Notieren Sie zum Schluss für die Elemente *Vorspann* und *Nachspann* (s. Kap. 15) als Platzhalter auch eine oder einige wenige Seiten. Für die oftmals umfangreichere Literaturliste und den Anhang gehen Sie von Erfahrungswerten aus, wie viel Literatur und Inhalt Sie in Anhängen üblicherweise bereitstellen, wenn Sie Artikel publizieren. Rechnen Sie nun alle Seiten zusammen.

Manche Verlage bevorzugen eine Angabe in Zeichen oder *Normseiten*. Exakte Angaben an Zeichen eruieren Sie leicht, indem Sie nach dem Verfassen der Leseprobe (s. u.) überprüfen, wie viele Zeichen Sie verfasst haben. Extrapolieren Sie das auf die übrigen Kapitel (sofern diese wie empfohlen (s. o.) annähernd ähnlich aufgebaut sind) je nach geplanter Seitenzahl, und summieren Sie die Zeichenzahlen dann für alle Kapitel. Für Angaben in Normseiten kann man diesen Wert nachträglich noch umrechnen, wobei allerdings die Angaben von Land zu Land schwanken (in Deutschland geht man von 1800 Zeichen inklusive Leerzeichen aus, in Österreich hingegen nur von 1000 Zeichen inklusive Leerzeichen). Wählen Sie eine Zählweise oder gehen Sie von einem guten Durchschnitt von rund 1500 Zeichen inklusive Leerzeichen aus. Dieser Wert ist auch für die Beauftragung eines *Korrektorats* oder *Lektorats* relevant (s. Kap. 12).

Welche Elemente muss ein erfolgreiches Exposé aufweisen?

Das Exposé ist das Herzstück Ihrer Projektpräsentation – in einem insgesamt nur zwei- bis dreiseitigen Dokument stellen Sie Ihre gesamte Buchidee vor. Das Exposé für ein Fach- oder Sachbuchprojekt ist stark strukturiert, damit die LektorInnen und ProgrammleiterInnen in kürzester Zeit ein möglichst vollständiges Bild von Ihrem Projekt bekommen. Erstellen Sie nichts komplett Ausgefallenes. Sofern Kreativität nicht unverzichtbarer Bestandteil Ihres Themas ist, ist weniger mehr. Wie Sie sehen werden, ist dieses Dokument nicht dazu da, das Thema an sich vorzustellen, sondern Ihre Analyse der Zielgruppe, des Nutzens für die Lesenden und der Konkurrenz zu präsentieren, um dem Verlag die Aufgabe zu erleichtern, sich für oder gegen ein Geschäft zu entscheiden.

Viele Verlage geben auf ihren Websites genaue Anleitungen, wie sie sich *Exposés* erwarten. Nutzen Sie diese Unterlagen ausdrücklich und weichen Sie nicht davon ab. Finden Sie keine Vorgaben für die Gestaltung vor, können Sie mit den nachfolgenden Beschreibungen ein aussagekräftiges Exposé erarbeiten. Die Reihung der Inhalte im Exposé ist Geschmackssache, das gesamte Exposé sollte die Länge von zwei bis drei A4-Seiten jedoch nicht überschreiten. Platzieren Sie Ihren Namen sowie den geplanten Buchtitel bzw. Projekttitel unbedingt auf jeder Seite in der Kopf- oder Fußzeile.

- Den Einstieg macht ein kurzer persönlicher Einblick: Im Abschnitt „Motivation" erläutern Sie den LektorInnen in einem Absatz, wie Sie zu dieser Buchidee fanden und warum Sie sich in diesem Thema auskennen. Arbeiten Sie in diesem Bereich oder hatten Sie schon während der Schulzeit damit zu tun? Haben Sie mit einer der Zielgruppen beruflich oder durch Ihr Ehrenamt intensiven Kontakt und dadurch Hintergrundwissen aus erster Hand? Warum sehen Sie einen aktuellen Trend kritisch oder prognostizieren Sie einen neuen Trend?
- Schaffen Sie gleich im Anschluss eine Überleitung zur „Aktualität und/oder Relevanz" Ihres Themas. Dies ist sehr themenabhängig zu gestalten – historische Themen werden unter Umständen geringere Aktualität aufweisen, nennen Sie stattdessen relevante Gründe, warum Ihr Thema gerade jetzt wieder mehr Aufmerksamkeit erregt bzw. warum Sie der Meinung sind, dass es nun wieder aufgegriffen werden sollte. Aktuelle Themen sollten auf die Relevanz für Ihre Zielgruppe(n) ausgeleuchtet werden – führen Sie Beweise in Form von aktuellen Studien oder Medienberichte an (Gorus 2011, S. 165).
- Ein für ein Fach- bzw. Sachbuch sehr wichtiger Abschnitt ist das didaktische Konzept, das als Nächstes in einem Absatz beschrieben wird. Erläutern Sie, wie Sie Ihre Kapitelaufteilung planen: Steigen Sie mit einem Zitat ein? Beginnen Sie mit einem Beispiel, an dem Sie sich abarbeiten und leiten davon ein allgemeines Konzept anschaulich ab? Oder beschreiben Sie zuerst die Theorie und dann die Praxis? Gibt es Besonderheiten der Präsentation des Themas? Welche Inhalte wie Infoboxen, Reflexionsfragen, Einschübe usw. haben Sie geplant? Wozu sollen diese Elemente die LeserInnen Ihres Buches bringen bzw. wie regen sie sie an? Heben Sie die Highlights hervor, alles Weitere ist in der Gliederung zu sehen.
- Die gründliche Analyse des Zielmarkts und der Zielgruppe(n) ist wesentlich für den Erfolg eines Buches. In diesen zwei bis drei Absätzen legen Sie dem Verlag ganz genau dar, für welches Genre Sie zu schreiben planen sowie wie Ihr Markt und Ihre Zielgruppe(n) beschaffen sind. Beschränken Sie sich auf einige wenige, aber sehr klar umrissene Zielgruppen, das ist für die Positionierung und spätere Vermarktung essenziell. Schreiben Sie für den deutschsprachigen, den englischsprachigen oder den internationalen Markt oder gar nur für eine bestimmte Gegend? Wie viele und welche Zielgruppen möchten Sie erreichen? Welche Menschen(gruppen) gehören Ihren Zielgruppen an? Können Sie circa beziffern, um wie viele Menschen es sich dabei handelt (z. B. für AbsolventInnen des Bachelor- und Masterstudiums der Psychologie,

DiätologInnen: Sehen Sie in statistischen Jahrbüchern bzw. Hochschulerhebungen nach, wie viele dieses Fach jährlich belegen oder abschließen)? Welche Charakteristika schreiben Sie diesen Personengruppen zu oder müssen diese von Berufswegen kultivieren? Verzichten Sie bei den Beschreibungen auf Floskeln und Klischees.

- Verlage möchten nicht nur aus Vermarktungsgründen wissen, mit wem sie arbeiten werden. Man wird zu einer neuen Kollegin/einem neuen Kollegen und wird für längere Zeit zusammenarbeiten. Berichten Sie über die Befähigungen der AutorInnen: Stellen Sie je nach Anzahl der AutorInnen in zwei oder mehreren kurzen Absätzen dar, welche Ausbildung(en) Sie haben und wie viel Expertise Sie bisher in diesem Bereich gesammelt haben (z. B. „Ich arbeite schon seit 1981 an diesem Thema an der Hochschule xy", „Ich schreibe seit xy Jahren einen wissenschaftlichen Blog zu diesen Themen", „Ich engagiere mich seit xy Jahren in der genannten Zielgruppe ehrenamtlich", „Ich unterrichte diese Zielgruppe seit xy Jahren", „Ich arbeite seit xy Jahren mit dieser Zielgruppe als …", „Ich gehöre dieser Zielgruppe aufgrund von xy an" usw.). Zeigen Sie, dass Sie in diesem und für dieses Thema leben. Geben Sie gerne auch Referenzen anderer Publikationen oder Ihre Auszeichnungen an. Bei AutorInnenteams erläutern Sie, wie Sie sich kennengelernt haben und warum Sie sich bei der Arbeit für dieses Buchprojekt ergänzen. Gegebenenfalls kann dieser Abschnitt in die Beschreibung Ihrer Motivation eingegliedert werden.

- Als Berechnungsgrundlage für den geplanten *Ladenpreis* und Ihr Honorar ist der geplante *Werkumfang* eine wichtige Kennzahl (s. o.). Geben Sie in wenigen Sätzen bekannt, wie viele Zeichen bzw. Seiten Ihr Buch haben wird, was selbstverständlich mit den aufsummierten Angaben in Ihrer Inhaltsangabe übereinstimmen muss. Geben Sie zudem an: Wird das Buchprojekt mehrere Bände umfassen, müssen Sie das hier auch bekanntgeben. Falls das zu diesem Zeitpunkt vielleicht erst eine vage Möglichkeit sein könnte, falls Sie noch nicht so weit geplant haben, konzentrieren Sie sich weiterhin nur auf das vorgelegte Werk. Wie viele und welche Art von Tabellen oder Abbildungen sind vorgesehen? Ist Farbdruck nötig? Ist der Zukauf von Fotorechten nötig? Welche Anhänge sind vorgesehen? Gibt es ein umfangreiches *Glossar*? Welche weiteren Inhalte sind vorgesehen (z. B. Downloads, Checklisten, Videos, Podcasts, Apps)?

- Die zweite wichtige Kennzahl ist die ungefähre *Projektdauer:* Schildern Sie anhand mehrerer Aufzählungspunkte, welche Meilensteine für wann geplant sind und wann Sie das satzfertige Manuskript abgeben können. Satzfertig bedeutet, zu diesem Zeitpunkt muss jedes Element vertextet und fertig überarbeitet, jede Abbildung, der Anhang und alle Literaturlisten erstellt sowie jeder Fremdinhalt urheber- bzw. verwertungsrechtlich geklärt sein. Geben Sie sich lieber deutlich mehr Zeit, als zu knapp zu kalkulieren. Selbstverständlich kann es trotz bester Berechnungen im Nachhinein noch zu Änderungen und Verschiebungen kommen, doch je genauer Sie das Abgabedatum schätzen können, umso besser. Verlage sind eher damit einverstanden, mehrere Jahre auf ein Manuskript zu warten, anstatt mehrere Verschiebungen einer zu knapp gesetzten Deadline koordinieren zu müssen. Erläutern Sie in diesem Abschnitt auch kurz, in welcher Phase der Bearbeitung Sie sich befinden (wann ist Beginn, nach der

Recherche, vor der Datenauswertung, ...). Wenn es ein deutlich fortgeschrittenes oder fertig erstelltes Projekt sein sollte, geben Sie an, wie viele Wochen oder Monate nach Vertragsabschluss Sie das Werk abgeben können.

- Die Angabe einiger *Schlagworte* (Keywords) ist ein guter Einstieg zum vorletzten Abschnitt des Exposés. Mit welchen fünf bis zehn Begriffen soll Ihr Buch gefunden werden, wenn man in Suchmaschinen und Datenbanken danach suchen würde? Verorten Sie es eher im Genre X oder im Bereich Y? Welche aktuellen Reizwörter (Buzzwords) oder Trends kommen in Ihrem Buch vor?

- Der Abschnitt „*Alleinstellungsmerkmale* und Lesernutzen" vereint alles, was Ihr Buch am Markt von anderen Werken abhebt und die Zielgruppen an Nutzen aus Ihrem Buch schlagen können. Ziehen Sie Ihre Intentionen aus Kap. 1 und die Erarbeitung Ihres Alleinstellunbgsmerkmals (USP) aus Kap. 5 heran. Führen Sie drei bis fünf USP-Merkmale und fünf bis zehn Lesernutzen im Präsens und aktiv formuliert auf. Nutzen für die Lesenden sind auch Verkaufsargumente, die bei der Vermarktung (s. u.) herangezogen und in Form von Storytelling für *Medienarbeit* (s. Kap. 19) nützlich werden können.

- Der Erfolg eines Buches wird maßgeblich von den Möglichkeiten zur Vermarktung beeinflusst. Beschreiben Sie in Übereinstimmung mit Ihrer Schilderung der Zielgruppe(n): Wo und wie können Ihre Zielgruppe(n) erreicht werden? Gehen diese zu Buchmessen oder Lesungen? Sind sie viel online? Machen sie gerne bei Gewinnspielen mit? Auch wenn klassischerweise *Vertrieb* und Marketing zwei der Hauptaufgaben der Verlage sind (s. Kap. 9), ist es sehr wichtig zu erwähnen, was Sie persönlich zur Vermarktung beisteuern könnten (z. B. regelmäßige *Buchbewerbung* in Ihren Seminaren, Vorträge zu Themen des Buches bei Veranstaltungen von Verbänden der Zielgruppe(n), für Gesellschaften und Interessenvertretungen könnten Sie eventuell einen Vortrag zu Ihrem Buchthema halten, Buchflyer auslegen). Sofern Sie *Social-Media-Kanäle* nutzen (s. Kap. 17), können Sie hier auch angeben, wie viel Reichweite (Follower, Fans, Website-BesucherInnen) Sie durchschnittlich erzielen.

- Als Ergänzung zu den genannten Vermarktungsmöglichkeiten begeben Sie sich auch auf die Suche nach MultiplikatorInnen und *InfluencerInnen* (s. Kap. 17). Darunter versteht man Personen, die in Ihrem Fachgebiet bekannt und anerkannt sind und einen gewissen Einfluss haben. Die Verbundenheit zu Ihrem Thema sollte klar gegeben sein und sie sollten gut online und offline vernetzt sein. Beispiele sind JournalistInnen, BloggerInnen, InstagrammerInnen, LeiterInnen relevanter Institutionen und Firmen, InteressensvertreterInnen usw. Nennen Sie in einem kurzen Absatz ein paar konkrete Beispiele.

- Der letzte Teil des Exposés ist die Konkurrenzanalyse (s. Kap. 5). Stellen Sie circa vier bis sechs Werke vor, die in den letzten rund drei bis fünf Jahren zu Ihrem Thema erscheinen sind: Der Angabe von AutorIn, Jahr und Titel folgen ein bis drei Sätze über deren Zielgruppe und Unterschiede zu Ihrem Buch. Dies kann gerne auch in Stichworten gehalten sein („XY spricht nur Zielgruppe A an, nicht geeignet für Zielgruppe B" „XY bearbeitet Punkt C nicht" „nur wenige praktische Übungen" „sehr umfangreich und theoretisch"). Bleiben Sie bei Ihrer Analyse stets sachlich und nachvollziehbar, fokussieren Sie, wie Sie einen Kritikpunkt anders lösen werden oder was Sie obendrein bieten.

Wie verfasse ich eine aussagekräftige Leseprobe?

Neben Exposé und Inhaltsangabe besteht die Projektvorstellung auch aus einer *Leseprobe* (auch Verlagskapitel genannt). Warum etwas über ein Projekt schreiben, das es (meist) noch gar nicht gibt? LektorInnen müssen vorab erkennen können, ob die AutorInnen die Lesenden zielgruppengerecht ansprechen können, sich verständlich ausdrücken, die Kriterien des Genres (Sachbuch, Ratgeber etc.) verstanden haben und auch umsetzen können (Gorus 2011, S. 118f.). Das alles wäre aus der Gliederung alleine nicht möglich.

Die Leseprobe muss ein längerer zusammenhängender und ausformulierter Text sein. Falls keine anderen Anforderungen dafür ausgewiesen wurden, sollte die Leseprobe mindestens fünf bis maximal 15 Seiten lang sein. Oft wird die Einleitung des geplanten Buches dafür gewählt, aber ein Unterkapitel Ihres Spezialthemas ist womöglich leichter zu verfassen und wirkt ansprechender und aussagekräftiger, weil Sie gleich in medias res Ihres Lieblingsthemas gehen und brillieren können. Bei AutorInnenteams kann entweder eine Leseprobe zusammen erstellt werden oder jeder steuert einen kleinen Teil aus einem seiner Kapitel bei. Bereits publizierte AutorInnen können auch Auszüge aus Buchkapiteln Ihrer früheren Werke aus demselben Genre als Leseprobe verwenden.

▶ **Gut zu wissen** Die Leseprobe sollte einfach gestaltet sein und auch schon alle didaktischen Elemente enthalten, die Sie in der Gliederung versprechen. Stichwort Gliederung – achten Sie besonders darauf, dass die Leseprobe den Seitenangaben in Ihrer Gliederung entspricht. Es sollte auch alle Unterkapitel umfassen, die Sie für diesen Abschnitt vorgesehen haben. Bleiben Sie bei altbewährten Schriften wie Arial oder Times New Roman, um sicherzustellen, dass Ihre Dokumente auf allen Computern geöffnet und gelesen werden können. Verzichten Sie auf ausgefallene Formatierungen, beschriften Sie alle Abbildungen und Tabellen und geben Sie immer Ihren Namen und den Namen des Buchprojektes in Kopf- oder Fußzeile an, damit nichts verloren gehen kann.

Zuletzt geht es an den Feinschliff Ihrer Präsentationsunterlagen. Als Aushängeschild Ihres Buchprojektes muss Ihr Text fehlerfrei und sprachlich gut verdichtet sein. Führen Sie unbedingt eine Rechtschreibprüfung aller Texte durch. Da man beim Lesen am Computerbildschirm Fehler leicht übersehen kann, drucken Sie die Texte einmal aus und markieren Sie Fehler auf dem Papier. Bitten Sie auch eine Vertrauensperson, Textlesende bzw. alle KoautorInnen um eine letzte Durchsicht, eventuell ist der Service eines professionelles Lektorats und/oder Korrektorats von Nutzen.

An wen sende ich meine Buchprojektpräsentation?

Sie haben eine Liste mit passenden Verlagen erstellt und sich dabei die Namen der zuständigen LektorInnen notiert (s. Kap. 7). Überprüfen Sie nochmals, ob Ihre Unterlagen exakt entsprechend den Anforderungen des Verlags erstellt sind. Beispiele für gelungene Inhaltsangabe und Gliederung finden Sie in Oliver Gorus Handbuch (Gorus 2011, S. 317ff.). Erstellen Sie nun ein PDF aus Exposé, Inhaltsangabe und Leseprobe und fügen Sie dieses Dokument einer E-Mail mit kurzem Anschreiben bei. Manche Verlage bieten zum Übermitteln ein eigenes Upload-Portal an – füllen Sie alle Felder darin gewissenhaft und vollständig aus und laden Sie Ihre Unterlagen hoch.

Das Anschreiben in der E-Mail oder in einem Portal sollte nur einige Zeilen lang sein und vorerst folgende Informationen kurz zusammenfassen (s. u.): Welche Art von Buch stellen Sie vor? Welchen Titel trägt es und in welcher Sparte bzw. in welche der Verlagsschienen ordnen Sie sich mit Ihrem Buch ein (z. B. Medizin, Wirtschaft, Kunst)? Warum sind Sie ausgerechnet auf diesen Verlag gekommen? Hat er bereits ein ähnliches Buch verlegt oder ein Werk, das Sie mit Ihrem sehr gut ergänzen würden? Bringt dieser Verlag häufig kritische Auseinandersetzungen mit einem Thema oder ist er auf dem Ratgebersektor sehr bekannt? Ersuchen Sie um Rückmeldung zum Projekt und fügen Sie den Anhang hinzu.

Schicken Sie Ihre Unterlagen ausschließlich der für das jeweilige Fachgebiet zuständigen Person, niemals allen LektorInnen eines Verlags. Gesetzt den Fall, dass Sie keinen Namen finden können, rufen Sie beim Verlag an und klären Sie Ihr Anliegen direkt … – allerdings wirklich erst nach gründlicher Durchsicht der Verlagswebsite. Sollten Sie ein interdisziplinäres Werk planen, wählen Sie ein Hauptfachgebiet aus und fragen Sie die LektorInnen beim Anschreiben, ob diese Person sich für Ihr Werk zuständig sieht. Ersuchen Sie ggf. um interne Weiterleitung an den richtigen Kontakt. So verringert sich die Chance, dass die LektorInnen das Anliegen sofort ablehnen. Senden Sie nichts weiter mit als die angegebenen Unterlagen. Sollten die LektorInnen weitere Unterlagen (Lebenslauf, Literaturliste, bereits veröffentlichte Artikel) benötigen, werden Sie es Ihnen mit Sicherheit mitteilen.

▶   **Gut zu wissen** Ein Beispiel für ein E-Mail-Anschreiben an LektorInnen eines
     Verlags könnte wie folgt lauten:
     Sehr geehrte Frau …/Sehr geehrter Herr…!
     Im Anhang darf ich Ihnen Unterlagen zu einem von mir/mit drei
     KoautorInnen entwickelten Sachbuch-/Lehrbuch-/Ratgeberkonzept zukommen
     lassen.
     Gründliche Recherchen des Buchmarktes ließen uns auf Ihren Verlag aufmerk-
     sam werden, da Sie bereits 2015 Werk abc zum Thema xyz verlegt hatten./Ihr
     Verlag erschien uns als der kompetenteste Partner, da Sie seit vielen Jahren
     ausgesprochen bekannte Werke zu meinem/unseren Thema herausgebracht
     haben, wie z. B. abc und xyz.
     Mein Buch ergänzt den darin nur angerissenen Aspekt xyz mit brandneuen
     Erkenntnissen aus meiner Forschungsarbeit.
     Ich freue mich auf Ihre Rückmeldung zu meinem Konzept!
     Mit besten Grüßen
     Ihr Name & Ihre Kontaktdaten

Nun heißt es einige Wochen zu warten und zu hoffen, dass man zumindest irgendeine Reaktion bekommt. Bitte bedenken Sie, dass Verlage oft Hunderte Projekte pro Monat eingesandt bekommen, die Durchsicht dauert entsprechend lange. Hat der Verlag Interesse, werden sich die LektorInnen auf jeden Fall bei Ihnen melden – fragen Sie nicht extra nach. Nutzen Sie die Wartezeit sinnvoller und schreiben Sie noch zwei oder drei weitere Ihrer favorisierten Verlage an. Vermeiden Sie allerdings mehrere Verlage eines Konsortiums (z. B. Springer, UTB etc.) zugleich anzuschreiben, damit es nicht zu Überschneidungen kommt. Wenn Sie nach acht bis 12 Wochen noch immer nichts von einem Verlag gehört haben, können Sie die Verlagsanalyse wiederholen und überprüfen, ob Sie eventuell weitere geeignete Verlage finden können. Sollten Sie eine Absage bekommen, nutzen Sie allfällige Kommentare und Kritiken zur Überarbeitung Ihrer Unterlagen, um beim nächsten Verlag bessere Chancen zu haben. Bei Absagen ohne Grund lohnt es sich kaum, nachzufragen.

ExpertInneninterview: Im Gespräch mit Dr.[in] Birgit Schreiber

Die gelungene Vorstellung einer Buchidee steht und fällt besonders mit der Güte des Exposés. Die Art der knappen, aber doch umfassenden Darstellung in einem Anschreiben ist eine Kunst für sich.

▶   Wie viele Prozent Ihres Sachbuches haben Sie vor Ihrer E-Mail an Verlage bereits fertiggestellt gehabt (grobe Schätzung)?

Es war noch nichts geschrieben, da ich vom Verlag gefragt worden bin, ob ich zu einer Buchidee des Verlags ein Konzept erarbeiten und ein Buch schreiben wolle.

▶   Welche Details zu Formalia der Manuskripteinreichung (gewünschte Elemente, Übermittlungsform, Kontaktperson usw.) haben Sie von den Zielverlagen vor Einreichen gefunden bzw. erhalten?

Da ich auf Wunsch des Verlags ein Exposé eingereicht habe, hatte ich zuvor ausführliche Informationen zu allen oben genannten Punkten erhalten. Im Laufe des Schreibprozesses erfuhr ich dann weitere Details von Verlagsseite – d. h. in telefonischen Meetings mit der Projektmanagerin.

▶   Welche Anteile der Manuskripteinreichung (Exposé, Inhaltsangabe, Leseprobe) sehen Sie als besonders entscheidend an?

Als Journalistin, die seit etwa zehn Jahren als Autorin für Psychologie Heute arbeitet und der Redaktion immer wieder Artikelvorschläge unterbreitet, halte ich viel von Exposés. Darin kann ich erklären, warum ein Thema relevant ist, ich kann meine eigene These entwickeln und schärfen, und auch mein Stil wird bereits deutlich. Nur wer prägnant und knapp darstellen kann, warum etwas veröffentlicht werden sollte, hat eine Chance in der journalistischen Welt. Im Verlagswesen stelle ich mir die Situation ähnlich vor – angesichts der vielen Manuskripte und Exposés, die täglich eingereicht werden. Allerdings würde ich mir als Lektorin auch eine Leseprobe wünschen, in der ich Lust auf das Buch bekomme, weil mich das Thema packt und der Stil anspricht.

▶   Haben Sie BeraterInnen zugezogen, die Ihnen kritisches Feedback gaben und mit denen Sie das Anschreiben besprechen konnten?

Besprochen habe ich mich erst im Verlauf des Schreibens. Dann mit KollegInnen, FreundInnen, PartnerInnen und einer Expertin für das Verfassen von Sachbüchern. Der Austausch hat extrem viel Spaß gemacht und gehört für mich unbedingt zum Buchschreiben dazu.

▶   Was sollte man auf gar keinen Fall beim Anschreiben an einen Verlag machen?

Zu lange und unkonkret oder vage schreiben. Besser ist, die Begeisterung für eine Idee spürbar werden zu lassen und sie mit klaren, guten Argumenten zu vermitteln.

Literatur

Gorus O. (2011). *Erfolgreich als Sachbuchautor: Von der Buchidee bis zur Vermarktung* (2., vollst. überarb. Aufl.). Offenbach: GABAL.

Verträge und Rechtliches

Hat ein Verlag Interesse an Ihrem Manuskript oder Ihrer Idee, wird die zuständige Lektorin/der zuständige Lektor bzw. ProgrammleiterIn das Gespräch mit Ihnen suchen. Das Interesse ist meist umso größer, je schneller man sich bei Ihnen meldet. Bei aller Freude über dieses Interesse sollten Sie dennoch achtsam bleiben, wenn es um Vertragliches geht. Verträge und Abmachungen sind so individuell wie die Menschen und Verlage, die sie eingehen. Dieses Kapitel wird daher vorwiegend über generelle Grundsätze und übliche Begrifflichkeiten aufklären, die beim Verhandeln von Buchverträgen entscheidend sind. Darüber hinausgehend gibt es noch viele Detailaspekte, die die Einbeziehung von erfahrenen BeraterInnen zur Begutachtung der Verträge sehr wichtig macht.

Welche Rechte rund um Veröffentlichungen gibt es?
Alle Rechte rund um die Veröffentlichung Ihres Buches beginnen mit Ihrem *Urheberrecht*. Sie müssen Ihr Werk nicht wie in einigen Ländern oder wie bei Patenten üblich extra anmelden – Sie erlangen das Urheberrecht, sobald Sie ein eigenes, in sich abgeschlossenes Werk mit einer gewissen Schöpfungshöhe (auch: Gestaltungshöhe, Werkhöhe) erstellt haben. Die Schöpfungshöhe markiert die Grenze, unter der jeder Laie ohne besondere Vorkenntnisse das Werk auch hätte erstellen können. Diese Werke wären wenig originell und ungeschützt, also gemeinfrei. Geschützte Werke mit einer gewissen Schöpfungshöhe sind durch das Urheberrecht als Ihre geistige Schöpfungen oder Ihr *geistiges Eigentum* geschützt, da Sie als ExpertIn all Ihre Vorkenntnisse, Ihr Wissen und Ihre Erfahrungen darauf verwendet haben, es zu erstellen – diese Werke werden als originell eingestuft und erfahren daher besonderen Schutz.

Damit ein Verlag ein Werk überhaupt zur weiteren Produktion verwenden darf, müssen AutorInnen in einem Vertrag, dem *Buchvertrag* (auch: Verlagsvertrag, Autorenvertrag), dem Verlag das ausschließliche Recht zur Vervielfältigung und Verbreitung *(Hauptrecht)* übertragen. Darüber hinaus ist sehr genau festzuhalten, welche der vielen anderen Rechte *(Nebenrechte)* (s. u.) Sie dem Verlag auch abtreten, für wie lange oder eben ausdrücklich nicht abtreten. Für die Abtretung aller besprochenen Rechte erhalten die AutorInnen ein je nach Absatzmenge anteiliges jährliches *Honorar,* von dem die Kosten für den Aufwand des Verlags für Herstellung, Bewerbung und Vertrieb abgezogen werden.

▶   **Gut zu wissen** Bei Nebenrechten unterscheidet man zwischen buchnahen und buchfernen Nebenrechten: „Zu den buchnahen Nebenrechten gehören beispielsweise Lizenzen für Taschenbuchausgaben, Übersetzungen, Buch-clubausgaben und Sondereditionen oder den Vorabdruck, als buchferne Nebenrechte bezeichnet man die Rechte zur Dramatisierung, Verfilmung und Vertonung. [...] Der Verlag verpflichtet sich bei Übertragung der Nebenrechte, sich um diese zu kümmern. Sollte er dem nicht ausreichend nachkommen, hat der Autor die Möglichkeit, das betreffende Nebenrecht nachträglich aus dem Vertrag herauszunehmen. Die Abtretung ist also nicht endgültig." (Autoren Netzwerk o. J.).

Zusätzlich dazu sammeln *Verwertungsgesellschaften* (s. u.) für AutorInnen weitere *Vergütungen* von Dritten ein, die diverse andere *Verwertungsrechte* des Werkes in Anspruch genommen haben (bei Sachbüchern v. a. Pauschalen für Kopien in Bibliotheken und kostenlose Fernleihe an Lehrende). Ihre Tätigkeiten sind unabhängig von Verlagen und in Verwertungsgesellschaftengesetzen geregelt. 70 Jahre nach Ihrem Tod geht Ihr Nutzungsrecht auf die Allgemeinheit über, das Werk wird *gemeinfrei* und kann somit ohne Erlaubnis und ohne Zahlung von Nutzungsgebühren von jeder/jedem verwendet werden. Solange ist es das geistige Eigentum der AutorInnen, ohne Anmeldung oder andere Pflichten, es kann auch nicht geändert oder veräußert werden.

Was kann ich als AutorIn von einem Buchverlag erwarten?
Sowohl AutorIn als auch Verlag gehen bei der ersten Zusammenarbeit ein großes unternehmerisches Risiko ein, da trotz bester Planung das Endprodukt Buch vielleicht nicht so wird wie erhofft oder die gut analysierte und definierte Zielgruppe es dennoch nicht kaufen will. AutorInnen arbeiten einige Hundert Stunden völlig kostenlos an der Umsetzung des Themas, der Verlag muss mit teuren Produktionskosten rechnen. Um das Risiko für alle Beteiligten so gering wie möglich zu halten, werden in einem Buchvertrag im Idealfall alle verlegerischen und wirtschaftlichen Aspekte genau beschrieben. Als AutorIn geben Sie Verlagen große Anteile des Erlöses (bei Sachbüchern rund 85 bis 95 %) ab. Dafür bekommen Sie als Gegenleistung zumindest eine Auflage Ihres Buches inklusive folgender Standardleistungen:

- Layout und Satz
- Druck

- Vertrieb
- Bewerbung
- jährliche Abrechnung

Das im Vertrag festgehaltene AutorInnenhonorar ist grundsätzlich auf die Gesamtanzahl an AutorInnen aufzuteilen. Sollten Sie mit Ihren KoautorInnen keine einheitliche Aufteilung (bei drei Personen bekommt jede/jeder KoautorIn ein Drittel des Honorars) ausgemacht haben, z. B. weil ein oder zwei Personen auch als *HerausgeberInnen* fungieren (s. Kap. 6), muss das dem Verlag mitgeteilt und die gewünschte prozentuale Verteilung in den Vertrag aufgenommen (s. u.) werden.

Zusätzliche Leistungen des Verlages sind v. a. für Layout, Vertrieb und Bewerbung vorgesehen: Cover erstellen, Texte inklusive Icons, Infoboxen, *Tabellen* oder andere Elemente setzen, Verzeichnisse erstellen (s. Kap. 15), Website und Vorankündigungen erstellen, Flyer und/oder Plakat zum Buch gestalten (s. Kap. 17 und Kap. 18), Cover und spezielle Formatierungen für die E-Book-Ausgabe erstellen, Buch ins Verlagsprogramm aufnehmen, dem Buchhandel Ankündigung und Programme zukommen lassen, Leseproben für die Vermarktung ziehen, Bestellungen koordinieren und abrechnen, den Medien Ankündigungen zusenden und vieles mehr. Diese Leistungen gehören zum Tagesgeschäft eines Verlages und sind daher meist nicht ausdrücklich im Vertrag angeführt. Alle anderen Leistungen (s. u.) des Verlages sind hingegen unbedingt auszuhandeln und ausdrücklich im Vertrag anzuführen, z. B. produzieren und vertreiben die meisten Verlage zusätzlich zum Printprodukt eine E-Book-Version Ihres Buches, was mit keinem zusätzlichen Aufwand für Sie vonstatten geht. Möchten Sie jedoch ein besonderes Format erstellen lassen, sollte das vorab abgeklärt und schriftlich festgehalten werden.

▶   **Gut zu wissen** Jurist Dr. René Merten (s. ExpertInneninterview Kap. 9) warnt: Bestimmungen wie Vorauszahlungen, im Nachhinein verrechenbare *Druckkostenzuschüsse* oder sonstige finanzielle Investitionen (z. B. „verkleidet" als Mindesteigenabnahme gedruckter Exemplare o. ä.) stellen im Sachbuchbereich ein unseriöses No-Go in Buchverträgen dar. Auch das Anpreisen von schlechten Bedingungen für AutorInnen durch „garantierte Abnahme" von Folgeprojekten ist unsinnig – wenn ein Verlag so wenig an Ihr Buchprojekt glaubt, hat es keinen Sinn, ein Geschäft mit ihm einzugehen.

Welche Verpflichtungen habe ich als AutorIn dem Verlag gegenüber?
Eine Autorin, ein Autor hat die Verpflichtung, bis zum gemeinsam mit dem Verlag festgelegten *Abgabedatum* (s. Kap. 8) ein vollständiges Manuskript beim Verlag abzugeben. Das Thema und die grundsätzliche Aufbereitung müssen mit dem im Exposé und in der Inhaltsangabe gemachten Informationen übereinstimmen. Dass sich im Laufe der

Bearbeitung des Themas und der Erstellung des Manuskripts einige Änderungen (z. B. der Kapitelaufteilung oder der Unterüberschriften) ergeben haben, ist normal und für gewöhnlich nicht weiter problematisch. Selbstverständlich muss das Manuskript ein Original und in dieser Form nicht bereits einmal veröffentlicht worden sein. Wurde das Werk zuvor bereits in Auszügen veröffentlicht, müssen Sie die Rechte für diese Teile selbst haben bzw. zurückgekauft haben. Unter Umständen kann der Verlag die Verwendung dieser Anteile untersagen (halten Sie solche Umstände am besten schon im Exposé (s. Kap. 8) fest, damit der Verlag im Bilde ist und rechtzeitig entschieden werden kann, wie man in diesem Fall verfährt).

Sehr wichtig ist auch, dass die Rechte Dritter absolut gewahrt werden. Dies trifft besonders auf die unbedingt einzuhaltende *Zitatpflicht* zu: Selten aber doch führen Verlage bei Verdachtsmomenten auch Plagiatsprüfungen mit Spezialsoftware durch, um die korrekte Zitatsetzung zu kontrollieren. Einige dieser Programme stehen auch AutorInnen gegen Nutzungsgebühren zur Verfügung (z. B. PlagScan oder iThenticate). Auch für allfällige Nutzungsrechte von Abbildungen wie Fotos und Grafiken Dritter hat die Autorin/der Autor selbst Sorge zu tragen. Sollte der Verlag begründeten Zweifel an dieser Wahrung der Rechte Dritter haben, wird er das Manuskript ablehnen, bis diese Fragen vollständig geklärt sind. Selbst wenn der Verlag nach der Abgabe ein Lektorat bzw. ein vollständiges Korrektorat durchführen lassen sollte, muss Ihr Manuskript bereits bei Abgabe sprachlich und stilistisch sehr gut erstellt sein. Einige Tippfehler und andere kleine Änderungen können danach noch vorgenommen werden, doch das Manuskript sollte schon ein gut überarbeitetes Ganzes sein, alle Anhänge vorweisen und höchstens für einen letzten Feinschliff bearbeitet werden müssen.

Im Rahmen des Satzprozesses müssen AutorInnen bzw. AutorInnenteams noch einmal richtig gut aufpassen und die *Korrekturfahnen* (Proofs) (s. Kap. 11) äußerst gründlich durchsehen. Jeder Fehler, der nun übersehen wird, ist nachher im fertigen Buch enthalten. Sobald die Hauptautorin/der Hauptautor die Freigabe der Proofs erteilt, erfolgen der Druck und die Fertigstellung des Werkes. Die Arbeit hört aber auch danach nicht auf: Nach der Veröffentlichung sind AutorInnen angehalten, die Bewerbung des eigenen Buches bestmöglich zu unterstützen. Vorsicht ist auch bei der späteren Verwendung Ihres eigenen Werkes geboten: Nun sind sie wohl BesitzerIn eines veröffentlichten Buches, dennoch können Sie damit von Rechts wegen nicht tun und lassen, was Sie wollen. Bedingt durch den AutorInnenvertrag ist es Ihnen nicht erlaubt, Ihr eigenes Werk (zumindest für eine gewisse Zeit, meist ein bis zwei Jahre nach Erscheinen) einfach zu kopieren und anderen in großen Teilen zur Verfügung zu stellen, da Satz und Layout dem Verlag gehören.

Welche vertraglichen Abmachungen muss man mit KoautorInnen treffen?
Wie in Kap. 6 angesprochen, sind viele Details mit den KoautorInnen zu klären. Rechtlich sind v. a. diese Punkte wichtig:

- *Generelles:*
  - Wer ist die/der HerausgeberIn bzw. Hauptverantwortliche oder haben alle Entscheidungskraft? – Kollaboratives Schreiben hat viele Vorteile (s. o.), doch mit einer/einem Letztverantwortlichen kommen Entscheidungen meist schneller auf den Weg. Zudem wollen Verlage nur mit einer Person verhandeln müssen.
  - Wenn es zu Sponsoring kommt (s. u.), muss auch in diesen Verträgen eine/ein HauptautorIn bzw. HauptverantwortlicheR auftreten.
- *Finanzielles:*
  - Wie erfolgt die Entlohnung des Aufwandes der KoautorInnen? – Bekommen KoautorInnen nur eine pauschale Auszahlung, nachdem sie ihren Anteil abgeliefert haben, kann dies eine Person (die/der Hauptverantwortliche) vorstrecken bzw. kann man nach der ersten Honorarzahlung des Vertrages diesen Anteil auszahlen? Sollen alle am Honorar beteiligt werden, muss entschieden werden, ob alle gleich viel bekommen oder je nach Seitenzahlen im Verhältnis zur Gesamtzahl gewisse Prozente.
  - Meist bekommen die HauptautorInnen durch den größeren Mehraufwand für Koordination mit Verlag, Vertragliches, Besprechungen, Diskussionen, Lektorat koordinieren, Anfragen, Grafiken, Marketing usw. (etwa doppelt so viel Zeit wie nur für das Recherchieren und Schreiben der Texte anfallen würde, bei größeren Werken mit mehreren AutorInnen bis zu dreimal mehr) deutlich mehr zugesprochen. Der Rest wird anteilig nach ihrer jeweiligen Beitragslänge allen anderen KoautorInnen zugesprochen.
  - Wer beteiligt sich an Produktionskosten und mit wie viel? – Da für Nebenleistungen wie Grafik und Lektorat schon lange vor der ersten Honorarausschüttung Zahlungen getätigt werden müssen, muss geklärt werden, wie viel beisteuert wird (üblich ist, dass die HauptautorInnen die Kosten zunächst übernehmen und dann anteilig nach den verfassten Seitenzahlen pro AutorIn abrechnen).

Der Verlag benötigt nicht alle diese Details, lediglich wer die Hauptverantwortlichen sind, mit denen sie sich während der Produktion besprechen müssen und für das Aufsetzen des Vertrags die Namen, Anschriften und prozentualen Anteile aller AutorInnen.

Welche anderen Personen oder Institutionen haben eventuell auch Ansprüche?
Je nachdem, welche rechtlichen Verpflichtungen Sie durch Ihren Arbeitsvertrag haben, kann es sein, dass auch Ihre ArbeitgeberInnen einen Anspruch auf Ihr Buch haben. Das würde unter Umständen dann zutreffen, wenn Sie Ihr Buch in der Dienstzeit erstellen. Erkundigen Sie sich sehr bald, ob und welche gesonderten Abmachungen getroffen werden und welche Hilfestellungen Sie von Ihrer Institution bekommen könnten. Da viel Zeit für das Buch aufgewendet werden muss, ist z. B. eine zeitlich befristete Reduktion der Arbeitsstunden für viele AutorInnen schon eine große Erleichterung.

Auch der Antritt einer Bildungskarenz (Sabbatical), Druckkostenzuschüsse, Ersparnisse für Grafiken und Statistiken durch hausinterne Erstellung, Unterstützung bei Buchpräsentation und *Pressearbeit* sind von Fall zu Fall möglich.

Wenn Sie DienstleisterInnen (s. Kap. 12, Kap. 14 und Kap. 15) anstellen, sind Ihren Anforderungen gemäß stets Kostenvoranschläge und alle Abmachungen schriftlich auszustellen, bevor es an die Arbeit geht. Besonders wichtig: Die DienstleisterInnen müssen Ihnen nach getaner Arbeit, die rechtlich erst mit dem Überweisen aller ausgemachten Kosten Ihrerseits endet, alle Rechte an den erstellten Produkten abgeben. Eine ähnlich gründliche Vorgehensweise ist für Sponsoringverträge empfohlen (s. Kap. 6).

Wie bereite ich mich auf das erste Verhandlungsgespräch mit dem Verlag vor?
Das erste Telefonat, das die meisten Zuständigen bei Interesse schnell suchen, ist tatsächlich zum gegenseitigen Kennenlernen gedacht: Wenn Sie eine noch unerfahrene Autorin/ein noch unerfahrener Autor sind, ist es für den Verlag relevant festzustellen, ob die Angaben in Ihrem Exposé realistisch getätigt wurden. Andererseits können Sie jetzt auch Antworten zur Erfolgseinschätzung und Informationen zum Produktionsablauf einholen. Diese Verhandlungsgespräche bieten allen Beteiligten auch wichtige Möglichkeiten zu Weichenstellungen für die weiteren Verhandlungen und die spätere Produktion. Folgende Fragensammlung gibt Ihnen Anhaltspunkte, was beim ersten Kontakt von Ihnen als AutorIn geklärt werden sollte.

Zum Ausprobieren

Im Gespräch mit den LektorInnen des interessierten Verlags sind folgende Fragen sehr gut abzuklären – im Erstgespräch bzw. auf jeden Fall vor/zum Vertragsentwurf:

- Was gefällt dem Verlag besonders am Buchprojekt? – Die Antwort lässt einige Rückschlüsse auf die Ernsthaftigkeit des bekundeten Interesses zu. Sie können sofort erkennen, ob man das Projekt schon durchdacht hat und auch, ob man sich mit der Zielgruppe wirklich auskennt.
- Wie läuft die Produktion generell ab? – Verschaffen Sie sich einen allgemeinen Überblick über die Arbeitsweise des Verlages und fragen Sie nach, falls Sie etwas nicht verstehen und näher erläutert haben möchten.
- Welche und ggf. wie viele Ansprechpersonen gibt es im Laufe der Produktion? – Zumeist ist die Lektorin/der Lektor die hauptsächliche Ansprechperson für die AutorInnen und verbleibt es auch bis zum Schluss der Produktion. Dennoch hat man unter Umständen im Laufe der Produktion auch noch mit SetzerInnen und Marketingpersonal zu tun, SpezialistInnen in ihrem Fachbereich.
- Welche Schritte übernimmt der Verlag für Sie? – Hören Sie sich zunächst alle angebotenen Services an, es kann hier je nach Verhandlungsgeschick noch einiges hinzukommen (s. u.).
- Ist ein Lektorat bzw. Korrektorat inkludiert? – Meist wird das Manuskript vom Verlag nur anlektoriert. Besser wäre allerdings ein Volllektorat bzw. Korrektorat

durchzuführen. Auch dieser Zusatzservice ist teuer und könnte als Verhandlungsposten verwendet werden.

- Sind E-Books oder andere digitale Medien im Vertragsservice inkludiert? – Zwar gibt es v. a. im Sachbuchbereich kaum noch einen Verlag, der auf digitale Produkte verzichtet, doch sicherheitshalber sollte man das gleich abklären.
- Dürfen Farbbilder vorkommen? – Da Farbdruck sehr teuer ist, sind Manuskripte mit Farbbildern bei den meisten Verlagen eher unerwünscht. Da der Verlag dennoch Interesse an Ihrem Werk bekundet und sich gemeldet hat, gilt es abzuklären, wie man die Produktionskosten lukrieren kann oder wie die Produktion abgeändert werden könnte, um machbar zu bleiben.
- Benötigen Sie im Buch Beilagen wie DVDs, umfangreichere Beilagen oder Arbeitsblätter? – Fragen Sie die LektorInnen, wie die Einstellung dazu ist und ob der Verlag überhaupt gewillt ist, diese Beiwerke auch zu produzieren.
- Gibt es eine *Formatvorlage* für das Manuskript? – Bei vielen Verlagen ist das Standard, weil es die Bearbeitungszeit nach Abgabe des Manuskripts senken kann.
- Wie lange dauert die Produktion und welche Schritte gibt es? – Unter Dauer der Produktion versteht man den gesamten Zeitraum von der Abgabe des ersten Manuskripts bis hin zum Druck und Aussendung zum voraussichtlichen Erscheinungsdatum. Meist sind das mehrere Monate bis zu einem halben Jahr, bei aufwendigeren Büchern auch länger.
- Wie ist es um den Abgabetermin bestellt? – Viele Verlage haben feste Produktionszyklen und benötigen daher zu bestimmten Terminen alle für das kommende Programm vorgesehenen Manuskripte. Diese Klärung ist auch dann besonders wichtig, wenn es einen ganz konkreten Erscheinungstermin geben soll, z. B. noch pünktlich vor einer wichtigen Konferenz, zum Start einer Buchmesse, zu Semesterbeginn. Verlage sind durchaus gewillt, diese Termine anzupeilen, sofern das die Produktionszeiten (s. o.) erlauben. Doch wissen sie auch, wie oft Verzögerungen vorkommen können. Bleiben Sie daher bei einem möglichst realistischen Projektmanagement für sich und lassen Sie sich vom Verlag zu allem Weiteren beraten.
- Wie sieht die Betreuung nach Erscheinen aus? – Erfragen Sie das weitere Vorgehen, besonders auch, wann vorläufige Verkaufszahlen bekanntgegeben werden.
- Was erwartet der Verlag von den AutorInnen für das Buchmarketing? – Die meisten Verlage sind von sehr engagierten bis zu komplett passiven AutorInnen jede Form der Beteiligung gewöhnt. Wenn Sie mehr machen können und wollen, ist es für die späteren Vertragsverhandlungen durchaus günstig, noch einmal auf Ihre Veranstaltungen, Vernetzung, Follower in Social Media und Newsletter hinzuweisen (s. u.), die für die Bewerbung sehr nützlich sein können.
- Wie viel AutorInnenhonorar wird angeboten? – Hier scheiden sich die Geister: Viele AutorInnen warten noch bis zum zweiten Gespräch, dem richtigen Verhandlungsgespräch ab, um zu klären, wie das Verlagsangebot ist bzw. warten gar bis nach Erhalt des Verlagsentwurfs zu. Schneller und taktisch besser wäre es,

wenn man sofort erfragt, was geboten wird, damit man sich für die Verhandlung schon vorbereiten und Argumente zurechtlegen kann. Achten Sie darauf, dass für Print als auch E-Books eigene Honorarsätze gelten.

- Wie ist das weitere Vorgehen? – Klären Sie genau, bis zu welchem Termin wer was zu tun hat, damit es nicht zu unnötigen Verzögerungen kommt. Die Ausstellung des Vertragsentwurfs sollte sich nicht zu lange hinauszögern, damit die Verhandlungen rasch beginnen können.

Stimmen Sie zu Ende dieses ersten Gespräches auf gar keinen Fall diesem Angebot zu und fixieren Sie noch keine Details. Zeigen Sie sich sehr interessiert, aber warten Sie erst auf die Übermittlung des Vertragsentwurfs, denn in den nachfolgenden Verhandlungen kann man noch so manches Angebot verbessern.

Welchen Verhandlungsspielraum habe ich?
Nach den ersten klärenden Gesprächen über Ihre Erwartungen und die Angebote des Verlags bekommen Sie einen Vertragsentwurf vom Verlag gesandt. Verlage sind Wirtschaftsbetriebe, deren Hauptziel die Gewinnmaximierung bei gleichzeitiger Kostensenkung ist. Das ist auch absolut legitim, AutorInnen sind jedoch für sie im Bereich Kosten angesiedelt, weshalb Verlage natürlich ihr Möglichstes tun, diese Kosten gering zu halten, um rentabel zu sein. Das erste angebotene Honorar wird daher auch selten das beste Angebot für die AutorInnen sein. Nun kommt es auf Ihr Verhandlungsgeschick und ein wenig guten Willen der Verlage an, ob noch etwas mehr herauszuholen ist.
    Typische Verhandlungsposten sind:

- Grafiken – Grundsätzlich sind AutorInnen selbst dafür zuständig, alle Abbildungen wie Grafiken selbst zu erstellen bzw. professionell erstellen zu lassen. Sollten Sie Abbildungen Dritter verwenden, müssen Sie sich selbstständig um die Rechte dafür kümmern (s. o.). Alle Abbildungen sind dem Verlag zusammen mit dem Manuskript in druckfähiger Qualität abzuliefern.
- Korrektorat – Ein Lektorat, welches hausintern durchgeführt wird, ist bei vielen Verlagsverträgen inbegriffen. Ein vollständiges Lektorat-Korrektorat ist deutlich aufwendiger und teurer, unterstützt jedoch beim letzten Feinschliff des Manuskriptes enorm durch grammatikalische und linguistische Verbesserungen und bei Fachlektoraten auch mit inhaltlichen Anmerkungen.
- E-Book-Honorare – Da die Produktionskosten für Printwerke viel höher sind als für E-Books, sind viele Verlage bei den AutorInnenhonoraren für die E-Books meist etwas nachgiebiger und legen hier unter Umständen noch etwas nach.
- *Staffelung* – Die Staffelung des Honorars ist ein gutes Mittel, um v. a. bei voraussichtlich großer Zielgruppe und/oder absatzstarken Trendthemen gute Verkaufszahlen besser honoriert zu bekommen. Die Staffelung kann sehr individuell gestaltet werden (z. B. bis 500 Stück Preis x netto pro Stück, bis 1000 Stück Preis y, ab 2000 Stück Preis z – Preise y und z steigend).

- Vorauszahlung – Ist die prognostizierte Absatzmenge mit Ihrem Werk sehr wahrscheinlich leicht erreichbar, kann eine Vorauszahlung auf das AutorInnenhonorar erwirkt werden (meist ein Viertel bis die Hälfte vom Honorar). Damit haben die AutorInnen lange vor der ersten Abrechnung garantierte Einnahmen in der Tasche, und der Verlag muss nicht mehr Prozente abtreten als nötig. Nach der jährlichen Endabrechnung werden alle Überschüsse, die über den Wert der Vorauszahlung eingenommen wurden, an die AutorInnen ausgezahlt.

Gerade NeuautorInnen, die ein sehr kleines Spezialthema behandeln, sind für Verlage finanziell riskant. Darum bekommen diese auch selten viele Zugeständnisse, v. a. kaum beim Finanziellen. Je erfahrener und nachweislich absatzstärker AutorInnen sind, umso eher können höhere Honorare, Vorauszahlungen, Zuzahlungen zu oder Übernahme von Grafiken und Lektorat erreicht werden. Auch wenn AutorInnen zeigen können, dass sie sehr gut vernetzt sind, selbst sehr aktiv bei Marketingmaßnahmen sind (z. B. über ihre Social Media und Newsletter viele Menschen aus der Zielgruppe erreichen) und/oder das Werk später in den eigenen Seminaren und Veranstaltungen verkaufen können (z. B. auch mit kleinen garantierten Absatzmengen, die von den AutorInnen angekauft werden), ist ein Verlag eher geneigt, nachzugeben.

▶ **Gut zu wissen** Es gibt immer kleine *Verhandlungsspielräume*. Selbst wenn nicht am Honorar geschraubt werden kann, können doch meist einige andere Vergünstigungen (s. o.) erreicht werden. Trauen Sie sich, immer nachzuhaken und zu verhandeln, es lohnt sich. Wenn Sie nach der Verlagsrecherche (s. Kap. 7) mehrere Verlage angeschrieben haben, können Sie die Angebote vergleichen und bei manchen Details auf die VerhandlungspartnerInnen sanften Druck auszuüben versuchen. Bedenken Sie dabei allerdings, dass Verlage zur Aufnahme von Nebenrechten, die Sie im Vertrag inkludiert haben möchten, oder finanziellen Zugeständnissen keinesfalls verpflichtet sind. Sind Verlage allerdings sehr unwillig, irgendwelche Zugeständnisse zu machen oder kaum gesprächsbereit, sind sie wohl weniger interessiert am Werk als sie Sie zunächst glauben machen wollten. Dasselbe gilt auch bei sehr drängenden Verlagen, die innerhalb weniger Tage schon einen unterschriebenen Vertrag erzwingen wollen. In diesen Fällen darf man getrost sagen, dass man das Vertragsangebot noch überdenken will oder es in der aktuellen Version zunächst ablehnen muss. Wer die Verhandlungen mit Verlagen nicht selbst durchführen will, kann die Dienste von LiteraturagentInnen (s. Kap. 7) in Anspruch nehmen.

Wo finde ich Hilfestellungen für AutorInnenverträge?
Der Entwurf, den Ihnen ein Verlag zukommen lässt, enthält zunächst einmal nur Vorschläge. Da es keine gesetzlich verpflichtenden Mindestanforderungen gibt, insbesondere nicht, welche Nebenrechte (s. o.) darin angesprochen werden müssen,

können Verlage Buchverträge so gestalten, wie sie es möchten und benötigen. Wie Sie gesehen haben, gibt es dadurch allerdings auch einigen Spielraum für AutorInnen, den es geschickt auszuloten gilt. Lassen Sie den empfangenen Vertragsentwurf daher unbedingt rechtlich prüfen und all das inkludieren, was Sie als AutorIn darin fixiert brauchen. Rechtliche Hilfestellungen bekommen Sie v. a. von AutorInnenvertretungen. Hier sind einige Beispiele:

- In Deutschland: Verband deutscher Schriftstellerinnen und Schriftsteller VS[1]; Freier Deutscher Autorenverband FDA[2].
- In Österreich: Interessengemeinschaft IG Autorinnen Autoren Österreich; Literar Mechana (österreichische Verwertungsgesellschaft für AutorInnen, MusikerInnen und andere KünstlerInnen); Aktionsbündnis für faire Verlage AK Fairlag.
- In der Schweiz: Autorinnen und Autoren der Schweiz ADS[3]; Innerschweizer Schriftstellerinnen- und Schriftstellerverein[4].

Zusätzlich zu diesen Institutionen, die ihre Services meist kostenlos bzw. bei Abschluss einer meist günstigen Jahresmitgliedschaft zur Verfügung stellen, stehen Ihnen auch die Dienste von AnwältInnen offen. Achten Sie bei der Auswahl von AnwältInnen darauf, dass diese auf Verlags- und/oder Medienrecht spezialisiert sein sollten, um die zahlreichen Details der Buchverträge zu kennen.

▶ **Gut zu wissen** Die von zahlreichen Institutionen ausgestellten *Musterverträge (Normverträge)* für AutorInnen stellen Empfehlungen dar, wie es für die jeweilige rechtliche Situation im jeweiligen DACHLI- Land und das jeweilige Genre üblich ist (Beispiele für Standardverlagsverträge):

- Mustervertrag für Deutschland[5]
- Mustervertrag für Österreich[6]
- Mustervertrag für die Schweiz[7]

Ein kommentiertes Beispiel für einen (deutschen) Mustervertrag findet sich auch im „Handbuch für Autorinnen und Autoren" (Uschtrin & Hinrichs 2015).

---

[1] https://vs.verdi.de/service

[2] https://fda.de/

[3] https://a-d-s.ch/

[4] www.issv.ch

[5] https://vs.verdi.de/++file++519f379f6f68445ec0000442/download/must_Verlagsvertrag.pdf

[6] http://www.literaturhaus.at/fileadmin/user_upload/autorInnen/bilder/ig/Muster-Verlagsvertrag_Neufassung.pdf

[7] http://sgg-ssh.ch/sites/default/files/autorenvertrag_itinera_muster_def.pdf

Wie wird ein Buchvertrag abgeschlossen?

Wenn Sie mit den Verhandlungen zufrieden sind, ersuchen Sie um ein Update des Verlagsvertrages und lassen sich diesen noch einmal zukommen. Diese Verträge sind vom Zeichnungsberechtigten des Verlags auf mehreren Kopien unterfertigt worden. Gehen Sie alles noch einmal in Ruhe durch und überprüfen Sie alle Gesprächsnotizen, ob alles, was zu ändern war, auch tatsächlich umgesetzt wurde. Wenn es weiterhin Unklarheiten geben sollte oder Details vergessen wurden, scheuen Sie sich nicht, nochmals rechtliche Beratung einzuholen und ggf. mit dem Verlag nachzuverhandeln. Erst wenn Sie mit gutem Gefühl ja sagen können und Sie sich von diesem Verlag professionell vertreten fühlen, unterzeichnen Sie den Vertrag und retournieren ihn (bzw. haben manche Verlage ein Onlinesystem, in dem Verträge digital gezeichnet werden). Gratulation, Sie haben es geschafft, nun sind Sie endlich VerlagsautorIn!

ExpertInneninterview: Im Gespräch mit Dr. René Merten

Bevor es ans Eingemachte geht, nur eben schnell mal das Kleingedruckte lesen. Einen Text zu verfassen, macht noch lange kein Sachbuch – wie bei jedem Business gehören auch rechtliche Rahmenbedingungen dazu. Absicherung nützt schließlich allen Seiten – den Verlagen, die zunächst die sprichwörtliche Katze im Sack kaufen, und den AutorInnen, die ohne weitere Unterstützung und oft genauere Kenntnisse des Prozesses drauflos legen.

▶   Wie lange hat es von Ihrem Anschreiben bis zu einer ersten Reaktion des Ver-
       lages gedauert?

Gelegentlich nur wenige Tage, oft auch zwei bis drei Monate. Ab und zu gab es keine erkennbare „Reaktion".

▶   Haben Sie für Ihren Buchvertrag eine Rechtsberatung eingeholt?

Ja, bei mir, denn zum einen bin ich (zufälligerweise) selbst promovierter Jurist. Zum anderen etwa über die „IG Autorinnen Autoren" (Literaturhaus Wien). Auch über diverse Internetplattformen wie das Autorenforum, Montségur oder das Deutsche SchriftstellerInnenforum findet man dazu oft diskutierte Punkte bzw. rechtliche Tücken und Fallen.

▶   Welche vertraglichen Abmachungen sind Ihnen wichtig?

Dass nicht nur die AutorenInnenleistungen, sondern auch die des Verlages ausdrücklich festgehalten sind, u. a. ein vollumfängliches Lektorat, die Pflicht zur Print- und Online-publikation, der Verkaufspreis der Medien und die finanzielle Vergütung.

▶   Wenn Sie mit KoautorInnen schreiben, wie halten Sie Ihre Abmachungen mit
       ihnen fest?

Schriftlich per E-Mail, durch Punktationen und durch Protokolle nach Besprechungen. Da – um zusammen schreiben zu können – ohnehin eine Vertrauensbasis da sein muss, auch einige Dinge nur mündlich.

▶   Haben Sie vor Vertragsunterzeichnung bereits an Ihrem Werk geschrieben
       oder sind Sie wie ich ein wenig abergläubisch und warten noch zu?

Ich habe daran vorher „geschrieben", da z. B. ausführliche Gliederung, Zielgruppenanalyse, Themenfindung und Fachrecherche etc. dazu dienen, den eigenen Schwerpunkt zu finden und abzuschätzen, ob und wie man sich damit wohlfühlt. Auch muss man zumeist ein Probekapitel samt Exposé einreichen, damit der Verlag und der/die AutorIn auf gleicher Wellenlänge liegen. Zuletzt hilft es für Verlagsbesprechungen, wenn man „im Thema drin" ist. Dies alles nimmt schon sehr viel Strukturierung und Denkarbeit vorweg. Die konkrete Manuskripterstellung beginnt bei mir erst nach vertraglicher Unterzeichnung, da zumeist auch dann erst eine konkrete Timeline und ein fixer Inhalt abgestimmt sind.

▶ Wurden Sie von einer rechtlichen oder vertraglichen Regelung schon einmal überrascht und falls ja, inwiefern?

Mehrfach findet man in Vertragsentwürfen „merkwürdige" Klauseln, die gegen gesetzliche Vorschriften oder ausjudizierte Streitfälle verstoßen bzw. diese zu umgehen versuchen. Deswegen sollte man Urheber- von Nutzungs- und Verwertungsrechten zu unterscheiden wissen. Auch sollte man das Verlagsvokabular kennen, z. B. was der Unterschied ist zwischen „Nettoerlös" und „Nettoverkaufspreis" ist.

▶ Wie haben Sie Vertragsverhandlungen mit Verlagen, AgentInnen oder anderen rechtlichen PartnerInnen erlebt?

Sehr unterschiedlich – manche Vertragsentwürfe großer Verlage sind Änderungen kaum zugänglich, weshalb man de facto nur Ja oder Nein sagen kann. Bei kleineren Verlagen etwa gibt es (auch was die Vergütung betrifft) oft mehr Spielräume, finde ich.

Literatur

Uschtrin, S., & Hinrichs, H. (Hrsg.) (2015). *Handbuch für Autorinnen und Autoren: Informationen und Adressen aus dem deutschen Literaturbetrieb und der Medienbranche* (8., völlig überarb. u. erw. Aufl.). Inning am Ammersee: Uschtrin.

Self everything: Alternative Verlagsmöglichkeiten im Alleingang

Nach Verlagen zu suchen, einen passenden zu finden und erfolgreiche Verhandlungen zu führen, um zu einem AutorInnenvertrag zu kommen (s. Kap. 9), ist sehr aufwendig und mitunter auch nervenaufreibend. In einer nicht repräsentativen Umfrage unter SelbstverlegerInnen in Deutschland gaben etwa 30 % der rund 650 Befragten zu ihren Beweggründen, warum sie sich für Selfpublishing (deutsch: Selbstverlag) entschieden hätten, an, keinen Verlag gefunden zu haben und mehr als 28 %, dass sie es nach mehr als sieben erfolglosen Versuchen aufgegeben haben. In etwa gleich viele Personen sagten, dass sie keine Lust hatten nach einem klassischen Verlag zu suchen. Doch Verlage sind nicht der wichtigste Grund: Die vollkommene Gestaltungsfreiheit, die AutorInnen beim Selfpublishing genießen, hoben mehr als 61 % der Befragten hervor (Self-Publisher-Bibel 2013a). Es gibt viele Gründe, sich gegen klassische Verlage und für Selbstverlag zu entscheiden – und mindestens ebenso viele Gestaltungsmöglichkeiten des Selfpublishings.

Welche Vorteile und Nachteile hat Selfpublishing?
Selfpublishing ist eine Veröffentlichungsmethode, bei der Werke wie Bücher, aber auch viele digitale Medien, ohne die Arbeit klassischer Verlagshäuser von ihren UrheberInnen selbst verlegt und vertrieben werden. Auch wenn sich in den letzten rund 20 Jahren nicht nur technologisch viel getan hat und immer neue Programme und Systeme das Selbstverlegen sehr einfach gemacht haben, müssen SelbstverlegerInnen nach wie vor mit einigen Vorurteilen kämpfen, mangelnde Qualität ist eines davon. Dennoch entscheiden sich immer mehr UrheberInnen dafür, die Dinge selbst in die Hand zu nehmen. In Tab. 10.1 finden Sie eine Auflistung bekannter Vor- und Nachteile.

Welche Arten von Selfpublishing und alternativen Verlagsmöglichkeiten gibt es?
Der Vertrieb von selbst verlegten Büchern ist denkbar einfach – Datei hochladen und zum Verkauf anbieten. Soweit die Theorie. Nun müssen nur noch InteressentInnen und

© Springer Fachmedien Wiesbaden GmbH, ein Teil von Springer Nature 2019
N. Miljković, *Vom Vortrag zum Sachbuch*, https://doi.org/10.1007/978-3-658-27151-0_10

Tab. 10.1   Vor- und Nachteile von Selfpublishing im Vergleich zu klassischen Verlagen

Selfpublishing	Klassischer Verlag
AutorIn kann jedes Detail der Produktion und des Vertriebs selbst bestimmen	AutorIn überlässt dem Verlag Detailarbeit und spart so sehr viel Zeit und Kosten
Kostet viel Zeit und ggf. auch Geld, dafür aber Bezug viel höherer Margen (nach Abzug der Kosten zwischen 35 bis 65 %)	AutorIn muss meist nichts selbst bezahlen oder zusätzliche Tätigkeiten übernehmen, tritt allerdings dem Verlag große Teile des Honorars ab (85 bis 95 %)
Fokus der Produktion auf nur ein Werk	Eines von vielen Büchern, die hergestellt werden
Vielen selbst verlegten Büchern wird schlechte Qualität (Layout, Tippfehler, sprachlich) nachgesagt	Auch wenn häufig an Volllektoraten gespart wird, wenden Verlage viel Arbeit auf, um hohe Qualität abzuliefern
Spezialthemen und ungewöhnliche Layouts kommen schneller an KäuferInnen	In der Verlagswelt werden ungern große Risiken eingegangen, Spezialthemen finden daher nur schwer VerlegerInnen
Sind an keinen Ladenpreis gebunden, Werke oft günstiger als Verlagsbuch, da Preis oft niedriger gesetzt werden kann, da ohnehin mehr Gewinnmarge bleibt (s. o.)	Verlage analysieren sehr genau, welcher Preis für Thema, Genre und Zielgruppe die besten Absatzchancen hat
Können Rabatte jederzeit selbst festlegen, haben allerdings auch der *Buchpreisbindung* zu folgen und auf allen Vertriebskanälen denselben Rabatt zu geben	Müssen sich an gesetzlich vorgeschriebene Preisbindung halten
Man kann sein Werk (abgesehen von möglichen Sprachbarrieren) problemlos weltweit vertreiben	Deutschsprachige Verlage konzentrieren sich auf DACHLI, viele haben allerdings Schwesterunternehmen im Ausland, die die weitere Bearbeitung übernehmen können

KäuferInnen angelockt werden, das ist schon deutlich schwieriger. Grundsätzlich stehen Ihnen für den Verkauf Ihres selbst verlegten E-Books zwei Vertriebswege zur Verfügung, die aktuell bei AutorInnen allen Genres in etwa gleich beliebt sind – der direkte Vertrieb und der Vertrieb über *Distributoren* (Self-Publisher-Bibel 2013a) bzw. *Aggregatoren,* die E-Books an zahlreiche OnlinehändlerInnen verteilen.

Produktion und direkter Vertrieb über Plattformen wie:

- Kindle Direct Publishing (KDP) von Amazon[1]
- Apple ibook Author[2]

---

[1] https://kdp.amazon.com/de_DE/

[2] https://support.apple.com/de-at/HT201183

- Google Play Books[3]
- Kobo Writing Life[4]
- Tredition
- Lulu
- Blurb
- Xlibris

Bekannte Distributoren- und Aggregatorenplattformen sind:

- Epubli
- Smashwords
- Neobooks
- Bookriks

„Für einen *Distributor* spricht, dass man sich dank ihm nicht selbst mit den Onlineshops herumschlagen muss und man mehr potenzielle Käufer erreicht. Wer von einem solchen Vermittler wie Epubli oder Smashwords Gebrauch macht, gibt dafür in der Regel 10 % seines Honorars an den Vermittler ab plus die Gebühren für die Shops. Wer den Vertrieb selbst übernimmt darf ein höheres Honorar einstecken, erreicht dafür aber nicht alle potenzielle Leser und bekommt den Gewinn auch nicht zentral aus einer Quelle überwiesen." (Zeuner 2013).

Viele der genannten Wege ermöglichen den InteressentInnen auch gedruckte Bücher zu bestellen. Durch das „*Print-on-Demand*"-Verfahren können die DienstleisterInnen den kostengünstigen Druck Ihres Buches leicht steuern. Erkundigen Sie sich schon im Vorfeld bei den AnbieterInnen über alle technischen Voraussetzungen, Leistungen und Preise, da diese stark variieren.

> ▶   **Gut zu wissen** Besonders bei Sachbüchern ist Selbstverlag nach wie vor eher
> selten, doch stark im Aufschwung. Für die AutorInnen ist wichtig, dass man
> das Buch an so vielen Stellen wie möglich finden und bestellen kann. Doch
> wie stehen Bibliotheken und BuchhändlerInnen eigentlich zu selbst verlegten
> Büchern? Bibliotheken führen selbst verlegte Bücher bei entsprechend hoher
> Qualität durchaus, wenn sie sie über etablierte DistributorInnen und Platt-
> formen in den üblichen Formaten beziehen können. Für den Buchhandel ist
> die Lage weniger rosig – E-Books, die über Onlinehändler wie Amazon direkt
> bezogen werden können, sind ein herber Verlust für sie. Mit der Zeit wird sich
> allerdings auch der Buchhandel den modernen Begebenheiten und Wün-
> schen der KäuferInnen nicht verweigern können. Sollte eines Ihrer persön-
> lichen Ziele sein, Ihr Buch in einer Buchhandlung zu sehen, wird es vorerst mit
> Selbstverlag schwierig zu erreichen sein.

---

[3] https://play.google.com/books/publish/

[4] https://www.kobo.com/at/de/p/writinglife

Bei den sogenannten *Druckkostenzuschussverlagen* (DKZV) (auch *Bezahlverlage*) handelt es sich idealerweise um DienstleisterInnen, die ein Buch nach den Wünschen der AutorInnen layouten und drucken lassen. Da es in diesem Bereich viele unseriöse AnbieterInnen gibt, die aktiv um AutorInnen keilen, hohe Summen in Vorkasse verlangen und dann kein oder nur einen mangelhaften Service bieten, ist Vorsicht geboten (DSFO 2018). Aber nicht alle DienstleisterInnen sind schlecht – entscheidend ist, wie Ihre Motivation für ein eigenes Buch ist und welche Strategie dafür geeignet ist: „Schlecht geeignet sind *Bezahlverlage* lediglich für Autoren, die mit ihrer Veröffentlichung eines oder mehrere […] strategische Ziele verfolgen, also v. a.: Publicity, Vorbereitung von Live-Auftritten, persönlicher *Prestigegewinn*, Kompetenznachweis. Denn Bezahlverlage kümmern sich kaum um die Verbreitung des Buches, machen keine Pressearbeit und werden von Journalisten und Öffentlichkeit einfach nicht als vollwertige Verlage wahrgenommen." (Gorus 2011, S. 172f.). Für gute Verkaufszahlen müssen die AutorInnen selbst viel Zeit, Energie und wahrscheinlich auch Geld in Bewerbung und Vertrieb stecken, DKZV übernehmen das in den meisten Fällen trotz steiler Absatzversprechungen nicht.

Sinnvoll könnten die beiden letztgenannten Alternativen v. a. dann sein, wenn das Thema nur für eine Kleinstzielgruppe interessant sein könnte und/oder das Thema sehr speziell ist und sich für Großverlage kaum lohnen würde. Lassen Sie in diesen Fällen die Möglichkeit zum Selbstverlag bei Ihrer strategischen Planung unbedingt in Ihre Überlegungen (s. Kap. 6) mit einfließen.

Welche digitalen E-Book-Formate gibt es?
Bevor es an den Vertrieb geht, muss das E-Book erst einmal in passende E-Book-Formate gewandelt werden. Anders als das Word- oder das PDF-Format können diese Formate auf Tablets, Smartphones und auf verschiedenen E-Book-Readern dargestellt werden. Diese drei Formate sind am weitesten verbreitet:

- EPUB: für zahlreiche E-Book-Reader geeignet
- .mobi: ausschließlich für E-Books von Amazon
- .azw: ausschließlich für Amazon Kindle Reader

Mit bestimmten Programmen können Sie Ihre Word- oder PDF-Datei in E-Book-Formate verwandeln bzw. Ihren Text sofort in satzfertige Templates eintragen: Calibre ebook management, Reedsy und Kindle Create[5]. Weiterhin benötigt Ihr selbst verlegtes Buch auch ein ansprechendes Cover (s. u.), das für die Ansprache der richtigen Zielgruppe essenziell ist.

---

[5] https://kdp.amazon.com/en_US/help/topic/GHU4YEWXQGNLU94T

▶ **Gut zu wissen** Wenn Sie Ihr Werk nicht nur als E-Book oder Printwerk verkaufen möchten, stehen Ihnen spezialisierte DienstleisterInnen zur Verfügung,
   die aus Ihrem Text ein *Audiobook* erstellen können (wie Liberaudio). Oder aber
   Sie lesen Ihr Hörbuch selbst ein, wofür Sie zumindest ein gutes Mikrofon und
   wenn möglich einen schallgeschützten Arbeitsbereich (Kabine um Mikrofon
   bauen, Tonstudio anmieten) benötigen. Weiterhin müssen die Aufnahmen
   geschnitten, arrangiert und nachbearbeitet werden (z. B. mit Audacity oder
   AAC Audiobook Creator). Wer alles selber machen, aber nicht unbedingt
   selbst einlesen möchte, kann ausgebildete SprecherInnen engagieren. Ziel
   ist, eine qualitativ sehr hochwertige MP3-Datei des Hörbuchs zu entwickeln.
   Für den Vertrieb von Hörbüchern gibt es eigenen DistributorInnen (wie ACX,
   Author's Republic und Scribl). Da der Prozess bis zum fertigen Hörbuch sehr
   aufwendig und relativ teuer ist, sollte der Nutzen je nach Zielgruppe und ent-
   sprechendem Genre vorab genau berechnet werden.

Wie gestalte ich ein aussagekräftiges Cover?
Die Gestaltung eines Buchcovers, dem „Gesicht" Ihres Buches, ist natürlich immer
Geschmackssache – und beinhartes Marketing. Analysieren Sie genau, welche Aufmachung für das von Ihnen bediente Genre (Sachbuch, Fachbuch oder Ratgeber) und für
die anvisierte Zielgruppe auffallend und ansprechend ist: Was würde zum Thema pas-
sen? Was könnte ein „Aha!" oder „Nanu?" bei InteressentInnen auslösen? Es darf gerne
pfiffig sein, muss die Zielgruppe allerdings allzu weit um die Ecke denken, wird sie den
Dreh vielleicht nicht verstehen und das E-Book nicht anklicken bzw. das Buch nicht zur
Hand nehmen. Wenn Sie keine GrafikerIn beauftragen wollen, stehen Ihnen unzählige
Grafikprogramme (wie Canva und Gimp) sowie Fotodatenbanken (wie Adobe Stock,
Shutterstock, Pixabay und *Wikimedia Commons*) für die Covergestaltung zur Verfügung
(bezüglich rechtlicher Hinweise s. u.).

Zum Ausprobieren

Auch wenn Sie als SelbstverlegerIn kein Exposé (s. Kap. 8) benötigen, lohnt es
sich, eine gründliche Konkurrenzanalyse zu machen: Beachten Sie dabei genau, wie
themenverwandte Bücher optisch wirken. Wie ist der Umschlag auf der Vorder- und
Rückseite gestaltet? Welche Gründe verleiten Sie dazu zu, zu einem Buch zu greifen und darin zu blättern (Print) bzw. sich die Inhaltsangabe und Bewertungen online
durchzusehen. Warum finden Sie ein anderes E-Book hingegen langweilig? Gibt
es Farben, die womöglich mit Ihrem Thema assoziiert werden (z. B. Weinbau mit
dunkelrot, Gewässerkunde mit Blautönen, Natur mit grün). Welche Schriftarten sind
ansprechend? Wo am Cover haben Titel, Untertitel und Namen der AutorInnen Platz?
Wie groß fällt die Schrift am Cover aus?

Je nach Distributionsplattform gelten unterschiedliche Dimensionen und minimale
Druckqualitäten – sehen Sie sich diese Bestimmungen zuvor genau an, damit Ihr Cover

nicht falsch beschnitten oder verzerrt wird. Bedenken Sie auch, dass das Sujet am Cover in unterschiedlichen Größen noch zu erkennen sein muss, z. B. online als Vorschaubild (englisch: thumbnail), in E-Book-Readern in Schwarz-Weiß-Ansicht usw. (Self-Publisher-Bibel 2013b). Sammeln Sie zunächst alle Ideen und vergleichen Sie die Fundstücke und Ideen nach einigen Tagen mit Konkurrenzwerken.

Wie viel kostet Selfpublishing, und wie kann ich das finanzieren?
Beim Verlegen Ihres Buches fallen zumindest Kosten für die Covergestaltung (circa 50 bis 300 €), Lektorat und Korrekturen des Textes (je nach Textlänge durchschnittlich circa 800 bis 1200 €) und die eigentliche Produktion (circa 50 bis 100 €) an (Self-Publisher-Bibel 2013c).

▶ **Gut zu wissen** Neben Sponsoring als Mittel, Geld für eine Veröffentlichung einzutreiben (s. Kap. 6), stehen für Non-Fiction-Genres einige weitere Möglichkeiten zur Verfügung (s. Tab. 10.2).

Tab. 10.2 Finanzierungsmöglichkeiten für Buchprojekte

Arbeitsstipendium	Meist über wissenschaftliche Fördergeber zu beantragen
Aufenthalts- oder Recherchestipendium	Meist über wissenschaftliche Fördergeber zu beantragen, da die sogenannten „Writers-in-Residence"-Stipendien oftmals nur für literarisch Schreibende gedacht sind
AutorInnenförderungen	Häufig thematischer oder regionaler Fokus (z. B. in Deutschland durch die Bundesländer direkt)
Crowdfunding	Kampagne starten und Gemeinschaft konkretes Werk vorstellen, Einzelpersonen entscheiden, ob und wie viel sie direkt spenden wollen (z. B. mit Kickstarter über Vertriebsplattform Blurb)
Druckkosten- und Übersetzungszuschüsse	Meist über wissenschaftliche Fördergeber, Verbände, Ämter usw. zu beziehen
Literaturpreise	Von staatlichen sowie privaten Förderern; meist für literarisches Schreiben, aber auch einige Preise für Sachbücher (s. Kap. 20); bei vielen Preisauslobungen kann man nur vorgeschlagen werden, aber nicht aktiv einreichen

Eine sehr gute Zusammenstellung aktueller Literaturförderungen finden Sie auf der Website des AutorInnenmagazins Autorenwelt und des Literaturhauses Wien[6].

Welche Rechte muss ich beim Erstellen meines Buches beachten?
Für den Selbstverlag gelten grundsätzlich alle Rechte, die auch beim klassischem Verlagsweg gelten (s. Kap. 9): Die Urheber- und Verwertungsrechte Dritter an Texten,

---

[6] http://www.literaturhaus.at/index.php?id=7031&L=972

Abbildungen, Fotos usw. sind einzuhalten, indem die *Zitatpflicht* befolgt wird. Dies beginnt mit der Wahl des Buchtitels: Der Titel eines anderen Werkes darf nicht nachgemacht werden, da dieser Titelschutz genießt.

Des Weiteren sollten zur Gestaltung Ihres Covers (s. o.) ausschließlich eigene, freie oder eigens zu diesem Zweck zugekaufte Fotos, Grafiken und Schriftarten verwendet werden. Beim Zukauf aus Fotodatenbanken (s. o.) kommt es sehr stark auf das Kleingedruckte an – die kommerzielle Nutzung für Print- wie auch Onlinezwecke muss in jedem Fall ausdrücklich erlaubt sein, ansonsten kann es ein juristisches Nachspiel geben.

Generell sind alle *Persönlichkeitsrechte* Dritter zu wahren, also z. B. keine unbelegten Aussagen machen, keine persönlichen Details Dritter veröffentlichen usw. Deshalb muss ein Impressum angegeben werden, auch wenn Selbstverlag mit *Pseudonym* grundsätzlich möglich ist.

Um das eigene Werk gegen andere abzusichern, ermöglichen die meisten *Online-shops* und Distributoren (s. o.) während der E-Book-Produktion auch die Auswahl von *Wasserzeichen* („weicher Kopierschutz"), „harten Kopierschutz" (kein Lesen auf nicht berechtigten Geräten möglich) oder keinen Kopierschutz für Ihr E-Book, was unterschiedliche Vor- und Nachteile nach sich ziehen kann (Zeuner 2011).

Haben Sie ein Werk mit gleicher oder sehr ähnlicher Inhaltsangabe bereits im Selbstverlag herausgebracht, kann danach ein Wechsel zu einem klassischen Verlag (z. B. bei einer Neuauflage oder Überarbeitung) schwierig sein. Für manche Verlage könnte es rechtlich nicht möglich sein, dieses bereits erschienene Thema nochmals aufzugreifen. Nennen Sie dem eventuell interessierten Verlag den Umstand des vorherigen Selbstverlags und geben Sie sich und dem Verlag so die Möglichkeit einer Vorabprüfung der Sachlage, damit keine Zeit für unnötige Verhandlungen vergeudet wird.

Wie kann ich eine ISBN-Nummer für mein selbst verlegtes Buch beziehen?
Die meisten großen E-Book-Produktions- und Distributionsplattformen (s. o.) vergeben bei der Herstellung der E-Books automatisch eine Identifikationsnummer. Mit dieser individuellen, 13-stelligen Identifikationsnummer, der sogenannten *ISBN-Nummer* (*Internationale Standardbuchnummer*, englisch: International Standard Book Number), ist es möglich, dass Bücher in *Bibliotheksdatenbanken* recherchiert und online bzw. in Buchhandlungen bestellt werden können. Sollten Sie keine ISBN-Nummer bekommen haben, müssen Sie diese bei speziellen Agenturen gegen eine Gebühr beantragen:

- Deutsche ISBN-Agentur[7]
- Österreichische ISBN-Agentur[8]
- Schweizer ISBN-Agentur[9]

---

[7] http://www.german-isbn.de

[8] http://www.buecher.at/isbn-agentur/

[9] https://www.sbvv.ch/orderisbn/25/ISBN-Agentur/Bestellformular

▶ **Gut zu wissen** Diese Nummer bleibt Ihrem Werk erhalten, auch wenn Sie
Nachdrucke bestellen. Doch jede neue Ausgabe und jedes andere Buchformat
Ihres Werkes benötigt eine eigene ISBN-Nummer. Andere Medienformen
sowie in Serie erscheinende Werke stellen Ausnahmen dar, sie bekommen
andere Nummern zugeschrieben (z. B. ISMN für Musikwerke und Noten, ISSN
für Periodika). Selbstverständlich ist eine ISBN-Nummer zu beziehen kein Muss,
doch es erleichtert den Vertrieb erheblich. Wählt man Amazon KDP (s. o.),
muss man keine ISBN-Nummer haben, Amazon vergibt eine eigene Nummer,
die der ISBN ähnlich ist, aber nur in deren eigenen System funktioniert.

Wie lege ich den Preis für mein Buch fest?
Auch zum Festlegen des Preises lohnt sich ein Blick auf die Konkurrenz, denn Ihr Buchpreis muss mit dem für bereits am Markt vertretenen (verlegten und selbst verlegten)
Sach- und Fachbüchern bzw. Ratgebern mithalten können. Bei der Preisfrage spielt
das Genre tatsächlich eine große Rolle, da durch die große Zahl von Neuerscheinungen
im Ratgebergenre diese meist deutlich günstiger sind als Sach- und Fachbücher. Für
E-Books ist die Preissetzung noch kritischer: Aktuell kostet die Mehrzahl an online ver-
triebenen E-Books nur 2,99 € – oder weniger (Self-Publisher-Bibel 2013c), für Non-Fic-
tion-E-Books wird etwas mehr ausgegeben.

Bei der Preiskalkulation für Ihr Buch sind auch Ihre Ausgaben nicht zu vergessen:
Leistungen wie Layouterstellung und Lektorat, die von Vertriebsplattformen als Zusatz-
leistungen angeboten werden, müssen von den AutorInnen beglichen werden. Auch muss
für Marketing und Pressearbeit gesorgt sein, um sein selbst verlegtes Werk an die KäuferInnen zu bringen. Stellen Sie sich daher folgende Frage: Wie viele Bücher müssten Sie
zu einem gewissen Preis x verkaufen, um zumindest Ihre Kosten wieder hereinspielen zu
können (Break-even-Point)?

▶ **Gut zu wissen** Do it yourself (DIY) ist das Gebot der Stunde, wenn es um
Selfpublishing geht. Durch die vielen Details, die es zu beachten gibt und
die hohen Kosten (s. o.), die man nur zum Teil vermeiden kann, lohnt es sich,
Unterstützung für den Selbstverlag des ersten Buches einzuholen, z. B. hier:

• Selfpublisher-Verband
• Self-Publisher-Bibel
• Website „Buch veröffentlichen"
• Mehrere internationale und europäische Facebook-Gruppen rund um Self-
  publishing, z. B.: „Self Publishing"[10], „Autoren-Hilfeforum – Selfpublisher"[11],
  „Self Publishing & Book Marketing"[12].

---

[10] https://www.facebook.com/groups/184413921615603/

[11] https://www.facebook.com/groups/Indieesgehtauchohneverlag/

[12] https://www.facebook.com/groups/selfpublishingandbookmarketing/

- Viele AutorInnennetzwerke und SchreibberaterInnen sind ebenfalls in Social Media zu finden, z. B.: „Autoren-Netzwerk"[13], „Autorenhilfe-Forum"[14], „Autoren" in der Plattform XING[15], Writers' Studio Wien, „Sachbuch schreiben"-Gruppe[16], „Schreiben als Beruf"

---

[13] https://www.facebook.com/groups/870078119716397/

[14] https://www.facebook.com/groups/dasautorenhilfeforum/

[15] https://www.xing.com/communities/groups/autoren-7bf7-1055803

[16] https://www.facebook.com/groups/2094468400838468/

ExpertInneninterview: Im Gespräch mit Tom Oberbichler

Einmal in einem „echten" Verlag publiziert werden, ist für viele Schreibende ein Traum. Doch längst nicht für alle! Auch wenn der Selfpublishermarkt für Belletristik boomt, auch im Sachbuchbereich gibt es etliche, die selbst verlegen.

▶   Warum entscheiden sich viele AutorInnen für Selfpublishing? Welche Vorteile
        sehen Sie für sich?

Die höheren *Tantiemeneinnahmen* (bis zu 70 % vom Nettoerlös bei E-Books und bis zu 50 % bei Printbüchern) sind für viele attraktiv. Ich glaube, die größte Anziehungskraft übt die Kontrolle über das eigene Produkt aus. Der Autor, die Autorin bestimmt, wie das Buch (inklusive des Covers) aussieht, was drinsteht und v. a. wann es herauskommt. Ich muss im Selfpublishing nicht mit dem Veröffentlichen warten, bis es in den Terminplan eines Verlags passt. Auch die Qualitätskontrolle liegt in Händen der Autorin/des Autors.

Ich bin auch frei im Marketing und kann das Buch in ein bestehendes (oder gerade entstehendes) Portfolio einbauen.

▶   Welche Klischees über das Selfpublishing müssen AutorInnen vor Beginn erst
        einmal überwinden? Und welche Aussagen/Meinungen über Selfpublishing
        enthalten tatsächlich einen wahren Kern?

Da ist einmal die Aussage: „Mit Büchern kannst du kein Geld verdienen." Das trifft, zumindest im Selfpublishing, nicht zu. Es ist sehr wohl möglich, gutes Geld mit Büchern zu verdienen – wenn die Qualität stimmt und die *Marketingstrategie* passt und konsequent und über lange Zeit umgesetzt wird. „Nur ein Verlagsbuch ist gut für die eigene Expertise." Auch das stimmt allgemein gesprochen mittlerweile nicht mehr, weil weite Teile der Gesellschaft begonnen haben, auch im Buchbereich die unternehmerische Leistung anzuerkennen. Einige Zielgruppen sehen das jedoch noch so, gerade in eher konservativen Kreisen sind Vorurteile gegen Selfpublishing noch weitverbreitet.

▶   Wobei müssen SelfpublisherInnen im Vergleich zu AutorInnen, die bei einem
        herkömmlichen Verlag schreiben, die meisten Abstriche akzeptieren?

Beim Zugang zum stationären Buchhandel gibt es Probleme. Die meisten Buchhändlerinnen und Buchhändler haben noch Vorbehalte gegen Selfpublishingbücher. Auch bei einer extrem Amazon-kritischen Zielgruppe haben es SelfpublishingautorInnen nicht leicht, weil ihnen so der wichtigste Vertriebsweg ausfällt. Wobei das nur für die Top fünf Prozent der VerlagsautorInnen gilt, die Stars bei großen Verlagen sind. Die kleinen unabhängigen Verlage kämpfen mit ähnlichen Vorurteilen wie SelfpublisherInnen. Bei den großen Verlagen haben es unbekannte AutorInnen auch nicht leicht, hineinzukommen.

▶ Selbstverlag ist nicht gleich Selbstverlag. Welche Möglichkeiten an Vertriebswegen stehen SelfpublisherInnen offen bzw. können Sie empfehlen/nicht empfehlen?

Die große Entscheidung ist: Verkauf über die eigene Internetseite oder über die Onlinebuchportale (Amazon, Tolino, iTunes & Co.). Beides kann passen, ganz besonders im E-Book-Bereich. Was für die Einzelne/den Einzelnen optimal ist, hängt von Zielgruppe, Reichweite und Zielen ab. Da wäre eine pauschale Antwort unseriös. Wovon ich definitiv abrate, sind die Druckkostenzuschussverlage. Das sind Unternehmen, die als Verlag auftreten, aber meist nur sehr teure Dienstleister sind. Sie verkaufen nicht Bücher, sondern Verlagsverträge, um es knallhart auf den Punkt zu bringen. Beim gedruckten Buch empfehle ich für Sachbücher das *Print-on-Demand-Verfahren* (z. B. über Amazon KDP oder BoD).

▶ Grob gesagt, wie viel kostet es anteilig für Lektorat, Grafik, Marketing und Vertrieb etc., ein Sachbuch selbst zu verlegen?

Da ist die Bandbreite sehr groß. Um ein professionelles Ergebnis zu erzielen, sind rund 3000 € ein Richtwert, der nach oben offen ist. Umfang des Werks und Komplexität der Grafiken, Tabellen, Bilder usw. sind genauso entscheidend wie die Qualität der Dienstleistungen. Wobei Sie für diesen Betrag durchwegs gute Qualität erwarten und verlangen können. Den Löwenanteil der Kosten macht das *Lektorat* aus – die inhaltliche und sprachliche Optimierung des Buchs, inklusive seiner Struktur. Da fließen bei meinen Büchern etwa 60 % der Investition hin. Die anderen Elemente, wie Buchsatz, Korrektorat und Cover, sind vergleichsweise weniger arbeitsintensiv und daher günstiger. Was die *Werbung* betrifft, lässt sich vieles durch Netzwerken und persönliche Kontakte bewegen, das kostet dann v. a. Zeit. Bezahlte Werbung kann das sehr gut ergänzen, und dafür gibt es gar keine finanziellen Grenzen nach obenhin. Zu meinen, nur ein wenig Geld in Werbung investieren zu müssen, ist falsch. Dann investieren Sie das Geld besser in ein gutes Abendessen.

▶ Wie oft kommt es vor, dass AutorInnen nach Selfpublishing zu einem Verlag wechseln und umgekehrt? Aus welchen Gründen entscheiden sich AutorInnen dazu?

Das kommt manchmal vor. In der Regel läuft es so, dass AutorInnen im Selfpublishing erfolgreich sind und dann von Verlagen ein Angebot bekommen. Manche nehmen das an, andere nicht und wieder andere treten die Printrechte an einen Verlag ab. Man erhofft sich dadurch v. a., in die Buchhandlungen zu kommen, die E-Book-Rechte behalten sie weiterhin für sich. Beim E-Book-Verkauf sind Verlage in der Regel keine Hilfe, da sie sich mit Onlinemarketing nicht intensiv oder nur ganz am Rande beschäftigen. Die meisten behandeln das E-Book als Produkt eher stiefmütterlich.

Was sich alle AutorInnen, die mit dem Gedanken an Selfpublishing spielen, vor Augen halten müssen, ist: All die Vorteile, die ich genannt habe, können auch Nachteile sein. Im Selfpublishing liegt nicht nur die ganze Kontrolle, sondern auch die ganze Verantwortung bei der Autorin/beim Autor. Die Deadlines kommen nicht von außen. Wenn was nicht klappen sollte, dürfen Sie sich immer bei der eigenen Nase nehmen. Selfpublishing ist nicht für alle AutorInnen der passende Weg. Je wichtiger Freiheit und das Bestimmen über das eigene Produkt in all seinen Facetten sind, desto besser passt Selfpublishing zu Ihnen.

Den AutorInnen, die auf einen Verlagsvertrag schielen, gebe ich als Tipp mit: Das Marketing für das eigene Buch können Sie nicht abgeben. Ohne Sie als Autorin/als Autor läuft nicht viel.

Literatur

DSFO (2018). *Druckkostenzuschussverlag (anonym).* https://www.dsfo.de/dsfopedia/index.php/ Druckkostenzuschussverlag. Zuletzt zugegriffen: 30. Dez. 2018.

Gorus, O. (2011). *Erfolgreich als Sachbuchautor: Von der Buchidee bis zur Vermarktung* (2., vollst. überarb. Aufl.). Offenbach: GABAL.

Self-Publisher-Bibel (2013a). *Infografik: Self Publishing in Deutschland,* Teil 1 (Onlineartikel) von Matting M. vom 26.6.2013. http://www.selfpublisherbibel.de/infografik-self-publishing-in-deutschland-teil-1. Zuletzt zugegriffen: 14. Nov. 2018.

Self-Publisher-Bibel (2013b). *Infografik: Was Sie über das Self Publishing von eBooks wissen müssen – die Grundlagen,* von Matting M. http://www.selfpublisherbibel.de/infografik-was-sie-ueber-das-self-publishing-von-ebooks-wissen-muessen-die-grundlagen/. Zuletzt zugegriffen: 14. Nov. 2018.

Self-Publisher-Bibel (2013c). *Autoren-Tipp: Der richtige Preis für Ihr eBook,* von Matting M. http://www.selfpublisherbibel.de/autoren-tipp-der-richtige-preis-fuer-ihr-ebook/.   Zuletzt zugegriffen: 30. Dez. 2018.

Zeuner, J. (2011). *Die Vor- und Nachteile von Kopierschutz bei eBooks. Buch veröffentlichen – Onlinemagazin für Autoren.* https://buchveroeffentlichen.com/die-vor-und-nachteile-von-kopierschutz-bei-ebooks/. Zuletzt zugegriffen: 30. Dez. 2018.

Zeuner, J. (2013). *Die 7 häufigsten Fragen zum Buch veröffentlichen – Onlinemagazin für Autoren.* https://buchveroeffentlichen.com/die-7-haufigsten-fragen-zum-selfpublishing/. Zuletzt zugegriffen: 28. Dez. 2018.

Teil III
Erstellung

Projektmanagement- und Schreibtools 11

All jenen, die ihre Texte am liebsten mit der Hand oder mit der Schreibmaschine schreiben, wird dieses Kapitel zunächst wohl wenig geeignet erscheinen, lohnen wird es sich für Sie jedoch auch. Fast alle Verlage akzeptieren nur elektronische Unterlagen, da es spätestens für den Buchsatz am Ende des Projektes digital zugehen muss. Nutzen Sie die zahlreichen Programme und technischen *Hilfsmittel*, die AutorInnen die Schreibarbeit erleichtern können, so bald als möglich, um alle ihre Funktionen testen und korrekt anwenden zu können. Welche der zahlreichen Hilfsmittel Sie bevorzugen, hängt von Ihren persönlichen Vorlieben, Planungs- und Schreibgewohnheiten sowie der Menge an Informationen bzw. Anzahl an AutorInnen ab.

Welche Entstehungsphasen durchläuft ein Buch?
Bislang haben Sie bereits viele Ideen gesammelt, Ihr Buchkonzept erstellt bzw. überarbeitet (s. Teil I), ggf. KoautorInnen angesprochen (s. Kap. 6), einige geeignete Verlage ausgewählt (s. Kap. 7) und Exposé, Inhaltsangabe sowie Leseprobe (s. Kap. 8) erstellt. Diese erste Phase der Vorrecherche oder Entwicklungsphase wird im Laufe des Buchprojektes nicht mehr fortgesetzt, ist jedoch bei allen weiteren Entscheidungen immer wieder von Bedeutung, da in dieser Phase die Basis für das restliche Buch geschaffen worden ist.

Zirkulär in mehreren Schleifen verlaufen dann auch das Ausgeben und Sichten von Literatur, das Sammeln von Ideen für Kapitel und das Schreiben (s. Tab. 11.1). Diese Phase des *Vertextens* läuft häufig parallel zu *Überarbeitungsschritten*, die in bereits fertiggestellten Kapiteln durchgeführt werden, solange an anderen Kapiteln noch getüftelt wird. Zum Erarbeiten des Inhalts gehört auch das Erstellen von *Abbildungen*, Grafiken, Tabellen sowie Statistiken (s. Kap. 15). Immer wieder sind Anpassungen an der ursprünglichen Inhaltsangabe zu machen.

© Springer Fachmedien Wiesbaden GmbH, ein Teil von Springer Nature 2019
N. Miljković, *Vom Vortrag zum Sachbuch*, https://doi.org/10.1007/978-3-658-27151-0_11

Tab. 11.1 Projektmanagement eines Buchprojektes mit Zeithorizonten und Meilensteinen (Grob-planung)

Meilenstein	Zu erreichen	Zuständigkeit
Wunsch, ein Buchkonzept zu beginnen	Sofort	HauptautorIn bzw. HerausgeberIn
Konkurrenzliteratur untersuchen	In Monat 1 bis 2	HauptautorIn, ggf. KoautorInnen
Rund fünf bis zehn geeignete Verlage finden	In Monat 2 bis 3	HauptautorIn
Inhaltsangabe mit Kapitelstruktur erstellen	In Monat 2 bis 3	HauptautorIn, ggf. KoautorInnen
Exposé schreiben	In Monat 2 bis 3	Haupt- und KoautorInnen
Leseprobe erstellen	In Monat 2 bis 3	Haupt- und KoautorInnen
Meilenstein 1: Verlage anschreiben und Exposé einreichen	In Monat 3 bis 4	Hauptautor/einE VerantwortlicheR
Verhandlung mit Verlagen	In Monat 4 bis 5	Hauptautor/einE VerantwortlicheR
Meilenstein 2: Vertrag unterzeichnen	In Monat 6	Hauptautor/einE VerantwortlicheR
Feinplanung der Bearbeitung	In Monat 6	Alle AutorInnen, Deadlines gemeinsam setzen
Recherchephase (in mehreren Schleifen)	In Monat 6 bis 12	Alle AutorInnen; je nach Länge des Buches variiert Dauer sehr stark
Schreibphase (in mehreren Schleifen) inklusive Erstellung anderer Buchanteile wie Abbildungen, Tabellen und Anhänge	In Monat 6 bis 12	Alle AutorInnen; je nach Länge des Buches variiert Dauer sehr stark
Meilenstein 3: erstes Manuskript fertig	In Monat 12	Alle AutorInnen
Überarbeitungsphase (und ggf. Lektorat/Korrektorat durchführen lassen)	In Monat 13 bis15	Alle AutorInnen; je nach Länge des Buches variiert Dauer sehr stark
Vorankündigungen und Bewerbung beginnen	In Monat 15	Verlag
Meilenstein 4: fertiges Manuskript an Verlag abgeben	In Monat 15	Hauptautor/einE VerantwortlicheR
Rückmeldung des Verlags, ggf. Korrekturen	In Monat 16 bis 17	Alle AutorInnen
Meilenstein 5: Proofs zur Endabnahme gesendet	In Monat 18	Alle AutorInnen
Meilenstein 6: Buchdruck, Marketing verstärkt	In Monat 19	Verlag
Meilenstein 7: Buch ist online und in Buchhandlungen zu erwerben, Marketing und PR laufen auf Hochtouren	In Monat 20	Verlag

Der letzte große Projektabschnitt kommt nach der Manuskripteinreichung beim Verlag – ein *Lektorat* bzw. Korrektorat überprüft die Qualität der Einreichung und gibt mehr oder weniger umfangreiches Feedback in den Korrekturfahnen. Die AutorInnen arbeiten diese Anmerkungen ein und übergeben ein satzfertiges Manuskript.

Hier endet Ihre Arbeit als AutorIn – fürs Erste. Anschließend beginnt die *Herstellung* aufseiten des Verlags: Das Buch wird für den Druck gesetzt und die *Korrekturfahnen* zur letzten Abnahme zugesandt. Nun werden auch Marketing und PR vorbereitet bzw. verstärkt und die Buchproduktion beginnt. Diese Phase kann rund ein halbes Jahr dauern.

Um später besser entscheiden zu können, in welchen Phasen und für welche Tätigkeiten Sie welche Programme und Hilfsmittel brauchen könnten (s. u.), überlegen Sie die Anforderungen in den einzelnen Phasen (s. Tab. 11.2): Zu Beginn in der Erarbeitungsphase werden Sie nur etwas Zeit und Energie brauchen, um die Recherchen und Vorbereitungen durchzuführen. Ihre Motivation wird sehr hoch sein, da es neu und aufregend ist, ein Buch zu planen. Die nächste Phase beinhaltet die Verlagssuche und (hoffentlich) Verlagsverhandlungen. Das kann sich über einen langen Zeitraum ziehen, braucht wenig Energie, aber einiges an Motivation, dran zu bleiben und nicht voreilig aufzugeben.

Sobald Sie einen Verlag gefunden und einen Buchvertrag abgeschlossen haben, kann es losgehen. Die Textproduktionsphase, die neben dem Schreiben des Rohtextes auch das Erstellen anderer Inhalte (wie Abbildungen, Grafiken, Tabelle, Anhänge etc.) und die Überarbeitung beinhaltet, wird neben dem Hauptberuf viel Zeit beanspruchen. Die Motivation und Ihre Energie und Fokussierung auf das Projekt werden zunächst noch sehr hoch sein, doch rasch schwanken und zwischenzeitlich auch absinken. Das ist völlig normal, muss allerdings durch Einplanen von *Pufferzeiten* ausgeglichen werden – Tipps für mehr Motivation finden Sie in Kap. 12.

Welche Tools können mir beim Planen meines Buchprojektes dienlich sein?
Das Planen eines Projektes kann anhand von Zeiteinheiten und der zu erledigenden Aufgaben erfolgen. Noch entscheidender ist, wie produktiv man an die Aufgaben herangegangen ist und die Zeit gut genützt hat.

Kalender sind einfache, aber effektive Mittel, um Ihr Buchprojekt gut voranzubringen. Tragen Sie am Ende der Vorwoche – in kleineren Arbeitsblöcke verteilt – die

Tab. 11.2 Bedarf an Zeit, Energie und Motivation in einzelnen Phasen des Buchprojekts

Phasen des Buchprojekts	Zeit	Energie	Motivation
Vorbereitung	↑↑	↑	↑↑↑
Verlagssuche	↑	↑	↑↑↑
Erstellung	↑↑↑	↑↑↑	↑↑
Überarbeitung	↑↑↑	↑↑↑	↓

von Ihnen angedachten wöchentlichen Arbeitszeiten (s. Kap. 1) ein. Das ist sehr individuell und ganz nach Belieben und Verfügbarkeit, z. B. vier mal 2,5 Stunden nachmittags oder jeweils Montag bis Freitag eine Stunde morgens und abends oder jede Woche variabel verteilt. Behandeln Sie diese Arbeitseinheiten für das Buch wie andere wichtige Termine, und halten Sie sie vom Zugriff durch andere Projekte und von Störungen frei. Das gelingt am besten, wenn Sie beim Einteilen Ihrer Zeit täglich nur wenige Topprioritäten setzen und durchsetzen. Hilfreich ist hierfür das Eisenhower-Prinzip (unterscheiden zwischen wichtigen, dringenden, wichtigen aber nicht dringenden, dringenden aber nicht wichtigen Aufgaben) (s. Kap. 4).

Zum Ausprobieren

Eine Übung, die ich „persönliche *Triage*" nenne, hilft bei der Reihung der Prioritäten. Überlegen Sie am Vorabend oder am Morgen, welche Aufgabe an diesem Tag zumindest fertig werden muss, auch wenn es nicht möglich ist, sonst noch etwas anderes zu erledigen. Reihen Sie dann noch drei bis fünf weitere Aufgaben mit der Frage „Wenn ich heute nur noch eine einzige weitere Aufgabe machen könnte, muss es … sein." So schützen Sie sich vor Überarbeitung und Aktionismus für unwichtige Kleinstaufgaben und die klare Reihung ist sehr förderlich, um weniger Entscheidungsenergie aufbringen zu müssen und länger motiviert zu bleiben.

Viele Menschen verwenden elektronische Kalender (wie Google Calendar und iCal). Das ist besonders hilfreich, wenn Sie mobil arbeiten und/oder viele Meetings mit dem KoautorInnenteam vorsehen. Eine weitere hilfreiche Kalenderfunktion des Google Calendar ist die Zielefunktion (in der englischen Version: goals), die Ihnen in der mobilen Version ermöglicht Ziele zu setzen, indem Sie eine bestimmte Anzahl und Frequenz einer Handlung festlegen. Die App sucht anschließend selbstständig passende *Zeitfenster* in Ihrem Kalender und hält Ihnen diese für die Erledigung Ihrer Ziele frei.

Neben Kalendern sind diverse andere *Zeitverwaltungsapps* zur Planung und Zeitmessung von Arbeitsblöcken weit verbreitet (Apps wie Toggl, Hours Time Tracking App oder Harvest). Die größten Vorteile dieser Hilfsmittel bestehen in der Dokumentation Ihres *Projektfortschritts*, einer guten Verteilung der Ihnen zur Verfügung stehenden Zeit auf mehrere Projekte und Aufdecken von Zeitfressern, um sie zukünftig zu verhindern.

Klassische *To-do-Listen* (mit Programmen und Apps wie Wunderlist, Google Keep oder Remember the Milk) sind ebenfalls sehr beliebt. Für größere oder mehrere Projekte parallel kann allerdings die Übersicht über die Vielzahl an eingetragenen Aufgaben verloren gehen. Auch für die Arbeit im Team sind diese Aufgabenlisten meist weniger nützlich, für Teamsettings sind *Kanban*-Systeme (s. u.) förderlicher. Alternativ kann man die Motivation, die entsteht, wenn man Listenposten der Aufgabenlisten erledigt hat und abhaken kann, auch mit sogenannten *Habit Trackern* (s. u.) erreichen.

▶   **Gut zu wissen** Das Prinzip des *Habit Tracking* besteht in der Selbstkontrolle
auf dem Weg zum Erreichen beruflicher (und persönlicher) Ziele. Durch den
Aufbau guter Gewohnheiten (englisch: habits), Visualisieren des Fortschritts
und Feiern kleiner Meilensteine steigern diese Helfer v. a. beim Erreichen mit-
tel- bis langfristiger Ziele die Produktivität und Zufriedenheit. Ein weiteres
Prinzip – die „Macht der Kette" – kann anspornen, täglich ein wenig an den
Zielen zu arbeiten, anstatt sich mit großen Arbeitseinheiten knapp vor der
nächsten Deadline zu viel aufzuhalsen. Der psychologische Trick dahinter: Wer
täglich ein To-do abhakt, ist weniger gefährdet, die anwachsende „Kette" der
Häkchen zu unterbrechen. Beliebte Apps für Habit Tracking sind u. a.: Todoist,
die Get-it-done-App, Chains, Doit.im, MindSet, Habit List, Strides und Good
Habits[1]. Wer es gerne verspielter mag, kann entsprechende Tracking-Apps mit
Gamification-Factor wie Habitica ausprobieren.

Eine Kombination aus Zeitkontrollen und Aufgabenlisten sind *Produktivitätstools*. Mit
Kanban-Tools wie den weit verbreiteten Anwendungen Trello und Asana kann man den
einzelnen Projekten nicht nur Aufgaben zuordnen, sondern auch Zuständigkeiten definieren und *Prioritäten* festlegen. Für die Feinabstimmung vieler Unterschritte eignet
sich Toodledo gut. Das Programm Timely zeigt, wie viel Zeit und Budget eines Projekts
schon aufgebraucht wurden, damit man ggf. nachjustieren kann.

Wer den Verlockungen von *Zeitfressern* oft nicht widerstehen kann und/oder zu
viel Zeit auf Aufgaben niederer Priorität vergeudet, kann sich durch *Kontrollapps* (wie
Rescue Time, das aufzeichnet, auf welchen Webseiten und in welchen Apps man sich
wie lange aufhält) und *Timeboxing-Apps* Produktivität zurückholen. Die *Pomodoro-Technik* ist weit verbreitet und findet in Tools wie PomoDone[2] eine elektronische Anwendung
(s. ExpertInneninterview Kap. 12). Ein wichtiger Nebeneffekt: Bei dieser Technik, in
engen Zeitfenstern wichtige Aufgaben zügig anzugehen, werden auch Pausen regelmäßig
eingehalten.

Zum Ausprobieren

Nehmen Sie sich nach dem Prinzip des *Personal Kanban* nach Jim Benson am Beginn
der Arbeitswoche 15 Minuten Zeit, und halten Sie alle Arbeitsschritte, die Sie für Ihr
Buchprojekt machen sollten, auf Klebezetteln fest, eine Aufgabe pro Zettel. Nehmen
Sie sich dann ein Blatt Plakatpapier im Querformat (alternativ drei größere Zettel
horizontal nebeneinander an die Wand kleben), und zeichnen Sie drei gleich große,
vertikale Spalten auf dem Plakat ein. In die erste Spalte kleben Sie die Klebezettel mit
den Aufgaben. Diese Spalte ist die „Optionenspalte", in der Sie alles sammeln, was

---

[1] https://itunes.apple.com/us/app/good-habits/id573844300.

[2] https://pomodoneapp.com/

zu tun ist. Sollte Ihnen während der Woche spontan eine weitere Aufgabe einfallen, schreiben Sie diese sofort auf einen Klebezettel und fügen Sie ihn der Optionenspalte bei. Die mittlere Spalte ist die „In-Bearbeitung-Spalte", wo immer nur maximal drei Aufgaben gleichzeitig vorhanden sein dürfen. In der dritten Spalte „Fertig" platzieren Sie nach getaner Arbeit alle erledigten Aufgabenzettel. Ziel ist es, an einem Tag eine Aufgabe in das „Fertig"-Feld verschieben zu können, wodurch in der mittleren Spalte ein Platz frei wird. Nun dürfen Sie sich eine Aufgabe aus der ersten Spalte aussuchen, die Sie priorisieren möchten und daher in die mittlere Spalte verschieben.

Die Vorteile dieser Methode ist die Fokussierung auf maximal drei Aufgaben gleichzeitig, ohne dass andere Aufgaben vergessen werden oder Einfälle verloren gehen, da sie in der ersten Spalte dokumentiert sind. Auch die Ansammlung von immer mehr Klebezetteln in der „Fertig"-Spalte motiviert Sie zusätzlich, durchzuhalten.

Wie handhabe ich ein gutes Wissensmanagement der zahlreichen Informationen?
Schon ab der ersten Recherche für Ihr Buchprojekt ist es wichtig, sich ein logisches System zu erstellen, das hilft, alle neuen Ideen und Informationen zu sichern. Die Recherche wird aller Voraussicht nach sowohl offline in Archiven und Bibliotheken als auch online in Datenbanken und auf Websites durchgeführt werden, weshalb beide Systeme des Archivierens von Informationen gleich strukturiert und befüllt werden sollten.

▶ **Gut zu wissen** Bei der Onlinerecherche geht kaum ein Weg an der übermächtigen *Suchmaschine* Google vorbei, und doch gibt es ein paar gute Alternativen wie z. B.: Qwant (nimmt Datenschutz ernst(er)), die Metasuchmaschine MetaGer, die umweltfreundliche Suchmaschine Ecosia, für Wissenschaftsfans Wolfram Alpha und World Wide Science, Creative Commons Search für die Suche nach gemeinfreien Inhalten und TinEye für die reverse Bildersuche. Egal, welche Suchmaschine Sie bevorzugen, machen Sie sich mit all Ihren zahlreichen Funktionen und Filtern gut vertraut, um die volle Leistungsfähigkeit für eine effiziente und effektive Recherchearbeit zu erreichen.

Für viele AutorInnen hat sich gut bewährt, im verwendeten Browser *Lesezeichen* für interessante Websites und in *elektronischen **Notizbüchern*** (wie Evernote, *Microsoft OneNote* oder *Notion*) Kategorien anzulegen, die bereits nach den Großkapiteln des geplanten Werks benannt sind. So haben Sie alle interessanten Websites und alle Notizen vorsortiert vorliegen. Apps wie Diigo und Pocket lassen Sie zudem Websites auch mit Kommentaren versehen.

Für die Sammlung von Literaturangaben sind *Literaturverwaltungsprogramme* unumgänglich (z. B. Endnote, Citavi, Zotero oder Mendeley). Die meisten sind für

Lehrende und Forschende über ihre Institution oder Institutsbibliothek kostenlos oder sehr kostengünstig zu beziehen. Nutzen Sie die Funktionen dieser Programme zum Anlegen von Ordnern bzw. zum „Taggen" *(Beschlagworten)*, damit Sie *Quellenangaben* beim Schreiben rascher finden können.

Wer öfters Fotos interessanter Quellen aufnimmt, wird mit der *Fotodokumentations-app* Office Lens sehr zufrieden sein: Neben der normalen Fotofunktion hat das Programm auch die Möglichkeit, Notizen, Dokumente oder Flipcharts abzubilden. Das automatische Zuschneiden und Nachschärfen durch das Programm spart Zeit und erhöht die Lesbarkeit der Unterlagen. Auch Notizprogramme wie Evernote (s. o.) verfügen über die Funktion, Fotos und andere Medien abzuspeichern.

Welche Programme sind zum Verfassen von Texten besonders geeignet?
Neben dem weit verbreiteten Texterstellungsprogramm *Microsoft Word* bzw. freien Schreibprogrammen in OpenOffice gibt es auch spezielle AutorInnenprogramme: *Papyrus, Scrivener, Patchwork* oder *LateX* bieten viele zusätzliche Funktionen zur Unterstützung für das Erstellen großer Textmengen, v. a. für Strukturaufbau und Gliederung. Für das kollaborative Schreiben im Team dienen neben dem weit verbreiteten Programm Google Docs auch weitere Onlinelösungen wie Zoho Writer, Etherpad oder Edupad. Noch besser als zusammen zu schreiben und zu überarbeiten ist gemeinsam zu Skizzieren (z. B. mit Online-Malprogrammen wie Concept Board), was besonders bei gemeinsamem Brainstorming sehr nützlich sein kann.

Wer nicht so gerne tippt, sondern lieber ihre/seine Vortragsfähigkeiten nutzen möchte, kann per Diktierfunktion eines Mobiltelefons oder am Computer Texte verfassen. Viele Geräte bieten diese Funktionen bereits vorinstalliert an bzw. nutzen Sie Diktierapps wie z. B. Voice Recorder Pro, Smart Voice Recorder oder Qwaz Audio. Um von der Aufnahme zum Text zu gelangen, stehen zum *Transkribieren* ebenfalls diverse Programme wie f4transkript[3] oder Express Scribe wie auch die Dienste spezieller ServiceanbieterInnen (s. Kap. 11) zur Verfügung. Wer den Transkriptionsvorgang automatisieren, aber nicht auslagern möchte, kann dafür „Voice-to-Text-"Spracherkennungssoftware wie Speechlogger[4] oder transcribe[5] nutzen. Auch das Analysieren und Codieren großer Textmengen lässt sich mittels Programme beschleunigen (z. B. mit f4analyse[6]).

---

[3] https://www.audiotranskription.de/f4

[4] https://speechlogger.appspot.com/de/

[5] https://transcribe.wreally.com/

[6] https://www.audiotranskription.de/f4-analyse

Zum Ausprobieren

Vielen Menschen fällt es unter Stress oder in Angesicht eines leeren Bildschirms nicht leicht, mit dem Schreiben von Texten zu beginnen. In diesen Fällen hilft es, den Schreibtisch kurz zu verlassen und den Kopf freizubekommen. Diktieren Sie Ihre Texte in Ihr Telefon (z. B. mit eigenen Apps oder Evernote-Audionotizenfunktion), anstatt sie zu tippen. Nutzen Sie kurze Erledigungen zu Fuß, die nächste Mittagspause oder (wenn Sie per Freisprechanlage auf Ihr Mobiltelefon zugreifen können) eine Autofahrt und sprechen Sie Ihr nächstes Unterkapitel ein. Damit es sich beim ersten Mal nicht so fremd anfühlt, stellen Sie sich vor, Sie würden die Inhalte einer Freundin, einem Freund bei einem Telefonat erläutern. Es muss nicht sprachlich ausgereift und perfekt geordnet, sondern kann gerne auch vorerst einmal eine Sammlung an Ideen zum Thema sein. Wieder zurück am Schreibtisch, lassen Sie ein Programm die Aufnahme transkribieren (s. o.), bei nächster Gelegenheit sehen Sie durch, welche Teile Sie davon in das Buch aufnehmen möchten.

Wie oft und mit welchen Programmen soll ich meine Texte sichern?
Um die wertvollen Inhalte, die man sich nach und nach erarbeitet hat, nicht zu verlieren (z. B. durch Verlust des Laptops, Virenbefall, irrtümliches Löschen, Datenkorruption etc.) muss jede Idee, jede Datei und jede Abbildung gesichert werden. Dazu gibt es viele Möglichkeiten. Beliebt sind *Cloud-Speicher* wie:

- Dropbox
- Your Secure Cloud
- Personal Backup[7]
- Free File Sync

Bei der Sicherung Ihrer Dateien in Cloud-Systemen und Ihrer Ideen in virtuellen Notizbüchern wie Evernote sollte man trotz aller Praktikabilität Umsicht walten lassen: Sofern man nicht extra Speicherplatz gekauft hat, kann der Zugang zu diesen Diensten von den HerstellerInnen theoretisch jederzeit eingeschränkt oder geschlossen werden. Das ist zwar unwahrscheinlich, aber schon ein kurzer Serverausfall könnte Ihnen große Probleme bereiten. Daher ist es empfehlenswert, den eigenen Inhalt regelmäßig auch auf externen Laufwerken zu sichern. Auch die Handhabung des *Datenschutzes* sollte vor Verwendung genau untersucht werden, da dieser bei Programmen im EU-Ausland teils nicht so streng genommen wird.

Welche anderen Hilfsmittel unterstützen mich beim Recherchieren und Schreiben?
Um richtig fokussiert zu sein, um die manchmal hart verteidigte *Schreibzeit* effektiv nutzen zu können, braucht es keine besonderen Tools: Stellen Sie zu Beginn Ihrer

---

[7] http://personal-backup.rathlev-home.de/

Schreibphase den Internetrouter ab, oder schalten Sie den Flugmodus an Ihrem Gerät ein. Wollen Sie das Internet zwar aktiviert lassen, aber dennoch nicht in Versuchung geraten, Ihre Zeit auf Social-Media-Seiten zu vergeuden, gibt es auch dafür einige Apps, die den Internetzugang von Ihnen definierter Seiten für eine gewisse Zeit lang einschränken (z. B. mit Cold Turkey Blocker[8] oder Stay Focusd). Da auch das Mobiltelefon ein für viele Menschen jederzeit zur Verfügung stehendes Gerät ist, kann man auch davon sehr abgelenkt werden. Versuchen Sie es mit (OFFTIME)[9] oder Focus me, um etwas mehr störungsfreie Zeit zu erhalten, wenn Sie den Flugmodus nicht aktivieren wollen.

Zum Ausprobieren

Wenn Sie in einer Umgebung arbeiten (müssen), die nicht die stillste ist, verwenden Sie gut schalldämpfende Kopfhörer, und lassen Sie im Hintergrund auf YouTube Videos mit Regengeräuschen, Meeresrauschen, Dschungelgeräuschen oder Kaminfeuer als *White Noise* laufen. Durch das konstante Auf und Ab bekannter Geräusche blendet das Gehirn den Hintergrund komplett aus, was zu mehr Konzentration führt. Wer gerne aushäusig arbeiten möchte, sich jedoch nicht so einfach in ein gemütliches Kaffeehaus zurückziehen kann, dem sei die App *Coffivity* zu empfehlen: Diese spielt leise Kaffeehausgeräusche als Hintergrund für produktives Arbeiten.

Für viele Schreibenden sind gerade die Schreibprogramme (s. o.) ein Quell an Ablenkungen, da sie sich zu leicht in deren Funktionen verlieren können und voreilig zu formatieren oder bearbeiten beginnen, bevor genug Text erstellt ist. Programme wie FocusWriter oder Ommwriter bieten reduzierte Benutzer- und Hintergrundoberflächen an. Wer trotz all der *Hilfsmittel* (s. o.) noch nicht so richtig in Gang kommt, sollte beginnen, regelmäßig zu schreiben (s. Kap. 12): Mit der *Freewriting-Methode* kann man sich mit einer bestimmten Wortvorgabe als Inspiration in kurzen Intervallen „warmschreiben" (die App Thinking Writing stoppt ein Intervall Ihrer Vorgabe). Mit der App 750 words werden Sie motiviert, regelmäßig zumindest 750 Wörter (rund drei Seiten) zu schreiben. Auch die Verbesserung des *Schreibstils* und Erweiterung des eigenen Wortschatzes kann man durch Technik unterstützen lassen (mit Onlinewörterbüchern, Synonymfindern, BlablaMeter etc.).

Wie entscheide ich mich aus der Fülle an Programmen für die richtigen?
Die meisten der hier vorgestellten Programme sind kostenfrei bzw. kostengünstig zu haben und viele im Selbstversuch vorab von mir getestet worden. Ich stelle jedoch weder einen Anspruch auf Vollständigkeit – die genannten Programme sollen Ihnen nur als Ideengeber dienen – noch Aktualität, da sich die Entwicklungen schnell überholen. Viele der genannten Apps haben zahlreiche Integrationen mit anderen Programmen

---

[8] https://getcoldturkey.com/
[9] https://play.google.com/store/apps/details?id=co.offtime.kit&hl=en

(z. B. aus einem Kanban-System eine Nachricht über eine zeitsensible Aufgabe an das Kalenderprogamm senden), was das Erstellen und Verwalten von Arbeitsaufgaben einfacher macht. Nutzen Sie nur so viele Programme und Funktionen, wie Ihnen das Leben erleichtern.

Doch wie weiß man, wie viele und welche der Möglichkeiten man benötigt? Klein stellt in ihrem Buch die umfangreiche Checkliste „Entscheidungskriterien" vor, die Sie bei der Auswahl von Programmen und Hilfsmitteln unterstützt (Klein 2017, S. 89ff.). Einige der wichtigsten Fragen sind:

- Welche Funktionen sind absolut grundlegend, welche nur „nice to have"?
- Spare ich mit diesem Programm wirklich Zeit ein?
- Brauche ich dieses Programm auch unterwegs? Dann müsste es webbasiert und eventuell auch auf verschiedenen Rechnersystemen funktionieren.
- Wie kann ich meine Daten exportieren bzw. importieren?
- Ist dieses Programm zur Zusammenarbeit mit anderen geeignet?
- Welche (elektronischen und analogen) Alternativen gibt es?

Wie bleibe ich mit analogen Möglichkeiten auf meine Schreibziele ausgerichtet?
Nicht erst seit einigen Jahren, seitdem das *Journaling* in hübschen Notizbüchern wieder modern wurde, ist analoges Festhalten von Informationen wichtig. Viele bevorzugen die Tätigkeit des handschriftlichen Schreibens sogar gegenüber dem Tippen am Computer, da sie dabei mehr Ruhe oder Kreativität verspüren können. Für den beruflichen Alltag sind elektronische Notizbücher und Ablagesysteme (s. o.) allerdings deutlich praktikabler. Wer seine Notizen zumindest teilweise analog führen möchte, sollte ein Lesejournal oder Laborheft beginnen. Neben *Bullet Journals* (benannt nach den „bullets", den runden Aufzählungzeichen) sind die *Cornell-Methode*, „Split-Page"-Methode sowie „Super-Notizen"-Methoden wie *Mindmapping* oder *Sketchnoting* beliebte Methoden, um Texte mit Symbolen oder Bildern zu verknüpfen oder Notizen nur zeichnerisch darzustellen. Zur (digitalen) Sicherung fotografieren Sie die Seiten Ihres Notizbuches mit der App Office Lens (s. o.), damit Ihre Einfälle nicht verloren gehen können – und die analoge und digitale Welt sind auf einfache Weise miteinander verknüpft. Für manche der genannten Methoden gibt es zudem digitale Vorlagen bzw. Programme.

Zum Ausprobieren

Für *ChaosschreiberInnen* wie mich ist eine Methode hilfreich, die ich aus dem Projektcontrolling entlehnt und abgewandelt habe. Um realistischer einschätzen zu können, wie viel Zeit ich noch einplanen sollte, um das Manuskript fertig zu schreiben, erstelle ich eine einfache Tabelle: In der ersten Spalte links liste ich alle Unterkapitel und andere Textelemente (also auch Vor- und Nachspann) auf, die zu erstellen sind. In der mittleren Spalte gebe ich meine Schätzung der Seitenzahlen pro Element ein. Basis für diese beiden Zahlen ist meine Inhaltsangabe. In der nächsten Spalte trage ich eine ehrliche Schätzung ein, wie viel Prozent der angestrebten Seitenzahlen ich bereits gut vertextet habe. Ganz rechts in der vierten Spalte lasse ich Platz für Anmerkungen, z. B. „Recherche zu xy nötig" oder „Abbildung xy bearbeiten", damit ich auch die anderen Anteile des Buches nicht übersehe. Anhand dieser Liste kann ich viel zielgerichteter schreiben, und auch zum Überarbeiten eignet es sich – tragen Sie dafür eine weitere schmale Spalte rechts nach den Prozentangaben ein und haken Sie darin das Element ab, dass Sie fertig überarbeitet haben. Abhaken von To-dos motiviert zusätzlich.

ExpertInneninterview: Im Gespräch mit Dr.[in] Andrea Klein

Einfach mal drauflos machen ist bei vielen Projekten in der Vorbereitungsphase wahrscheinlich noch in Ordnung, wenn nicht gar ein kreatives Chaos sogar förderlich dafür ist. Für die zügige Abwicklung neben all den anderen Verpflichtungen des Lebens und Berufs gilt es allerdings, geeignete Workflows für das Schreiben zu finden.

▶   Was ist die erste Tätigkeit oder der erste vorbereitende Ablauf, bevor Sie an einem neuen Buch zu schreiben beginnen?

Das künftige Cover zu sehen, motiviert mich sehr. Aber auch einen groben Zeitplan brauche ich. Vor dem Start möchte ich in etwa planen, wie viel Zeit die verschiedenen Themengebiete beanspruchen dürfen. Da ich allerdings die verschiedenen Textteile parallel vorantreibe, erfasse ich während des Schreibens eher meine tatsächliche Schreibzeit und die Zahl der Wörter anstatt der abgearbeiteten Kapitel. So weiß ich, ob ich genügend Zeit in das Buch gesteckt und genügend Wörter geschrieben habe, damit mein Plan am Ende aufgeht. Einer der ersten Schritte ist demnach das Anlegen einer Excel-Tabelle.

▶   Wie organisieren Sie Ihre Schreibtätigkeit im Alltag – klassisch auf Papier, digital oder kommt es drauf an, wann/wo/mit wem gearbeitet wird?

Das hängt stark vom jeweiligen Arbeitsschritt und von meiner Tagesform ab. Da ich viel Zeit am Computer verbringe, sind Stift und Papier eine wohltuende Abwechslung. Damit arbeite ich gern, wenn ich neue Ideen niederschreibe, oder aber, wenn es gerade einmal gar nicht mehr weitergehen will. Dann schreibe ich mich wieder frei und lasse die Gedanken fließen. Um den Überblick bei komplexeren Sachverhalten (zurück) zu erlangen, nutze ich gern A3-Bögen, auf denen ich dann eine Art *Mindmap* anfertige.

▶   Bitte ergänzen Sie: „Ohne dieses Tool/Hilfsmittel xy könnte ich nicht arbeiten!".

Tools, die verschiedene Aspekte des Schreibens vereinfachen, gibt es ja zuhauf. Aber obwohl ich ein Buch über Software und digitale Hilfsmittel geschrieben habe, betone ich gern die Bedeutung des Gehirns als wichtigstes „Tool". Denn wer glaubt, dass die Tools einem das Denken abnehmen, liegt falsch. In diesem Sinn lässt sich jedes Tool ersetzen, auch wenn dies das Schreiben umständlicher und zeitaufwendiger macht.

▶   Wo oder zu welchen Situationen können Sie am besten schreiben?

Auf dem Sofa schreibe ich sehr gern. Meine halbe Dissertation ist dort entstanden, bei den aktuellen Publikationen schätze ich den Anteil noch höher ein. Nur für die besondere Atmosphäre in Bibliotheken nehme ich in Kauf, an einem Tisch zu arbeiten.

Wenn ein Schreibprojekt stockt, wechsle ich gern in ein Café, einen Park oder auch einmal in den Ruhebereich der Sauna. Dorthin nehme ich mir bewusst nur ein einziges Arbeitspaket mit. Ich weiß oft später noch genau, wo ich an welchem Teil eines Buches gearbeitet habe. Hilfreich sind für mich auch spezielle Coworking-Tage mit Freunden. Das ist immer eine gute Mischung aus konzentriertem Arbeiten, Feedback-Runden und Pausen.

▶ Was sind die größten Störquellen für Ihr Schreiben?

Mit den meisten Störquellen kann ich mittlerweile gut umgehen. Das Störende hat immer auch eine hilfreiche und kraftgebende Seite, sonst wäre es ja kein Teil meines Lebens.

Glücklicherweise kann ich mich dem Zeitfresser Social Media zeitweise gut entziehen, ohne das Gefühl zu haben, viel zu verpassen. Die Familie würde ich nicht als Störquelle bezeichnen. Dennoch haben sich feste Schreibzeiten als hilfreich erwiesen, um konzentriert zu arbeiten. Da ich meist zuhause schreibe, reißt mich manchmal die Klingel aus dem Schreiben, wenn etwa ein Paket ankommt. Danach kann ich schnell zu meinem Text zurückkehren. Meine Hauptablenkungen sind definitiv Ideen für kommende Projekte. Ich habe aber gelernt, damit zu leben. Schließlich ist das ja auch eine Art von Produktivität, während Projekt 3 schon ein wenig für die Projekte 4, 5 und 6 vorauszudenken.

▶ Welche Programme nutzen Sie für Ideensammlung, Recherche, Literaturverwaltung, Schreiben usw.?

Für die Ideensammlung ist mein *Zettelkasten*, der ZKN[3] von Daniel Lüdecke, eine große Hilfe. Dabei handelt es sich um eine Software, die Luhmanns Zettelkastenprinzip recht genau nachbildet. Bei der Literaturverwaltung setze ich auf Zotero. Derzeit schreibe ich die Texte noch in Word, möchte mir allerdings Scrivener schon lange einmal näher ansehen, um dann eventuell umzusteigen.

Literatur

Klein, A. (2017). *Wissenschaftliche Arbeiten schreiben. Praktischer Leitfaden mit über 100 Software-Tipps*. Frechen: mitp.

Arbeitsorganisation und Schreibarbeit

Es gibt einige Mythen über das Schreiben, die wohl jede/jeder kennt: Es sei sehr einfach, denn schreiben kann doch jede/jeder. Und: Schreiben sei sehr schwer, nur Genies können es. Was ist richtig? Tatsächlich stimmen beide Mythen gleichermaßen: Jede/jeder hat in der Schule zu schreiben gelernt und kann daher wohl auch seine Meinungen schriftlich vertreten. Dennoch, nach dem Spruch von Zinsser „Schreiben ist Knochenarbeit" (Zinsser 2006, S. 21) zu schließen, gehört einiges mehr dazu, um ein Buch zu schreiben. Alles muss gut geplant und vorbereitet sein, damit man neben der täglichen Arbeit effizient und effektiv am Buchprojekt arbeiten kann (s. Kap. 11). Dass das nicht ganz so schwer ist, wie es zu Beginn vielleicht noch den Anschein haben mag, gibt Zinsser auch zu bedenken, wenn er sagt: „Schreiben heißt, auf dem Papier denken". Jeder, der klar denkt, kann auch klar schreiben, und zwar über jedes Thema." (Zinsser 2006, S. 123).

Welche Stadien des Schreibprozesses werde ich durchlaufen?
Seit den frühen 1980er-Jahren wurden mehrere *Schreibmodelle* entwickelt, welche die unterschiedlichen Vorgänge beim Schreiben erläutern. Sie unterscheiden sich in der Anzahl und Benennung ihrer Phasen erheblich, doch eint sie die Erkenntnis, dass erst planende, schreibende und überarbeitende Elemente zusammen einen gelungenen Schreibprozess ausmachen:

- Stadium 1: Inhalte und Ideen sammeln und ordnen
- Stadium 2: erste Textversion schreiben
- Stadium 3: Text mehrmals überarbeiten, ggf. Textfeedback einholen
- Stadium 4: Manuskript fertigstellen, ggf. Lektorat/Korrektorat durchführen lassen
- Stadium 5: Manuskript produzieren

© Springer Fachmedien Wiesbaden GmbH, ein Teil von Springer Nature 2019
N. Miljković, *Vom Vortrag zum Sachbuch*, https://doi.org/10.1007/978-3-658-27151-0_12

Nach dem Sammeln und Ordnen von Inhalten und Ideen für die Gliederung Ihres Textes (s. Kap. 8) beginnt das entwerfende Stadium. Jetzt entsteht langsam eine erste Textversion („Nullerversion" (v0) oder Version 1 (v1) genannt). Womöglich erkennt man während des Schreibens, dass die Gliederung ein Update braucht und arrangiert einige Details neu. Dann geht es wieder mit dem Schreiben weiter und so fort. Lassen Sie Ihre Ideen fließen, Perfektionismus anzustreben, ist jetzt noch verfrüht. Je nach Schreibtyp (s. u.) wird anschließend systematisch oder wild durcheinander ausformuliert, argumentiert und erläutert, bis alle Unterkapitel vertextet sind.

Stadium 3 ist der Überarbeitung (Revision) des Textes gewidmet und sollte nicht unmittelbar nach dem Erstellen der ersten Version stattfinden, um den eigenen Text mit ein wenig Abstand wie mit frischen Augen sehen zu können. Auch dieses Stadium verläuft sehr häufig zirkulär: Während ein Unterkapitel schon sehr ausgereift ist, braucht es bei manch anderen noch zwei, drei weitere Überarbeitungen, bis der Text gestrafft und die Argumente stichfest genug vorgebracht sind. Dieser Vorgang ist oft langwierig, was viele Schreibende sehr frustriert. Schreibexperte Cioffi empfiehlt, in diesem Stadium behutsam mit sich selbst zu sein – nicht alles ist schon perfekt, das muss es in der Revisionsphase auch noch gar nicht sein (Cioffi 2006, S. 68ff.). Vertrauen Sie auf Ihr Können, der Text wird schon bald besser werden. Zeigen Sie Ihren Text wenn möglich ausgewählten GastleserInnen oder KoautorInnen, um mit deren Feedback dem Text dann den letzten Schliff geben zu können. Prüfen Sie alle Anmerkungen objektiv und setzen Sie um, was nützlich erscheint (s. Kap. 14). Letztlich müssen sich alle Schreibenden von ihren Texten verabschieden, und die Endproduktion des Buches kann beginnen.

Alle diese Stadien sind wichtig – ohne Planung wird das Schreiben eines langen Textes schwierig, ohne Überarbeitung reifen die Ideen nicht so gut aus. Besonders zu beachten ist, dass das Schreiben längerer Texte fast nie linear geschieht, sondern in mehreren Wellen einige Stadien des Schreibprozesses mehrmals durchläuft. Was wie oft zu machen ist, was leicht von der Hand geht, was schwerfällt – keine Buchproduktion gleicht der anderen, und nicht allen Schreibenden machen alle Stadien gleich viel Spaß. Letztlich ist das Schreiben sehr individuell und persönlich, Schreibende brauchen daher eine Eingewöhnungszeit und gestalten den Schreibprozess jedes Mal für sich passend.

Welcher Schreibtypus bin ich?

Menschen zu typisieren ist nicht nett, in diesem Fall der Schreibtypen (hier hauptsächlich nach Scheuermann 2011) kann man allerdings ein Auge zudrücken, da je nach Schreibtyp gewisse typische *Schreibstrategien* angewandt und spezielle Tipps für Verbesserungen der eigenen Schreibprozesse geboten werden. Bei welcher Beschreibung erkennen Sie sich wieder? Welche Schreibtypen sind in Ihrem KoautorInnenteam vertreten?

- Intuitive oder strukturentwickelnde Schreibende sind kleine RevoluzzerInnen, da sie ungern mit fixen Gliederungen und Plänen arbeiten mögen. Es wird meist spontan und schnell viel Text produziert, doch muss anschließend viel Zeit in die Überarbeitung fließen, bevor ein rundes Ganzes entstehen kann.
- Planende oder strukturfolgende Schreibende entwickeln zunächst eine möglichst detaillierte Gliederung, anhand derer der Text erstellt wird. Große, sich erst entwickelnde Themen machen diesen Schreibtyp meist ein wenig nervös, bis sie/er alles in eine gute Gliederung gebracht hat. Der Vorteil: Im Anschluss muss nicht allzu viel am fertigen Text nachgebessert werden.
- Impulsive oder Patchworkschreibende stückeln mal hier, mal da an den eigenen Texten herum, je nachdem, wozu ihnen gerade etwas einfällt. Das bedingt, dass bei Patchworkschreibenden häufig der „rote Faden" verloren gehen kann, und nach der Textproduktion noch viel Arbeit in die Fertigstellung fließen muss.
- RedakteurInnen oder Reflektierende sind fleißige ÜberarbeiterInnen ihrer Texte und „der Perfektionist unter den Schreibern" (Scheuermann 2011, S. 38). Die Stadien des Schreibens und des Überarbeitens sind eng miteinander verschränkt, weshalb die Textproduktion lange dauern kann. Die Endprodukte sind dafür dann auch sehr ausgefeilt und inhaltlich perfekt aufeinander abgestimmt – wenn sie/er denn endlich „fünf gerade sein lassen" kann.
- *VersionenschreiberInnen* hassen ein Stadium der Textproduktion besonders – das Überarbeiten. Aus diesem Grund schreiben sie viel lieber eine neue Version, anstatt eine bereits bestehende abzuändern. Die Auseinandersetzung mit neuen Ideen gefällt ihnen, es wird viel Text produziert, was leider oft lange dauern kann.

Wie teile ich mir die Schreibarbeit am besten ein?

„Wie isst man einen Elefanten auf? Bissen für Bissen." In diesem Spruch steckt viel Wahrheit. Zudem bedeutet sich stundenlang an „großen Bissen" abzurackern nicht zwangsläufig, dass auch viel Arbeit vorangeht. Leider ist in unserer aktuellen Leistungsgesellschaft der Sinn für effektives Arbeiten etwas aus den Augen verloren gegangen, erfährt nun jedoch durch Strömungen wie *Getting things done* (GTD) und Smart Working wieder beträchtlichen Aufwind. Das nutzt auch Schreibenden, da viele kleinere Arbeitseinheiten helfen, …

- … für die Arbeit am Buch im vollen Terminkalender Zeit zu finden.
- … sich vor *Demotivation* und Überforderung zu schützen.
- … um Schreibblockaden nicht erst aufkommen zu lassen.
- … Details die nötige Aufmerksamkeit zu widmen, ohne den Überblick zu verlieren.
- … keinen Lebensbereich vernachlässigen zu müssen, sondern Balance zu bewahren.

Wichtig ist, möglichst regelmäßig am Buch zu arbeiten. Die meisten AutorInnen werden ihr Buch neben ihrem Hauptberuf schreiben. So ausgedrückt versteckt sich in dieser Aussage ein weiterer Mythos, der des „Ach, das schreib ich mal nebenher runter."

Das Wording ist entscheidend: Wenn Sie sich zu einem Buch entschließen, ist das für zumindest einige Monate bis einige Jahre Ihr zweiter Beruf. Es ist kein Hobby oder kleiner Nebenjob und für die meisten AutorInnen wohl auch nicht nur eine Beschäftigung, weil sie ansonsten nicht besseres zu tun haben. Es ist ein zweiter Beruf, der sehr ähnliche Anforderungen an mehrere Ihrer Ressourcen (Zeit, Energie und Motivation) stellt wie Ihr Hauptberuf auch. Behandeln Sie das Buchprojekt genau so ernsthaft wie Ihren Beruf.

Zum Ausprobieren

Schreiben ist zwar mitunter auch Knochenarbeit (s. o.), doch man muss sich nicht zwangsläufig stundenlang damit abrackern. Nutzen Sie auch kleine Zeitfenster in Ihrem Kalender für regelmäßige, kurze Schreibeinheiten. Je nach Arbeitsphase und Tätigkeit können schon zehn Minuten für eine Recherche oder Buchbestellung ausreichen. Wenn Sie 20 bis 30 Minuten Zeit finden, sehen Sie ein Kapitel einer interessanten Quelle durch oder führen Sie eine kurze Onlinerecherche durch. Eine Richtschnur für produktive Schreibeinheiten ist 45 bis 90 Minuten, für Überarbeitungen können Sie sich in nur 20 bis 30 Minuten von Kapitel zu Kapitel, Seite zu Seite oder Absatz zu Absatz vorarbeiten. Diese Arbeiten summieren sich mit der Zeit rasch. „Kleine Tröpfchen Text werden zu Pfützen, die zu Rinnsalen werden, die in einen Bach fließen, der wiederum in einen großen Teich mündet." (Clark 2008, S. 310).

Zeitbedarf, Energielevel und Motivation in den unterschiedlichen Textproduktionsphasen unterliegen ohnehin einigen Schwankungen (s. Kap. 11). Für eine gelungene Arbeitsorganisation müssen daher auch die *Peakzeiten* und *Downtime* beider Berufe aufeinander abgestimmt werden und auch für Pausen sollte gesorgt sein. Geben Sie Ihrem Hauptberuf die höchste *Priorität*, in ruhigeren Phasen bekommt der Hauptberuf jedoch nur eine nachgereichte Priorität, sodass das Schreiben wieder stärker in den Vordergrund rücken kann. Bedenken Sie bei der Einteilung Ihrer Arbeitsphasen auch, wann Sie am konzentriertesten arbeiten können. Sind Sie eher ein Morgen- oder ein Abendmensch? Das bestimmt Ihre persönlichen produktiven und weniger produktiven Zeiten sehr mit. In diese individuellen Zeiträume kann und wird wahrscheinlich Ihr Hauptberuf fallen. Das macht nichts, denn kein Mensch hat nur einen Peak an Produktivität. Man muss sich nur bewusst bleiben, dass die weiteren produktiven Phasen des Tages immer kürzer und die Pausen dazwischen immer länger werden.

Zum Ausprobieren

Kreative Arbeitstypen, die sich nicht so starr organisieren wollen, und Menschen, die nicht vorhersagen können, wann Ihr Hauptjob freie Zeiten erlauben wird, können folgende Alternative nutzen: Schreiben Sie alle antizipierten Arbeitsschritte bis zum nächsten Meilenstein auf *Karteikärtchen* (z. B. „Recherche zu Thema xy durchgeführt", „Kap. 3 ist geschrieben", „ein Viertel des Buches fertiggestellt"). Verwenden Sie unterschiedlich farbige Kärtchen für die unterschiedlich lange Dauer der Arbeitsschritte (z. B. bis 20 Minuten, bis 40 Minuten und bis 60 Minuten). Sammeln Sie alle Kärtchen in einer Schachtel. Bei der nächsten Gelegenheit von mindestens 20 freien Minuten ziehen Sie ein entsprechend eingefärbtes Kärtchen und machen sich an die Arbeit. Oder arbeiten Sie zunächst alle 20-Minuten-Arbeiten ab und in weiterer Folge erst alle 40-Minuten-Arbeitsschritte etc. Legen Sie alle abgearbeiteten Schritte in eine weitere Schachtel und bewahren Sie die Kärtchen zur Motivation auf – Ihr Arbeitsfortschritt wird durch den stetig steigenden Stapel an abgearbeiteten Kärtchen symbolisiert. Sobald Sie einen Meilenstein erreicht haben, legen Sie sich ein neues Set an Kärtchen an und beginnen mit der Arbeit daran.

Besonders in der Anfangsphase wissen Schreibende oft noch nicht genau, wie lange welche Arbeitsschritte dauern. Beobachten Sie sich und erheben Sie, wie lange es insgesamt dauert, bis die Recherche zu einem Unterkapitel grundlegend abgeschlossen ist, bis Sie die erste Version eines Kapitels verfasst haben usw. So können Sie im Laufe der Zeit Ihre Arbeitsschritte genauer planen und Ihre Ressourcen besser einsetzen.

▶ **Gut zu wissen** Ein ähnliches Resultat, seine Zeit möglichst effektiv zu nutzen, hat Time Boxing mit ähnlichen Methoden wie die Pomodoro-Technik. Wählen Sie einen längeren Arbeitsschritt von circa einer Stunde oder mehrere kürzere Schritte aus, bereiten Sie alle Utensilien vor und schaffen Sie sich eine störungsfreie Umgebung. Stellen Sie dann einen 25-Minuten-Countdown am Wecker ein. Starten Sie den Countdown, und arbeiten Sie so zügig Sie können. Wenn der Wecker klingelt, stoppen Sie die Arbeit und machen eine fünfminütige Pause. Starten Sie den Wecker dann erneut, und wiederholen Sie den Ablauf noch maximal drei weitere Male. Machen Sie dann eine längere Pause von 15 bis 30 Minuten. Der psychologische Effekt, den Wecker schlagen zu wollen, erlaubt maximale Konzentration, wodurch meist mehr Arbeit in kürzerer Zeit geschaffen wird, als man zuvor annimmt. Es lässt auch Rückschlüsse auf die ungefähre Dauer weiterer Arbeitsschritte und so bessere Planbarkeit zu. Wenn Sie den Ablauf lieber automatisiert nutzen möchten, können Sie auch Pomodoro-Apps nutzen, die den Takt vorgeben (s. Kap. 11).

Wie kann ich mich nach einem anstrengenden Tag noch zum Schreiben aufraffen?
Motivation ist höchst individuell, meist intrinsisch und sehr zeitabhängig. Für stärkere Motivation können Sie an mehreren Punkten ansetzen, indem Sie z. B. die eigene Einstellung, den Kontext der zusätzlichen Arbeit, den Schreibort oder die Schreibzeiten ändern.

Eine der größten Motivatoren sind die Ihre eigenen Gründe und Intentionen (s. Kap. 1), warum Sie das Buch schreiben. Denken Sie an Ihre einzigartigen Kompetenzen, die es Ihnen ermöglichen, „etwas zu sagen" zu haben und andere damit unterstützen zu können. Für viele ist es ein großes Privileg, sich Zeit für so ein großes und ungewöhnliches Projekt nehmen zu können, und sie freuen sich über jedes Detail, dass sie dabei lernen und auch über sich selbst erfahren dürfen. Wie Schreibforscher Otto Kruse meint,

ist „oft gerade das Unerwartete und Überraschende, das sich unterwegs einstellt, das
[…], was die Qualität neuen Wissens besitzt." (Kruse 2007, S. 115). Sollte Ihnen das
v. a. gegen Ende des Projektes zunehmend schwerer fallen, halten Sie vor jeder Schreibeinheit die drei wichtigsten Gründe fest, warum Sie dieses Projekt begonnen haben,
welche Ziele Sie sich für die jeweilige Einheit setzen möchten und reflektieren Sie den
Soll- und Istzustand nach der Einheit genau.

Auch wenn das Schreiben ein zweiter Beruf ist (s. o.), sollte man alles daransetzen,
sich das Schreiben zu einem möglichst angenehmen Ereignis zu machen, auf das man
sich freut. Wenn es Ihnen möglich ist, machen Sie sich Notizen oder schreiben Sie z. B.
an schönen oder ungewöhnlichen Schreiborten wie Parks, die Sie noch nicht kennen,
besuchen Sie ein Museum, und setzen Sie sich in das Museumscafé, arbeiten Sie in
einer Bibliothek oder einem Archiv. Dies kultiviert den Sinn des Schreibens als etwas
Besonderes, zugleich ist es auch eine Art von Belohnung, wenn Sie in der Mittagspause
im Park frische Luft schnappen oder ungestört einen Kaffee beim Schreiben genießen
können. Kombiniert mit einem Ritual (z. B. jeden Freitag nachmittags ins Café gehen)
klappt es noch besser.

Zum Ausprobieren

Kontraintuitiv mag wirken, sich eine zusätzliche Herausforderung zu suchen. Doch
es klappt dann, wenn Sie sich spielerisch an die Arbeit machen. Setzen Sie sich ähnlich dem *NaNoWriMo* (National Novel Writing Month; typischerweise weltweit im
November online stattfindend) in einem weniger arbeitsintensiven Monat Schreibziele – eine bestimmte Anzahl an Zeichen, Wörtern oder Seiten –, die Sie bis zum
Ende eines Monats verfasst haben möchten. Wenn es für Sie passt, können Sie sich
für diese „Schreibspiele" eventuell sogar mit anderen Schreibenden oder Ihren KoautorInnen zusammentun. Auch hier ist wichtig, sich kleine Belohnungen nach jeder
Woche und eine größere bei Erreichen des Schreibziels zu setzen.

Wie funktioniert das Schreiben im Team?
Kollaboratives bzw. *kooperatives Schreiben* ist eine gute Möglichkeit, Texte zu erstellen.
Dabei verfassen und verändern mehrere KoautorInnen Texte mit diversen Onlinetools (s.
Kap. 11) zusammen (kollaborativ) oder bearbeiten sie gemeinsam weiter (kooperativ).
Die Settings für diese Schreibform sind sehr unterschiedlich, deshalb ist es wichtig,
schon vorab sehr genau festzulegen, wer welche Aufgaben wahrnehmen soll und welche
Erwartungen in das Endprodukt gesetzt werden:

- Verteilen – Setzen Sie nach Erstellen Ihres Zeit- und Arbeitsplans die wichtigsten Meilensteine bis zur Manuskriptabgabe fest, teilen Sie die Arbeiten auf und
  besprechen Sie den *Workload* aller Beteiligten. Klären Sie alle Zuständigkeiten und
  Deadlines gründlich, damit nicht einzelne Abschnitte nie, aber andere zigmal überarbeitet werden.

- Notfallpläne – Besprechen Sie schon früh, am besten noch vor Vertragsunterzeichnung, was passieren soll, wenn eine Autorin/ein Autor länger ausfällt. Notieren Sie sich im Team, wer deren Textanteile fertigstellen wird/kann. Auch interessant zu klären wäre, ob nachträglich auch andere AutorInnen mit ins Team geholt werden dürfen.
- Programme – Legen Sie fest, welche Programme (z. B. ein *Literaturverwaltungsprogramm*) Sie gemeinsam verwenden wollen, und ob diese auch alle sowohl auf Microsoft- als auch auf Apple-Computern laufen. Auch eine gemeinsame Speichermöglichkeit auszuwählen ist essenziell, damit im täglichen E-Mail-Verkehr keine Dokumente verloren gehen.
- Dateien – Einigen Sie sich auf eine einheitliche Nomenklatur für Dateien, damit jede/jeder KoautorIn zu jeder Zeit weiß, wer welche Änderungen vorgenommen und abgespeichert hat.
- Treffen – Eine meiner wichtigsten „lessons learned" (s. Vorwort) ist es, regelmäßige Treffen zu veranstalten. Natürlich ist das bei vielen Teams nicht immer und/oder oft persönlich machbar, verwenden Sie dafür virtuelle Meeting-Räume (Privatsphäre vorab klären), beispielsweise Google Hangouts, Videotelefonie mit Skype oder GoToMeeting. Legen Sie fest, in welcher Regelmäßigkeit die Treffen sein sollen, wie lange sie sein sollen und wer die Treffen samt kurzer Agenda ausschreibt. Um produktiv zu arbeiten, sollten alle Besprechungen eine kurze Agenda bekommen. Tragen Sie sich sofort die ersten paar Termine in den Kalender ein.
- Schreibstil – Besprechen Sie die generelle Ansprache an Zielgruppe und welcher Zitierstil verwendet werden soll. Alles Weitere kann an den entstehenden Texten mehr oder minder in Echtzeit annotiert und diskutiert werden, was die große Stärke dieser Schreibformen ist – vorausgesetzt, alle Teilnehmenden haben eine hohe Kommunikationsbereitschaft.

Was kann ich tun, wenn ich zu selbstkritisch bin?

Selbstzweifel überkommen viele ErstautorInnen an einem oder anderen Punkt im Laufe des Projektes. Das ist eine normale Begebenheit, schließlich kann man als Neuling noch nicht abschätzen, wie der Entstehungsprozess verläuft, viele erhalten erst ganz zum Schluss Feedback durch *Testlesende* oder den Verlag. Häufig entsteht durch den Selbstzweifel eine negative innere Stimme, der sogenannte „innere Kritiker". Je nach Schreibtyp (s. o.) kann er mehr oder minder stark ausgeprägt sein. „Um ein guter und gewissenhafter Schriftsteller zu sein, muss man den inneren Kritiker v. a. im Anfangsstadium zum Schweigen bringen. Der Kritiker ist erst dann von Nutzen, wenn man genug zu Papier gebracht hat, dass eine Einschätzung oder Bearbeitung möglich ist" (Brande 1934 zitiert in Clark 2008, S. 328). Problematisch wird diese Stimme nur, wenn sie nicht unter Kontrolle ist und man sich anstatt zu schreiben, desaströse Ereignisse vorzustellen beginnt, was Lesende nach Kauf des Buches über Sie denken könnten, wie KollegInnen das Buch lächerlich machen werden usw.

Zum Ausprobieren

Drei Methoden sind hilfreich, um mit dem „inneren Kritiker" versöhnlicher zu leben. Lassen Sie diese innere Stimme daher zwischendurch immer wieder einmal kurz zu. 1) Schreiben Sie sich alle Bedenken durch Freewriting (s. Kap. 11) aus der Seele, und verbrennen Sie den Zettel anschließend. Wenn Ihnen das zu radikal ist, recherchieren Sie zu den notierten Befürchtungen plausible Antworten – kann das eigentlich stimmen oder bilde ich mir nur etwas ein? Oder fragen Sie andere um Rat. Clark empfiehlt, sich einen 2) Unterstützerkreis aufzubauen, der schon sehr bald in das Projekt eingeweiht ist. Zumindest eine Person in Ihrem Umfeld sollte uneingeschränkt zu Ihnen stehen und Sie bestärken. 3) Damit Sie sich nicht schon beim Schreiben selbst zensurieren und auszubessern beginnen, schreiben Sie Ihren Text „blind", indem Sie die Schriftfarbe auf weiß stellen und die Rechtschreibprüfung ausschalten, damit nichts rot unterstrichen wird. Erst wenn Sie einen Absatz oder eine Seite fertiggestellt haben, stellen Sie die Standardeinstellungen wieder ein und bessern vorerst nur Tippfehler sofort aus. Vor Beginn der nächsten Schreibeinheit beginnen Sie zunächst mit der Überarbeitung des zuvor geschriebenen „blinden" Anteils.

Was sind Schreibblockaden, und wie löse ich mich daraus?

Oft hat man tolle Intentionen und findet doch tausend Gründe, warum man so viele andere Tätigkeiten dem Schreiben vorziehen müsse. Oder man schreibt und schreibt, aber es klingt auch nach zig Überarbeitungen noch schrecklich banal. Oder aber die Gliederung steht und ist sehr gut ausgereift, doch Texte kommen dazu nicht zustande. Je länger das so geht, umso weniger kann man sich mit dem Schreibprojekt beschäftigen – aus Wut, aus Scham oder aus Unwissenheit, wie man in so einer Situation weiterkommen kann. Diese *Schreibblockaden* (auch: Schreibstau) sind kürzere bis längere psychologische Phasen, während denen Schreibende nicht schreiben können. Die Ursachen sind meist sehr vielschichtig und reichen von Versagensangst, Perfektionismus, zu hohe Ansprüche an sich bzw. das Schreiben zu stellen (bei WissenschaftlerInnen hat ein Text sehr hochgestochen und ausgefeilt zu klingen) bis zu Überforderung mit dem Projekt, keinen roten Faden finden können usw.

▶   **Gut zu wissen** Schreibblockaden sind durchaus häufig und den meisten Schreibenden zumindest für kurze Zeit bereits begegnet. Sie sind unangenehm und verstärken den Zeit- und Leistungsdruck zusehends, je länger sie anhalten. Cioffi empfiehlt, durch „mechanisches" Schreiben wieder zum Schreiben zurückzufinden (Cioffi 2006, S. 64ff.). Gemeint sind z. B. Free- oder Mindwriting-Methoden (s. Kap. 11), die helfen, den „eigenen Bewusstseinsstrom auf dem Papier festzuhalten. [...] Hören Sie nicht auf, um den Text durchzusehen oder sogar zu bearbeiten – öffnen Sie die Quelle Ihres Bewusstseins und lassen Sie sie strömen." (Cioffi 2006, S. 64ff.). Eine andere Empfehlung ist, sich einen kleinen Impuls zum Schreiben zu liefern, beispielsweise mit der Frage „Was wäre die kleinstmögliche Tätigkeit, die ich machen könnte, damit es mit diesem Buchprojekt jetzt sofort weiter vorangeht?" Beantworten Sie diese Frage fünf bis zehn Minuten lang – schriftlich. Diese Methoden sind auch sehr gut geeignet, schreibend den eigenen Gefühlen dem Schreiben gegenüber auf die Spur zu kommen (Was hält mich jetzt gerade zurück, zu schreiben? Was befürchte ich, was könnte passieren, wenn ich jetzt den absolut schrecklichsten Text aller Zeiten produziere und dann überarbeite?) und sie analysieren und aufarbeiten zu können. Neben einer schönen und angenehmen Schreibumgebung (s. o.) sind auch feste Schreibzeiten und zunächst eher kurz gehaltene Schreibphasen hilfreich, um wieder ein lockereres Schreibverhältnis zu entwickeln.

Wer sich mit Schreibblockaden in langen freien Zeiten gegenüber sieht, die sie/er eigentlich völlig für das Schreiben freigehalten hatte, ist ein Mehr an Struktur empfohlen. Beginnen Sie mit kleinen Schreibeinheiten (z. B. durch die Pomodoro-Technik strukturiert (s. Kap. 11), gut über den Tag verteilt und mit ganz klaren, kleinen *Schreibzielen* pro Schreibeinheit, dazwischen gönnen Sie sich Pausen: Geplante, wenn auch nur kurze Auszeiten gehören zur anspruchsvollen Arbeit des Schreibens dazu. Wählen Sie dabei besonders Tätigkeiten, die nichts mit dem Schreiben oder Texten zu tun haben, sondern sogar möglichst konträr dazu sind. Als Ausgleich sind Sportarten wie Wandern, Schwimmen oder Entspannung in der Therme gut geeignet. Diese scheinbar unproduktive Zeit nützt Ihnen, wieder zu mehr Spaß an der Arbeit zu kommen, denn „Ideen benötigen Zeit, um zu wachsen und zu reifen. In dieser Zeit brauchen sie Ruhe und Geduld." (Fitzke 2018).

Womöglich ist es nur eine kleine Störung, in diesem Fall ist es hilfreich, die eigene *Schreibstrategie* zu analysieren. Womöglich gehen Sie entgegen Ihrem individuellen Schreibtyp (s. o.) konträr zu Werke? Testen Sie Strategien und Tipps für andere Schreibtypen als Inspiration: Schreiben Sie gerne einfach drauflos, versuchen Sie einmal die umgekehrte Strategie, und planen Sie ein Unterkapitel oder Absatz sehr gründlich, bevor Sie beginnen. Überarbeiten Sie Ihre Texte so oft, dass Sie das Gefühl haben, nie fertig zu werden, nutzen Sie kreative *Schreibtechniken* (wie z. B. ein Fantasieinterview mit der eigenen Zielgruppe zu führen – was möchte die Zielgruppe von diesem Kapitel wissen? Was brauchen Sie, um das nächste Kapitel zu verstehen und davon lernen zu können?), um wieder mehr Freude und Lockerheit für das Schreiben zu finden.

Wo finde ich Unterstützung beim Schreiben?
Auch als einzelne AutorIn entsteht Ihr Text nie ganz alleine, es sind viele Menschen am Prozess der Buchproduktion (s. Kap. 11) beteiligt und zumindest die Lektorin/der Lektor des Verlags hat auch Einfluss auf den Inhalt Ihres Buches. Da der Schreib- und Überarbeitungsprozess lange und mitunter auch schwierig ist, empfehlen auch ausgemachte Profis, Unterstützung zu finden: „Schaffen Sie sich ein Unterstützungssystem, das sowohl in die Breite, als auch in die Tiefe geht. […] Richten Sie ein Netzwerk aus

Freunden, Kollegen, Lektoren und Fachleuten ein, die Sie mit Feedback versorgen […]."
(Clark 2008, S. 322ff.). Die Möglichkeiten sind u. a.:

- Allgemeine Informationen zum Schreiben einholen – Auf der Videoplattform YouTube gibt es unzählige Schreibinfos, z. B. auf Kanälen wie „Academy for Authors" von Dale Darley oder lernen Sie in Schreibworkshops, wie Sie Ihren Stil verbessern können.
- Schreibevents wie NaNoWriMo – Manchmal nützt auch schon der Gedanke daran, dass man zeitgleich mit anderen schreibt, oft werden bei Schreibevents auch Diskussionsforen geführt, die den Austausch zwischen den teilnehmenden AutorInnen fördern. Einen ganz ähnlichen Effekt haben AutorInnengruppen wie auf Facebook (s. Kap. 10).
- Schreiben in einer Gruppe anderer Schreibender – Setzen Sie sich in die Universitätsbibliothek, Institutsbibliothek, Nationalbibliothek oder Stadtbücherei, wo Sie von Literatur umgeben sind, oder gehen Sie zu Treffen offener *Schreibgruppen* (meist belletristisch orientiert, aber man findet immer wieder auch für andere Genres offene, eine gute Übersicht bietet die Eventplattform Meetup), Schreib-Retreats oder ein *Schreibaschram*.
- Selbstverpflichtung stärken – Durch sogenannte *Schreibbuddies* („accountability buddies") steigt die Selbstverpflichtung an, da man die gesteckten Ziele regelmäßig bespricht, wie auch, was für deren Erreichen oder Nichterreichen hilfreich oder hinderlich war, das können beispielsweise KollegInnen am Institut sein, die auch gerade an einem längeren Text schreiben müssen.
- Unterstützung beim Redigieren – Manche Schreibgruppen gehen auch in die Tiefe und unterstützen beim Überarbeiten (Achtung, Vertraulichkeitsvereinbarung), professioneller sind Hilfestellungen durch ein *Schreibcoaching*.
- Testlesende (auch: Probe- oder BetaleserInnen) – Ein unvoreingenommener Blick von einer außenstehenden Person kann Ihnen viele Aufschlüsse zu Ihrem Text liefern. Wählen Sie als Testlesende vertrauenswürdige Personen in Ihrem Umfeld aus, und instruieren Sie sie genau, welche Details sie beachten sollen und auf welche Art Feedback für Sie besonders nützlich wäre (s. Kap. 14). Sehr gut wäre es, wenn die Testlesenden aus der Zielgruppe Ihres Buches stammen würden.
- LektorInnen und KorrektorInnen – Wer es ganz genau möchte, engagiert Profis für den Feinschliff des Textes (s. Kap. 14).

ExpertInneninterview : Im Gespräch mit Dipl.-Psychologin Ulrike Scheuermann

Viele SachbuchautorInnen sind aus Zufall oder aus Notwendigkeit zum Schreiben gekommen. Der Hauptberuf ist es für die allermeisten jedoch (noch) nicht, man zwickt sich Zeit bei anderen Tätigkeiten ab. Bei vielen schleicht sich daher schon ab und an ein Gefühl von Zerrissenheit ein.

▶ Wo befindet sich Ihr förderliches Schreibumfeld und warum klappt es dort am besten – zuhause, im Kaffeehaus, in der Bibliothek, in Schreibgruppen?

Am liebsten schreibe ich zuhause, dort entstand ein Großteil meiner Bücher. Jeden Morgen ganz früh ist für mich als Frühaufsteherin die beste Zeit. Bevor der Familienalltag losgeht, habe ich viel Muße und Konzentration. Ich kann das sehr empfehlen, regelmäßig zu schreiben, am besten täglich. Mein zweiter Schreibort ist in meiner „Akademie für Schreiben", also im Büro. Da kann ich mich trotz all der anderen Arbeit um mich herum auch ganz gut konzentrieren. Ich schreibe täglich in kleinen Einheiten von einer halben Stunde bis zu eineinhalb oder zwei Stunden am Stück. Die Schreibstaffel in meinem Buch „Die Schreibfitnessmappe" ist ein weiterer Tipp, um täglich dranzubleiben. Ich nutze das selbst auch gerne.

▶ Was war die kurioseste Situation, in der Ihnen eine gute Idee für Ihr Buch einfiel?

Etwas Kurioses gab es bei mir noch nicht. Meistens haben sich die Ideen zu meinen Büchern aus meinen Seminaren oder Coaching entwickelt, oder auch draußen in der Natur beim Laufen, ich bin leidenschaftliche Läuferin, oder beim Spaziergehen. Beim Lesen und bei Gesprächen mit KollegInnen und anderen Menschen ergeben sich natürlich auch immer neue Inspirationen.

▶ Wie sparen Sie persönlich in Ihrer Arbeitswoche oder Freizeit Zeit ein, um an Ihrem Buch schreiben zu können?

Ich beobachte da ein erstaunliches Phänomen bei mir: Abgesehen von der einen längeren Auszeit, die ich mir erstmals diesen Sommer zum Schreiben genommen habe, entstanden alle vorherigen Bücher ausschließlich neben meiner Arbeit, auch meine Seminare biete ich in den Schreibphasen weiterhin an. Ich habe nicht das Gefühl, dass ich irgendetwas zurückschrauben würde oder müsste. Zeit zu haben alleine ist nicht unbedingt das ausschlaggebendste für den Buch-Erfolg: Viele meiner Schreibseminar-Teilnehmer schreiben ihre Bücher neben zwei Jobs und arbeiten sehr effizient und effektiv. Andere haben wenig zu tun, bekommen aber ihre Texte dennoch nicht so schnell geschrieben. Was ich an mir beobachtet habe ist, dass ich in einer Manuskript-

phase besonders fokussiert arbeite und daher auch die Zeit für die Bücher so gut aus-
reicht. Manchmal ist das Leben eben richtig voll, man darf nur das Fokussieren nicht
übertreiben – zu Lasten der Zeit mit meiner Familie oder meiner Gesundheit würde ich
Schreibprojekte nie durchziehen.

▶   Neben Sie sich Auszeiten für das Schreiben Ihres Sachbuches? Wenn ja, wie
    lange am Stück?

Oh ja, im Sommer 2018 erst. Ich habe mir für das Schreiben meiner beiden neuen
Bücher eine vierwöchige Auszeit auf dem Land genommen. Das hatte ich vorher
noch nie so ausgeprägt gemacht. Klingt romantisch, oder? Ich habe mir in der Zeit
keine Termine eingeteilt, es war herrlich! Man ist sonst so eingespannt im Alltag mit
all der Arbeit und den Verpflichtungen und eine Auszeit ist eine schöne Alternative.
Bis auf wenige Telefonate konnte ich mich während der Auszeit ganz auf das Schreiben konzentrieren, ich war sehr dankbar für diese Möglichkeit und habe es ausgekostet.
Dieses Eintauchen ins Schreiben hat mich fasziniert, aber man muss auch aufpassen,
dass man sich bei all der freien Zeit nicht verzettelt. Ich habe mir darüber zuvor
Gedanken gemacht und einen gründlichen Schreibplan erstellt, also mir sogar ganz
bewusst für diese Auszeit einen leichten Zeitdruck mit Teilfristen aufgebaut. Mein Fokus
für Auszeiten liegt nur auf dem Schreiben und Überarbeiten, die gesamte Recherche
muss schon zuvor abgeschlossen sein, das würde mich zu sehr ablenken.

Im Sommer habe ich auch viel mit Timeboxing-Methoden herumprobiert. Am besten fand ich die Pomodoro-Technik, wo man in kleinen Zeiteinheiten von 25 Minuten
durchstartet und dann eine kurze Pause einlegt. Ich habe dafür eine Pomodoro-App
verwendet, ein Wecker ginge natürlich auch. Das war eine hilfreiche Erfahrung, es war
wie sich selbst an der Hand zu nehmen und sich behutsam durch die Zeit zu führen.
Äußerst produktiv, so kann man sich viel weniger verzetteln.

▶   Wie gehen Sie mit längeren Phasen des Nichtschreibens oder Schreib-
    blockaden um? Oder planen Sie gar bewusste Schreibabstinenzen ein?

Schreibblockaden kenne ich zum Glück nicht oder kaum. Bloß einmal zwischen zwei
Buchprojekten hatte ich eine gewisse Abneigung entwickelt, weil das Buchprojekt zuvor
besonders lange gedauert hatte und sehr aufwändige Überarbeitunsprozess dabei entstanden waren. Da wollte ich eine Weile nicht mehr so gerne schreiben, noch nicht einmal Tagebuch. Vielen Menschen haben Schreibblockaden, weil sie sich eventuell zu viel
unstrukturierte Zeit lassen, das war auch ein Grund, warum ich meine Schreibauszeit auf
dem Land so streng durchgeplant hatte.

▶   Welches sind Ihre wichtigsten Motivatoren für das Schreiben?

Ganz klar das Entwicklungspotential (s. ExpertInneninterview Kap. 6)! Meine Motivation ist also sehr intrinsisch. Ich lerne beim Schreiben enorm viel über mich und über die Themen, über die ich schreibe. Das macht mir große Freude. Ein Buch fertig zu stellen und abzuschließen ist dadurch nicht Arbeit im anstrengenden Sinne für mich.

▶ Haben Sie Schreib- oder Lesebuddies, mit der/dem Sie persönlichen Austausch über Ihre Buchprojekte pflegen?

Ja, einer meiner Kollegen ist ein großartiger und inspirierender Gesprächspartner und nun auch Co-Autor, mit ihm arbeitet es sich ganz wunderbar (s. ExpertInneninterview Kap. 6). Aber es gibt immer auch zwei bis drei TestleserInnen, immer andere. Ich frage FreundInnen, Bekannte oder KollegInnen, ob sie sich das für mein jeweils aktuelles Buchprojekt vorstellen könnten. Die meisten sagen auch sofort ja. So bekomme ich hilfreiches Feedback und zwar schon während der Schreibphase, das ist sehr wertvoll! Es motiviert mich auch zusätzlich, denn diese Testlesenden sind sehr greifbare LeserInnen, nicht anonym, wie die Leserschaft, die das Buch letztlich erwirbt. Ich sehe gleich, wie was ankommt. Die Testlesenden sind wohlwollend, aber ich sage ihnen schon, worauf sie achten sollten und dass sie ruhig gerne kritisch sein dürfen. Da bin ich überhaupt nicht empfindlich oder beleidigt, im Gegenteil, ich bin so dankbar für diese Rückmeldungen!

Literatur

Cioffi, F. L. (2006). *Kreatives Schreiben für Studenten & Professoren. Ein praktisches Manifest.* Berlin: Autorenhaus.

Clark, R. P. (2008). *Writing tools: 55 essential strategies for every writer* (1. Aufl.). New York: Little, Brown and Company.

Fitzke, D. (2018). *30 Minuten – Schreibblockaden lösen* (1. Aufl.). Offenbach: Gabal.

Kruse, O. (2007). *Keine Angst vor dem leeren Blatt. Ohne Schreibblockaden durchs Studium* (12., völlig neu bearb. Aufl.). Frankfurt a. M.: Campus (Reihe campus concret).

Scheuermann, U. (2011). *Die Schreibfitness-Mappe – 60 Checklisten, Beispiele und Übungen für alle, die beruflich schreiben.* Wien: Lindeverlag.

Zinsser, W. (2006). *Nonfiction schreiben: Fach- und Sachbuch, Biografie, Reisebericht, Kritik, Business, Wissenschaft und Technik.* Berlin: Autorenhaus.

Prämissen und Lesendenführung

13

Ob als Theaterstücke, Poesie oder Märchen – seit Anbeginn der Menschheit zählen gut komponierte Geschichten zu einem der höchsten Kulturgüter. Neudeutsch spricht man gerne von *Storytelling* und wie es sich, clever gemacht, sehr positiv auf Verkauf und Image auswirken kann. Die Lesenden auf einem Weg zu begleiten und eine „Geschichte zu erzählen", ist auch beim Verfassen von Sach- und Fachbüchern äußerst wichtig. Zinsser beschreibt diesen Vorgang als „[…] aus einer wirren Sammlung von Fakten, Gefühlen und Erinnerungen eine zusammenhängende Geschichte destillieren." (Zinsser 2006, S. 179). Die geschickte *Lesendenführung* zeichnet sich durch einen neugierig machenden Start, eine kräftige Argumentation, einen fesselnden *Spannungsbogen* und einprägsamen Schluss aus.

Welche Erwartungen stelle ich an die Lesenden?
Wie Sie Menschen Ihr Thema näherbringen, hängt sehr stark auch von *Prämissen* (Erwartungen) ab, die Sie über Lesende, aber auch über sich selbst haben. Darüber hinaus müssen auch die Erwartungen des Marktes (s. Kap. 5) und an das Thema (s. u.) sowie Ihre persönlichen Intentionen (s. Kap. 1) bedacht werden. In den Kapiteln zuvor beschreiben Sie Ihre Zielgruppe und definieren den Nutzen für die Lesenden (s. Kap. 5). Dies legt den Weg jedoch nur zum Teil fest, den Sie beim Komponieren des Textes gehen müssen. Die Art der Zielgruppe (Laien, HobbyistInnen, Fachpublikum) und deren Voraussetzungen bzw. auch Ihre Erwartungen an die Zielgruppe beeinflussen den Text ebenso. Mit der Persona-Entwicklung (s. Kap. 5) versuchen Sie abzuschätzen, wie die Zielgruppe agiert, was sie sucht, erhofft, konsumiert, wählt, verschmäht usw.

© Springer Fachmedien Wiesbaden GmbH, ein Teil von Springer Nature 2019   139
N. Miljković, *Vom Vortrag zum Sachbuch*, https://doi.org/10.1007/978-3-658-27151-0_13

▶ **Gut zu wissen** Weitere Inputs zum Thema Zielgruppe und deren Erwartungshaltungen können Kaufempfehlungen bei Amazon geben. Suchen Sie
einige Sachbücher zu Ihrem Thema, und achten Sie auf die Rubrik „Kunden
bestellten auch folgende Bücher". Vergleichen Sie diese Werke als Buch mit
denselben Titeln als Hörbuch oder E-Book – gibt es Unterschiede?

Welche Erwartungen habe ich über das Thema, welche hat die Zielgruppe?

Noch herausfordernder ist es, dem Thema gerecht zu werden. Zwar erzeugen Brüche mit
herkömmlichen Aufbereitungsstilen, Konventionen und Erwartungshaltungen oft mehr
Interesse, doch muss dabei immer ein respektabler Umgang mit dem Thema erhalten
bleiben. Themen wie persönliches Wachstum, Zeitmanagement, wirtschaftliche und
historische Themen vertragen Konventionsbrüche deutlich leichter als ein Thema, das
sehr direkte negative Auswirkungen auf das Leben vieler Personen hat (Krankheit, Tod,
Arbeitslosigkeit). Die eine Art von Themen kann man in einem flapsigen sprachlichen
Stil bearbeiten, die anderen würden damit nicht gut aufgenommen werden. Inhalt und
Sprachstil müssen mit dem Thema harmonieren. Weiterhin müssen die didaktische Aufbereitung und die verwendeten Sprachbilder und Beispiele stimmig sein. Fachbücher, die
hauptsächlich informieren sollen (z. B. über Börsenentwicklungen, neue astronomische
Erkenntnisse, das Mittelalter), mit allerlei persönlichen Aussagen zu überladen, funktioniert dann gut, wenn das den Nutzen für die Lesenden ausdrücklich bedient (indem man
z. B. gesellschaftliche Veränderungen nach einem Börsencrash aufzeigen möchte, die
mögliche Organisation des alltäglichen Lebens auf anderen Planeten bespricht oder die
Stellung von Kindern innerhalb von Familienverbänden im Mittelalter analysiert).

Zum Ausprobieren

Verschriftlichen Sie vor der Recherche zu einem Thema bzw. bevor Sie sich in ein
Kapitel stürzen immer Ihre Vermutungen darüber, was Ihre Zielgruppe zu diesem
Thema bereits wissen könnte. Diese Abschnitte sind sehr gut als Entwurf einer Ein-
leitung zu einem Kapitel zu verwenden, da sich die Lesenden so leichter in der Mate-
rie wiederfinden. Zugleich bekommt die Autorin/der Autor eine gute Einstimmung auf
Zielgruppe, Thema und andere Prämissen.

Was erwarte ich von mir als AutorIn?

An Schreibende werden sehr viele Erwartungen gestellt (s. o.), weshalb es günstig ist,
auch als bereits geübte Schreibende noch nicht zu viel von sich selbst zu erwarten.
Gehen Sie mit Genuss an das Abenteuer „Buch schreiben" heran, verfassen Sie zunächst
einmal nur eine erste Version (manchmal auch „Version 0" genannt) aller Kapitel für Ihr
Manuskript. Diese wird eher einer losen Ideensammlung gleichen, doch mit jeder Überarbeitung wird sie zunehmend besser und schließlich vollendet werden.

Zum Ausprobieren

Testen und entwickeln Sie kleine hilfreiche Tricks, um sich zu behelfen, wenn Sie mitten im Schreibfluss plötzlich den Namen eines Autors oder den Buchtitel einer Expertin nicht mehr wissen. Machen Sie eine Markierung (z. B. „NAME?" oder „ZITAT?"), und schreiben Sie fürs Erste weiter. Sie müssen an einer Stelle noch genauer recherchieren? Perfekt, schreiben Sie, was Sie jetzt dazu wissen, markieren Sie die Stelle (z. B. „CHECK!") und ergänzen Sie hier später weiteren Input. Ein Abschnitt fühlt sich noch nicht stimmig an, im Moment geht es jedoch nicht besser? Auch das ist völlig Ordnung. Markieren Sie ihn in einer Farbe Ihrer Wahl, und lassen Sie den Text fürs Erste ruhen. Bei der nächsten Bearbeitungsrunde gehen Sie mit neuen Augen daran und finalisieren ihn. Manche AutorInnen bevorzugen einfachere Markierungen und stellen z. B. nur eine Raute (#), einen Pfeil (→) oder Doppelpfeil (≫) an den Absatz- oder Satzanfang. Bei der weiteren Bearbeitung nutzen Sie die Suchfunktion, um alle losen Enden im Text rasch wiederzufinden.

AutorInnen sollten sich auch vor dem „Endgültigkeitskomplex" (Zinsser 2006, S. 51) hüten: Kein Thema kann je in seiner absoluten Vollständigkeit erschlossen werden. Machen Sie sich diesen Umstand bewusst und bleiben Sie während des gesamten Schaffensprozesses realistisch. Sie werden nicht der Weisheit letzten Schluss verfassen können. Zum Glück unterliegt jedes Manuskript Begrenzungen – durch die vereinbarte Seitenzahl einerseits, durch die Ansprüche und Erwartungen der Lesenden andererseits. Schlechte Texte sind häufig durch fehlende oder unzureichende Planung vom Ziel abgekommen oder über das Ziel hinausgeschossen.

Wie möchte ich meinen Lesenden begegnen?

Jeder Mensch geht an Tätigkeiten mit ihm ganz eigenen Strategien heran und begibt sich in Rollen, die ihm am besten liegen. Doch ist das Resultat auch für Ihre Lesenden stimmig? Folgende Fragen stellen sich: „In welcher Eigenschaft möchte ich den Leser ansprechen – als Reporter, Informationsvermittler oder Mann oder Frau von nebenan? […] Welcher Stil – unpersönlich berichteten, persönlich aber formell oder persönlich und leger? Wie nähere ich mich meinem Stoff – betroffen, als Außenstehender, beurteilend, ironisch oder amüsiert?" (Zinsser 2006, S. 50). Was bedeutet es für Sie persönlich, einen Text in der Ich-Perspektive, die Lesenden zu duzen oder in der dritten Person zu schreiben, aktive oder passive Satzkonstruktionen zu verwenden usw.? Was wird Ihre Zielgruppe dabei empfinden?

Im deutschsprachigen Raum wird die gendergerechte bzw. -neutrale Schreibweise immer wieder sehr kontrovers diskutiert. Wenn es Ihnen Wert ist, in Ihren Texten eine etwas leichtere Lesbarkeit für einen Ausgleich zwischen männlichen und weiblichen Bezeichnungen zu opfern, um Leistungen und Erkenntnisse der weiblichen Weltbevölkerung gebührend darzustellen und dem Respekt zu zollen, weisen Sie die Lesenden am Anfang des Buches darauf hin. Entscheiden Sie sich für nur eine der möglichen

Schreibarten (LeserInnen, Leser_Innen, Leser*Innen, Lesende) und behalten Sie sie im gesamten Werk bei.

Beachten Sie auch, dass der deutschsprachige Markt nicht nur auf ein Land und seine kulturellen und gesellschaftlichen Besonderheiten beschränkt ist. Um Ihre Zielgruppe(n) in allen deutschsprachigen Ländern zu erreichen und allen einen Lesernutzen zu bieten, vermeiden Sie Formulierungen wie „wir Deutschen" und landestypische Begriffe wie Erdäpfel (österreichisches Wort für Kartoffeln), da diese in den anderen Ländern womöglich nicht verstanden werden (Gorus 2011, S. 53).

Wie führe ich meine Lesenden gekonnt durch die Kapitel?
AutorInnen erreichen die Führung der Lesenden für Fach- und Sachbücher durch die Analyse der Zielgruppe und ihres Vorwissens (s. Kap. 3 und Kap. 5) sowie durch die genaue Planung, was sie an welcher Stelle Neues zum Thema erfahren werden. Durch die Verwendung von didaktischen Elementen (s. Kap. 2), Abbildungen und anderen textlichen und nicht textlichen Elementen (s. Kap. 15) wird neben einem „roten Faden" auch ein Spannungsbogen durch ein Kapitel und zum Teil auch darüber hinaus von Kapitel zu Kapitel bis zum Ende eines Buches geschaffen. Der Spannungsbogen wird durch die Einleitung zum Thema eröffnet, durch eine immer höhere Informations- und Detaildichte im Hauptteil gesteigert, um ihn im *Schlussteil* durch weiterführende Aspekte ausklingen zu lassen (Gorus 2011, S. 105).

Diese drei Teile – Anfang, Mitte und Ende eines Kapitels – sind also Schlüsselelemente Ihrer Texte (s. u.). Clark empfiehlt, diese Abschnitte daher auch mit Kleintexten wie *Kapitelüberschriften, Zwischentiteln,* Unterüberschriften und anderen *Gliederungselementen* optisch hervorzuheben (Clark 2008, S. 168). Das ermöglicht den Lesenden v. a. bei längeren Texten zu einem späteren Zeitpunkt wieder in den Text zurückfinden zu können oder an einer anderen Zwischenüberschrift wieder in den Text einzusteigen (Könneker 2012, S. 97). Wählen Sie diese Überschriften immer mit Bedacht aus, um nicht irrtümlich falsche Erwartungen der Lesenden zu wecken (s. o.). Die Zwischentitel „Fünf Tipps gegen xy" und „Über die Entstehungsgeschichte von xy" suggerieren jeweils andere Inhalte in den von ihnen eingeleiteten Kapiteln (in diesem Beispiel praktische Tipps oder historische Analyse). Könnecker (2012, S. 34) beschreibt folgende hauptsächliche Überschriftenarten:

- nüchtern-sachlich (im Stil einer Nachricht),
- kreativ (häufig auch mit Wortspielen, Alliterationen oder Superlativen),
- theoretisch (These oder Behauptung andeuten),
- dialogisch (mit Appell oder Frage, kann auch provokant formuliert sein).

Ein weiteres beliebtes Stilmittel sind auch *Aufzählungen,* wobei die exakte Auswahl der verwendeten Punkte, die genaue Anzahl an Nennungen in der Aufzählung wie auch deren Reihung ausschlaggebend sind, um volle Wirksamkeit zu erreichen (Clark 2008, S. 147): „[Ein Aufzählungspunkt] steht für Kraft, Zwei für Vergleich und Kontrast, Drei für

Vollständigkeit, Ganzheit, etwas Abgerundetes, Vier für Auflistung, Bestandsaufnahme, Anhäufung und Erweiterung."

▶ **Gut zu wissen** Eine andere Technik der Lesendenführung ist von Cineas-
   tInnen entlehnt: Durch die bewusste Wahl der *Perspektive* einer Problemschilderung (z. B. Vogelperspektive, mittlere Distanz, Close-up, Extreme
   Close-up usw.) führt man die Lesenden stärker an ein Problem heran oder
   führt sie weiter weg, um mit mehr Abstand das Umfeld abzustecken (Clark
   2008, S. 234ff.). Auch die Technik der „durchbrochenen Linie" ist der Film-
   welt entnommen. Durchbrechen Sie Ihre Problemschilderung durch die
   Erläuterung, welche Auswirkungen das haben könnte, ganz so als würde eine
   Schauspielerin/ein Schauspieler mitten in einer Szene in die Kamera reden
   und ausdrücken, was dem von ihr/ihm dargestellten Charakter in dieser Szene
   gerade durch den Kopf geht.

Wie verfasse ich einen Einstieg, der sofort das Interesse der Lesenden weckt?
Der erste Abschnitt des Hauptteils eines jeden Buches, die Einleitung, ist kritisch. Sie hat die Funktion, Lesende beim eben gelesenen Buchtitel abzuholen (Cioffi 2006, S. 138f.), zu informieren, warum das Buch geschrieben wurde und warum es gerade sie lesen sollten: „Sie müssen Ihre Ideen in ein Diskursumfeld setzen und Ihre eigenen Erkennt-nisse, Schlüsse oder Interpretationen gleichzeitig klar von denen trennen, die ihnen vorangegangen sind." (Cioffi 2006, S. 140). Die Einleitung muss die Lesenden also sehr zu interessieren vermögen, aber nicht schon zu viel verraten, damit sie auch die weite-ren Kapitel lesen möchten (Zinsser 2006, S. 54). Für die richtige Länge der Einleitung kommt es insbesondere drauf an, wie schnell die AutorInnen ein bestimmtes Thema umreißen können und auch auf die Leserschaft, die sich für manche Genres sehr aus-führliche und für andere kurze Einleitungen erwarten. Zögern Sie bei der Einleitung die wichtigsten Erkenntnisse jedoch nicht zu lange hinaus, denn die Lesenden sollten rasch erfahren, welcher Nutzen sie im Buch erwartet (Zinsser 2006, S. 53).

▶ **Gut zu wissen** Die Einleitung ist eine der am meisten umgestalteten
   Abschnitte in Büchern. Erstellen Sie daher, ohne allzu viel Aufwand in aus-
   gefeilte Sätze zu vergeuden, eine schnelle erste Version. Lassen Sie die Einleitung dann einige Wochen liegen, recherchieren Sie oder schreiben Sie an
   den anderen Kapiteln weiter und überarbeiten Sie die Einleitung anschließend nochmals. Wiederholen Sie diesen Vorgang ein paar Mal, bis die Einleitung so weit konzentriert ist, wie es ihrer Funktion entspricht.
   Auch der erste Satz eines jeden Kapitel muss gut überlegt sein: Kann man
   die Lesenden hier nicht (mehr) abholen bzw. wollen sie nach dem ersten Satz
   nicht weiterlesen, nützt auch die beste Argumentationstechnik (s. u.) später
   im Text nicht viel.

Welche Argumentationstechniken kann ich anwenden?
Die Führung der Lesenden wird in den Absätzen und Sätzen, den Bausteinen der Kapitel, durch gut geplantes *Absatzdesign* fortgeführt: Pro Absatz wird idealerweise genau ein Gedanke eingeleitet, besprochen und mit dem nächsten Absatz verknüpft. Dies geschieht so lange, bis Ihre *Argumentation* zum Thema des Kapitels in mehreren Absätzen gut abgerundet ist. Absätze in jedem Bereich eines Kapitels müssen dafür bestimmte Funktionen erfüllen. Die wichtigsten Elemente einer klassischen Argumentation sind (Cioffi 2006, S. 136):

- Einleitung (= Präthese)
- Forschungsfrage (= These)
- Hintergrundinformation (= Grundthese, Hauptthese)
- Beweis (= Unterthese) – z. B. Fakten aus Büchern, Zitate aus Artikeln etc.
- Gegenargument (= Gegenthese) – können zahlreiche sein, jeweils mit Beweis
- Zusammenfassung der Argumentation (= Synthese)
- *Gegenargument* mit Beweis zur Synthese (= Gegensynthese)
- Schluss (= Neothese)

Nach einer Einleitung legen Sie den Lesenden Ihre Forschungsfrage dar, um sie im Hauptteil des Arguments mit diversen Beispielen und Zitaten zu belegen und alle Gegenargumente zu entkräften. Die *Conclusio* (Schlussfolgerung) rundet sowohl Argumentation als auch das Kapitel ab und verknüpft es zugleich mit dem nächsten Kapitel (Cioffi 2006, S. 135). Viele weitere Argumentationstechniken sind deutlich komplexer (Duden 2008, S. 171):

- Klassischer *Dreischritt* (nach der Fragestellung werden frühere Ansätze präsentiert, um im Anschluss Vergleiche zu einem eigenen Ansatz/eigenen Ideen in Bezug auf die Fragestellung zu erläutern)
- Klassischer *Fünfschritt* (allgemeine Fragestellung, spezielle eigene Fragestellung, eigener Lösungsansatz, eigenes Ergebnis, Konsequenz sowohl bezogen auf die eigene Fragestellung als auch auf die allgemeine Thematik)
- Doppelter *Vierschritt* (Fragestellung, inhaltliche Position 1, Konsequenzen von Position 1, inhaltliche Position 2, Konsequenzen Position 2, Synthese der Positionen 1 und 2 und Bezug zur Fragestellung herstellen)
- Doppelter Fünfschritt (Fragestellung, inhaltliche Position 1, Inhalt Position 2, Unterschiede zwischen Position 1 und 2, eigener Lösungsansatz, Konsequenz für Fragestellung)
- Diskrepanter Fünfschritt (Fragestellung, bisherige unerklärbare Forschungslage, eigene divergente Befunde, eigene Erklärung der Divergenz, neuer integrierender Erklärungsansatz, Konsequenz für Themenfragestellung)

▶ **Gut zu wissen** Wissenschaftliche Argumentationen sind meist erst nach mehreren Absätzen abgeschlossen, manche ziehen sich durch ein ganzes Kapitel. Nutzen Sie Unterüberschriften und andere Elemente (s. o.) auch, um die Lesenden durch Ihren Argumentationsaufbau zu leiten.

Wie schließe ich ein Kapitel nachdrücklich ab?

Neben dem ersten Satz (s. o.) sollte auch der letzte Satz gut geplant und ausformuliert sein. Vermeiden Sie Floskeln wie „Zusammenfassend kann man also festhalten …" oder „Wie nun klar ersichtlich ist …" und Ähnliches, da den Lesenden damit indirekt unterstellt wird, ohne Hilfe dazu nicht fähig zu sein. Besser ist es, wenn sich der zu Beginn gesetzte argumentative Bogen mit vorgebrachten Fragen und Hypothesen am Ende des Kapitels zu einem Kreis schließt. Der letzte Satz eines Kapitels ist auch gut geeignet, um ein erwähntes Zitat noch einmal aufzugreifen (Zinsser 2006, S. 61ff.).

Folgen noch weitere Kapitel nach, kann man die in Krimis und Romanen beliebte Technik des *Foreshadowing* (etwa: Vorahnungen streuen) teils auch in Sachtexten einsetzen (Clark 2008, S. 204ff.). Mit dezenten Andeutungen am Ende eines Kapitels, sogenannten „internen Cliffhangern", macht man sich die angeborene Neugierde von Menschen zunutze. Da die Auflösung des *Cliffhangers* erst im nächsten Kapitel erfolgt, müssen die Lesenden umblättern und weiterlesen, um die Andeutung vollständig zu verstehen.

ExpertInneninterview: Im Gespräch mit Dr. René Merten

Die Themenauswahl steht, die Inhaltsangabe gibt schon so einiges her. Dann ist es ja schon fast getan, das Buch praktisch „a gmahte Wies". Beim konkreten Erarbeiten der Inhalte kommen nun viele allerdings rasch zum Schluss, dass ihr Text schon noch ein wenig mehr können muss, als bloß Informationen anzubieten – Stichwort Storytelling, Infotainment, lessons learned u. v. m.

▶ Welche Techniken wenden Sie an, um vom Inhalt eines Abschnittes und der geplanten Seitenzahl dafür zu einer genaueren Struktur zu kommen?

Ich persönlich fange an zu „klimpern" wie bei einer Jazzimprovisation auf einem Piano. Ein bis zwei unterschiedliche *Probekapitel* schreibe ich sehr frei herunter, um daran zu bemessen, ob die durchgetaktete Struktur und Seitenzahl auf das ganze Buch anwendbar sind. Dann erst schaue ich mir an, was unbedingt benötigt wird, um den berühmten roten Faden nicht zu zerschneiden und was raus kann oder noch rein muss.

▶ Wie bauen Sie einen Spannungsbogen auf?

Anders als im Roman, wo mir dabei u. a. die Figuren, die Plotstruktur und die steigende/fallende Handlung helfen, setze ich im Sachbuch z. B. auf sensibilisierende Eingangs- und Zwischenfragen, die die LeserInnen zur kritischen Reflexion und zum kurzen Stehenbleiben anhalten sollen. Oft zeige ich anfangs ein Defizit, einen Mangel oder ein Problem auf, zu dessen Lösung ich schrittweise hinführe. Gerne stelle ich offene Fragen in den Raum und führe dann schrittweise zum Lösungsweg. Wichtig bleibt (wie beim Roman), dass der sogenannte „Grundkonflikt" immer wieder zutage tritt, um die LeserInnen bei der Stange zu halten – im Sachbuch wäre das die Thematik, bei der das Sachbuch den Lesenden schnell und einfach helfen soll.

▶ Wie gestalten Sie die Übergänge zwischen einzelnen Großkapiteln konkret (z. B. Zusammenfassung à la „Was bisher geschah" oder mit einem Beispiel, das das vorherige Kapitel und dessen Inhalte mit dem nächsten Kapitel verknüpft)?

Meistens schalte ich kurze Intros vor jedes Großkapitel, um dieses mit dem vorangegangenen zu verbinden. Oft verweise ich auch innerhalb des Textes auf Stellen in anderen Kapiteln, um gedankliche Bezüge zu verdeutlichen.

▶ Bekamen Sie Zitiervorgaben von Ihrem Verlag, oder haben Sie sich selbst einen Zitierstil ausgesucht?

Manchmal ja, manchmal nein (dann ist für mich die Herausforderung, den eigenen Stil konsequent durchzuhalten).

▶   Fußnoten – nützlich, notwendig oder stören sie den Lesefluss?

Ich persönlich finde sie als weiterführende Hinweise nützlich, wenn für Vertiefendes kein Platz im Sachbuch ist. Notwendig sind sie keinesfalls (außer ich zitiere wörtlich fremdes Gedankengut), da die Lösung des konkreten Problems immer direkt im Sachbuch stehen muss.

Literatur

Cioffi, F. L. (2006). *Kreatives Schreiben für Studenten & Professoren. Ein praktisches Manifest.* Berlin: Autorenhaus.

Clark, R. P. (2008). *Writing tools: 55 essential strategies for every writer* (1. Aufl.). New York: Little, Brown and Company.

Duden (2008). *Duden - Erfolgreiche Bewerbungen in der Wissenschaft: Für Hochschulabsolventen, die eine wissenschaftliche Karriere anstreben* (von Heinz Reinders; 1. Aufl.). Berlin: Dudenverlag.

Gorus, O. (2011). *Erfolgreich als Sachbuchautor: Von der Buchidee bis zur Vermarktung* (2., vollst. überarb. Aufl.). Offenbach: Gabal.

Könneker, C. (2012). *Wissenschaft kommunizieren. Ein Handbuch mit vielen praktischen Beispielen* (1. Aufl.). Weinheim: Wiley-VCH Verlag.

Zinsser, W. (2006). *Nonfiction schreiben: Fach- und Sachbuch, Biografie, Reisebericht, Kritik, Business, Wissenschaft und Technik.* Berlin: Autorenhaus.

Inhalte vertexten und überarbeiten 14

Sie sind bestens vorbereitet, Ihre Recherchen sind großteils abgeschlossen, Sie haben einen ungefähren Arbeits- und Zeitplan erstellt und alle Hilfsmittel stehen bereit. Beim Erstellen der Inhaltsangabe, Notizen machen während des Recherchierens und Gestalten der Leseprobe, die Sie Verlagen vorlegen mussten, haben Sie ein Gefühl für Ihr Werk bekommen. Ein Grundgerüst steht, dann gelangen wir nun zum Herzstück des Buchentstehungsprozesses – dem Schreiben.

Welche Kriterien machen einen guten Sachtext aus?
ExpertInnen benennen nur drei grundsätzliche Arten von *Sachtexten*, die häufig miteinander kombiniert werden (Cioffi 2006, S. 23):

- Kreative Essays, in denen man die eigenen Ansichten zu Themen darlegt.
- Technische Texte, die Lesende hauptsächlich informieren sollen.
- Argumentative Texte (s. Kap. 13), die deutlich ausgewogener als in Essays auch andere Meinungen darstellen.

In Buchform müssen diese Sachtextarten in einem Genre – Sachbuch, Fachbuch oder Ratgeber – verpackt auch den Kriterien guter Sachtexte entsprechen (s. Kap. 6). Diese beginnen, anders als in Romanen und in der Lyrik, wo die Sprache auch Teil des Kunstwerks ist, bei Sachtexten mit einem sachlich-formellen Sprachstil, einem klarem Ausdruck und einer logischen Abfolge der vorgebrachten Gedanken. Das zeigt sich in gut konstruierten Texten, die weder Füllwörter, unnötige Adjektive und Adverbien noch lange Schachtelsätze oder lange Worte aufweisen (Zinsser 2006, S. 17).

© Springer Fachmedien Wiesbaden GmbH, ein Teil von Springer Nature 2019   149
N. Miljković, *Vom Vortrag zum Sachbuch*, https://doi.org/10.1007/978-3-658-27151-0_14

Zum Ausprobieren

Um Ihren üblichen Gebrauch von Füllwörtern und Adjektiven/Adverbien zu ergründen, markieren Sie in einem bereits fertig erstellten Text (muss nichts mit dem Buch zu tun haben, das Sie jetzt planen/verfassen) alle kürzeren Begriffe wie sehr, möglicherweise, vielleicht und Worte auf -ig und -ich. Ihr Text sollte nur wenige dieser Worte aufweisen.

Was verhilft mir zu einem guten Schreibstil?

Als AkademikerInnen und Vortragende sind Sie gewöhnt, viel zu schreiben. Je nach Genre, Erwartungen der Zielgruppe (s. Kap. 5 und Kap. 13) und entsprechend Ihrer persönlichen Schreibstimme (s. Kap. 4) werden Sie bereits einen gefestigten Schreibstil haben. Schreiben ist jedoch auch ein Handwerk, das man immer weiter verfeinern kann. Um besser zu werden, bedarf es Geduld und viel Hingabe bei der Überarbeitung (s. u.). Zinsser betont, das gutes Schreiben v. a. dann stattfindet, wenn die AutorInnen verstanden haben, „dass ein Text ein wachsender Prozess und kein Produkt ist." (Zinsser 2006, S. 83f.)

Zum Ausprobieren

Nutzen Sie nachfolgende Schreibtipps (z. T. aus Könneker 2012, Zinsser 2006, Clark 2008 u. a.) als Inspiration. Fokussieren Sie beim Ausprobieren zunächst nur auf einen möglichen Aspekt – wenden Sie erst im nächsten Kapitel einen anderen an, und viele Tipps gleichzeitig anzuwenden, kann verwirren:

- *Schreibstil*
  - Formulieren Sie präzise (wenige Adjektive und Adverbien, keine Gemeinplätze).
  - Verwenden Sie Metaphern und Vergleiche, um Komplexes verständlich zu machen (idealerweise solche, die für die Zielgruppe nachvollziehbar sind).
  - Vermeiden Sie umgangssprachliche Phrasen (z. B. „wie es so schön heißt") und Formulierungen, die nur bei mündlichen Vorträgen problemlos funktionieren („Worauf ich später noch zu sprechen kommen werde", „Wie ich einleitend erwähnte").
  - Streichen Sie alle abschwächenden Worte, die Ihre Aussagen verwässern (z. B. ein bisschen, irgendwie, vielleicht, etwas).
  - Setzen Sie „sehr", „außerordentlich" und anderer Verstärker mit Bedacht ein.
  - Bleiben Sie bei Ihrem eigenen Stil: Wenn Sie üblicherweise anstatt der/die/das nicht auch welcher/welche/welches sagen würden, scheiben Sie es nicht.
  - Ignorieren Sie kleine Ungenauigkeiten im Text wie sogenannte „geraffte Wörter" (ins, fürs, rein, rauf). Diese sind viel gängiger als ihre ausformulierten Versionen.
  - Vermeiden Sie Übertreibungen und Witze zugunsten von echtem Wortwitz.

- *Verzeichnisse*
- Schreiben Sie die Abkürzungen von Eigennamen bei deren ersten Verwendung in Ihrem Text immer aus.
- *Satz- und Absatzkonstruktion*
  - Vermeiden Sie Schachtelsätze, pro Satz sollte nur ein Gedanke dargestellt werden.
  - Bevorzugen Sie kurze Absätze, machen Sie aber nicht nach jedem zweiten Satz einen Absatz, damit es nicht zu unruhig wird (s. Kap. 2).
- *Grammatik und Syntax*
  - Wählen Sie eine hauptsächliche *Zeitebene*, und behalten Sie sie bei.
  - Verwenden Sie wo möglich Verben statt des hölzernen *Nominalstils* (z. B. „xx wurde rasch erbaut" anstatt „die Errichtung von xx ging rasch vonstatten").
  - Bevorzugen Sie aktive Verben, *Passivstil* („man") kann zu unpersönlich wirken.
- *Argumentation*
  - Erklären Sie sich den Lesenden: Wenn Sie selbst etwas spannend, interessant und verblüffend finden und das begründen können, werden es auch die Lesenden nicht zu banal finden.
  - Nutzen Sie Argumentationstechniken und Techniken für die Führung der Lesenden (s. Kap. 13), um sie durch Ihren Text zu leiten.
  - Markieren Sie die einzelnen Abschnitte der Argumentation durch entsprechend anzeigende Worte (beim Übergang zum Gegenargument, kennzeichnen Sie dies mit Worten wie: aber, dennoch, jedoch, trotzdem, stattdessen).
  - Bleiben Sie immer glaubwürdig, Ereignisse zu überhöhen schwächt Ihre Argumentation.
- *Fachsprache*
  - Vermeiden Sie *Fachjargon*, wenn die Alltagssprache gute Entsprechungen kennt.
  - Definieren Sie Fachbegriffe bei ihrer ersten Nennung.
  - Lehnen Sie Euphemismen, die möglicherweise sogar gängige Phrasen in Ihrer Fachsprache sind (z. B. „mündlich kommunizieren" statt „reden"), ab.
- *Überarbeitung (s. u.)*
- Streichen Sie *Füllwörter* (z. B. insgesamt, natürlich, übrigens, gewissermaßen, eigentlich), sie tragen nicht zum Verständnis des Satzes bei und schwächen ihn unnötig.
- *Zeichensetzung*
  - Nutzen Sie die Möglichkeiten der Zeichensetzung bewusst aus (z. B. stoppt ein Strichpunkt den Lesefluss deutlich).
  - Verwenden Sie Ausrufezeichen nur spärlich, da diese nur extremen Betonungen vorbehalten sind.

- *Schreibprozess*
  - Tippen Sie beim Entwerfen den Text – wenn möglich – gleich in den Computer ein, das spart Zeit und Frustration.
  - Schreiben Sie in Ihrem persönlichen Schreibtempo und entsprechend Ihres Schreibtyps (s. Kap. 14).
  - Wenn Sie mit einer Satzkonstruktion auch nach mehrmaligem Umschreiben nicht glücklich sind, stellen Sie das Subjekt und Prädikat bzw. Verb an den Satzanfang – das sind die wichtigsten Inhalte, alles andere ist nachrangig.
  - Will eine Textpassage einfach nicht gelingen, probieren Sie die „Schnellreparatur": Lassen Sie den fraglichen Satz oder Absatz weg.

Welche Bearbeitungsschritte verhelfen mir zu einem besseren Text?
Sobald der Text in eine logische Abfolge gebracht und alle Inhalte großteils vertextet wurden, beginnt der nächste Abschnitt der Textproduktion – die Überarbeitung. Sie ist ebenso wichtig wie das Konzipieren, Recherchieren und Vertexten und muss daher auch mit ebenso viel Zeitbudget bedacht werden. In dieser Phase reifen Ideen und der Prozess, der einmal mit einer vagen Idee begonnen hat, wird zum Abschluss gebracht. Geben Sie niemals ein halbfertiges Manuskript an den Verlag ab – selbst wenn diese Aufgabe vom Verlag übernommen bzw. bezahlt werden würde, gehört es zu Ihrer Verantwortung. Ja, LektorInnen sind Profis im Überarbeiten von Texten, doch für das beste Ergebnis müssen Sie ein bereits sehr gutes Manuskript bekommen. Sie selbst kennen alle Hintergründe, alle Information und wissen, wie etwas beabsichtigt war – überarbeiten Sie wenn möglich mehrmals und holen Sie ggf. erst danach LektorInnen (s. u.) an Bord.

Erheben Sie einige Tage bzw. Wochen nach der Erstellung des Manuskripts: Was ist noch nicht fertig (Abbildungsbeschriftungen, eine Tabelle, Untertitel ist noch nicht stimmig)? Sind für jedes Kapitel so viele Seiten verfasst, wie Sie geplant hatten? Sind alle Versprechungen zu Lesernutzen und didaktischen Besonderheiten erfüllt? Welche Abbildungen und andere Elemente fehlen noch? Wer muss was machen, um sie zu erstellen (jemanden beauftragen, Analyse wiederholen, Literatur nochmal ausgeben usw.)? Wo muss man kürzen, wo ergänzen? Sammeln Sie alle ausständigen Tätigkeiten in einer To-do-Liste.

Zum Ausprobieren

Sehen Sie sich den Text zunächst als Ganzes an, dann Abschnitt für Abschnitt, Kapitel für Kapitel, anschließend von Unterkapitel zu Unterkapitel gründlich durch. Stellen Sie sich dabei viele Fragen, wie Tredinnicks Set an „zehn kritischen Fragen" (Tredinnick 2008, S. 39), um Ihrem Text intensiv nachzugehen:

- Was versuche ich hier zu sagen?
- Was bedeutet es?
- … im Vergleich wozu?
- Welche Beweise habe ich dafür?

- Warum ist diese Erkenntnis oder dieses Argument relevant?
- Kann ich dafür ein konkretes Beispiel nennen?
- Kann ich es mit Zahlen belegen?
- Was bedeutet dieser Begriff genau? Ist das in diesem Zusammenhang der richtige Begriff? Verstehen ihn meine Lesenden so, wie ich es hier beabsichtige?
- Wie hängt das alles mit meinem Argument zusammen?
- Wird das meine Lesenden interessieren und warum?

Nach der Erhebung der letzten To-dos (s. o.) geht es an die Feinarbeit. Befreien Sie Ihren Text von allem Überflüssigem, Unklarem und Schwachem. Kürzen fällt vielen AutorInnen schwer, zumal man gelegentlich sehr lange um Formulierungen gerungen hat. Letztlich profitiert ein Text immer von mehrmaliger gründlicher Überarbeitung.

Zum Ausprobieren

Wenn Sie sich beim Überarbeiten noch unsicher sind, wie viel und was Sie besser streichen sollten, wie z. B. Füllwörter (s. o.), können Sie zunächst alles einklammern, was möglicherweise gelöscht werden muss (Zinsser 2006, S. 25f.). Lesen Sie sich den so überarbeiteten Text ohne die Inhalte in den Klammern laut vor. Fühlen Sie dieser Version nach: Wirkt es stimmiger, klarer und kann man den Ausführungen leichter folgen, können die angedachten Überarbeitungen übernommen werden?

Bewahren Sie alle früheren Versionen gut auf, und sammeln Sie auch Textelemente aus Ihren Recherchen oder ersten Manuskriptversionen, die es nicht bis ins endgültige Manuskript schaffen. Unter Umständen findet sich darin noch Material für die spätere Überarbeitung bzw. gar für ein neues Buchprojekt.

▶ **Gut zu wissen** Die Überarbeitung muss natürlich nicht völlig allein durchgeführt werden: Holen Sie sich die Unterstützung von Testlesenden, vielleicht sogar Personen aus Ihrer Zielgruppe (Cioffi 2006, S. 72ff.). Mit einem frischen Blick auf ein ihnen noch völlig unbekanntes Manuskript können die Testlesenden Ungereimtheiten viel leichter entdecken als die AutorInnen. Überarbeiten Sie Ihren Text jedoch immer selbst, und übernehmen Sie aus dem Feedback nur, was für Sie stimmig erscheint. Vergessen Sie nicht, auf die Zeit zu achten und den vereinbarten Abgabetermin einzuhalten.

Wie kommt man bei mehreren AutorInnen zu einem einheitlichen Stil?

Bei kollaborativ verfassten Texten (s. Kap. 6 und Kap. 11) wird der Schreibstil der einzelnen AutorInnen auffallen. Das kann man auf unterschiedliche Arten lösen: Entweder stehen Sie dazu, wer welchen Text verfasst hat und gestalten Ihr Buch eher wie einen Sammelband (Name der jeweiligen Autorin, des jeweiligen Autors steht unter dem Kapitelnamen). Diese Möglichkeit bietet insofern Vorteile, als die Lesenden dann auch wissen, wen man für Fragen kontaktieren kann. Oder ein, zwei Personen fungieren als

HerausgeberInnen und sind für alles verantwortlich. Nur diese Personen überarbeiten (editieren) die zugearbeiteten Textanteile der KoautorInnen, sodass der endgültige Text eher wie aus einem Guss wirkt. Soll gar nicht mehr erkennbar sein, wer welchen Text verfasst hat bzw. waren sie jeweiligen Schreibstile sehr unterschiedlich, kann ein nachgeschaltetes Lektorat (s. u.) die Text „glätten", damit es einheitlicher und flüssiger zu lesen ist.

Wenn man nicht ohnehin eine Stilvorlage („style template") von Verlag bekommt, ist es wichtig, dass man sich einige Dinge schon vor dem Vertexten ausmacht, z. B.:

- Welchen Zitierstil wählt man (achten Sie auf Vorgaben vom Verlag)?
- Wie soll die Kapitel- und Seitenstruktur aufgebaut sein?
- Spricht man die Lesenden direkt an oder wählt man einen eher passiven Stil (achten Sie darauf, was die Zielgruppe erwartet)?

Auch eine gemeinsame Abkürzungsliste, zusammen ausgewählte Symbole (s. o.) oder Farben für Markierungen (z. B. für „hier fehlt mir noch etwas/hier weitermachen", „check Zitat", „fertig") können die AutorInnen beim Vertexten unterstützen.

▶ **Gut zu wissen** Sobald ein Großteil des Textes verfasst wurde, sollten Sie untereinander im Team ausmachen, wer wann welche Aufgaben der Überarbeitung übernimmt – inhaltliches Feedback geben, Korrekturlesen, tatsächliches Umschreiben. Lassen Sie sich reichlich Zeit dafür, und arbeiten Sie sich gemeinsam gewissenhaft durch alle Texte.

Wer oder was ist mir für das Überarbeiten noch nützlich?
Für eine intensive Überarbeitung (s. o.) Ihres Manuskripts stehen Ihnen sowohl ExpertInnen als auch Programme zur Verfügung. Korrektorat und Lektorat helfen dabei, den Text zu kürzen, zu verdichten und klarere Argumentationslinien zu finden. Ein Korrektorat fokussiert eher auf korrekte Rechtschreibung, Grammatik und Zeichensetzung (sowie falls gewünscht auch auf Formatierung). Ein Lektorat übernimmt zusätzlich auch die stilistische und inhaltliche Überarbeitung eines Textes. Für Fach- und Sachbuchtexte ist die Zuziehung eines entsprechenden *Wissenschaftslektorats* angebracht, da diese ExpertInnen zusätzlich auch Kenntnisse zum Inhalt des Buches haben und inhaltliche Unklarheiten aufdecken können.

▶ **Gut zu wissen** In Deutschland bietet der Verband Freier Lektorinnen und Lektoren (VFLL) Unterstützung bei der Suche nach LektorInnen sowie zahlreiche Informationen für AuftraggeberInnen. Wichtig ist die gründliche Absprache des Auftrags, v. a. auch, um faire und realistische Honorare zu bezahlen. Diese sind abhängig von der Textlänge, dem Genre (allgemeine Texte sind weniger teuer als komplexe wissenschaftliche) und den jeweiligen Wünschen der KundInnen.

Auch *Testlesende* (BetaleserInnen) sind eine gute Unterstützung bei der Überarbeitung. Wählen Sie VertreterInnen aus Ihrem Fachgebiet und/oder Personen aus Ihrer Zielgruppe aus, und fragen Sie sie an, ob Sie einzelne Teile aus Ihrem Manuskript lesen würden. Geben Sie den Testlesenden keine weiteren Anweisungen, wenn Sie sie nicht beeinflussen bzw. einige konkrete Aufgabenstellungen, wenn Sie sie auf ganz bestimmte Punkte fokussieren lassen möchten. Testlesende sind zwar keine Profis im Korrekturlesen, doch auch ihre individuellen Meinungen zum Inhalt können sehr aufschlussreich sein.

Abgesehen von ExpertInnen und Testlesenden (s. o.) nützen einige AutorInnen auch Programme bei der Überarbeitung und Endfertigung Ihres Manuskripts. Verwenden Sie Hilfsmittel für die Rechtschreibprüfung, z. B. die entsprechenden Einstellungen in Schreibprogrammen und mittels Tools wie „Duden online" oder „Duden Korrektor" zum Download, aber auch gedruckte oder Onlinewörterbücher und Stil-, Synonym- oder Fremdsprachenwörterbücher.

Mit interessanten Funktionen, welche die Wortanzahl, häufigste Schlagwörter, Leseschwierigkeitsgrad, Dichte an Füllwörtern usw. anzeigen, können Programme wie Wordcounter, Grammarly oder Language Tool Sie beim Kondensieren zusätzlich unterstützen. Andere *Textanalyseprogramme* dienen fast ausschließlich zur *Plagiatsprüfung* Ihres Textes, z. B. PlagScan und iThenticate. Diese eignen sich zur Selbstkontrolle für Texte mit besonders vielen Zitaten, da durch Unachtsamkeiten beim Erstellen und Überarbeiten gelegentlich Quellenangaben irrtümlich gelöscht oder an der falschen Stelle gesetzt werden. Die in diesen *„Plagiatsprüfprogrammen"* angezeigten Textähnlichkeiten können Hinweise auf diese Irrtümer geben. Für alle Programme gilt, dass sie nie an das Sachverständnis und die Erfahrungen professioneller DienstleisterInnen (s. o.) heranreichen können.

Oft erkennt man die eigenen Fehler in zig Seiten Manuskript nicht mehr. Kommt Ihnen Ihr Text nach einigen Bearbeitungen immer noch holprig vor, probieren Sie etwas Neues aus. Lassen Sie sich Ihren Text vorlesen, z. B. mit dem Programm *Balabolka*[1]. Hört man einen Fehler, kann das Vorlesen pausiert und der Text im Schreibprogramm direkt ausgebessert werden. Balabolka ist noch nicht sehr ausgereift und für Texte mit sehr vielen Fremdwörtern weniger geeignet, doch wenn man sich an die blecherne Computerstimme und ihre leicht abgehackte Aussprache gewöhnt hat, hat man eine passable Alternative für Bearbeitungen.

Was geschieht nach der Abgabe meines Manuskripts?
Haben Sie Ihr *Manuskript* fertig bearbeitet, senden Sie es spätestens zur vereinbarten Deadline an Ihren Verlagskontakt, zumeist das Lektorat und/oder die jeweilige Programmleitung. Diese führen eine Qualitätsprüfung durch: Zum einen wird die Textqualität mit einem Korrektorat geprüft, andererseits auch eine Überprüfung der Inhalte

---

[1] https://balabolka.de.uptodown.com/windows

entsprechend Ihrer Angaben im Exposé und in der Inhaltsangabe gemacht. Das nimmt je nach Textlänge und Genre einige Wochen in Anspruch. Anschließend bekommt die Autorin/der Autor Änderungswünsche des Verlags zum Manuskript zugesandt.

Reagieren Sie so schnell wie möglich auf diese Benachrichtigung, insbesondere dann, falls es Verständnisfragen zu klären geben bzw. es zu zeitlichen Verzögerungen bei der Fertigstellung kommen könnte. Sichten Sie dann alle Kommentare der LektorInnen gründlich, und stellen Sie die Überarbeitung zügig fertig. Änderungen, die der Verlag vorgeschlagen hat, Sie aber nicht umsetzen können oder wollen, sollten so rasch wie möglich abgesprochen werden.

Sobald Sie Ihr Manuskript fertiggestellt haben, senden Sie es vollständig an den Verlag zurück. Nach einer letzten Prüfung (und falls nötig einer weiteren Überarbeitungsrunde) wird der Text gesetzt. Das Manuskript wird in das Layout des Verlags überführt und sieht immer mehr wie ein Buchinhalt bzw. der Auszug aus einem Buch aus. Am Ende dieses Prozesses erhalten Sie die *Korrekturfahnen* (Proofs) – sehen Sie alle Details von vorne bis hinten gründlich durch. Fehler in den Korrekturfahnen sind auch im Buch abgedruckt. Jetzt sind nur noch Kleinigkeiten abzuändern, Absätze oder andere Elemente jedoch nicht mehr.

Nach der Bestätigung der Korrekturfahnen geht das Buch in Druck, und das E-Book wird erstellt. Der Verlag übernimmt alle weiteren Schritte wie das Listen in Katalogen, Aktivieren des Titels im Onlinehandel, Versand an Buchhandlungen, Marketing und Öffentlichkeitsarbeit (s. Teil IV), und die AutorInnen erhalten Ihre *Referenzexemplare* zugesandt.

ExpertInneninterview: Im Gespräch mit Dr.ⁱⁿ Andrea Klein

Da bei Sachbüchern viele Nutzmöglichkeiten (informieren, aufzeigen, unterhalten) eines Textes zusammenkommen, stellt diese wichtigste Tätigkeit beim Verfassen von Büchern, das Schreiben an sich, häufig auch viele geübte Schreibende vor ungeahnte Herausforderungen.

▶ Welcher Schreibtypus sind Sie – chronologisch schreibend, stückelnd, streng nach geplanter Seitenzahl oder Dauer, diktierend, …?

Meine Texte entstehen meist im Patchworkstil, nachdem ich eine Grobgliederung aufgesetzt habe. Das bedeutet, dass ich mir zwar eine Richtung vorgebe, dann allerdings immer an jenen Stellen schreibe, auf die ich gerade Lust habe. Das lineare Abarbeiten von vordefinierten Gliederungspunkten entspricht überhaupt nicht meiner Arbeitsweise. Das funktioniert bei mir am ehesten bei kurzen Texten. Leider stoße ich mit dem Patchworkprinzip gerade bei längeren Texten an Grenzen. Ich weiß dann manchmal nicht mehr, ob und wo ich bestimmte Inhalte schon niedergeschrieben habe. Zum Glück lassen sich Dokumente ja recht leicht durchsuchen. Zum Diktieren gehe ich im Tagesverlauf dann über, wenn ich schon zu lange vor dem Bildschirm saß und trotzdem noch produktiv sein möchte. Manchmal gehe ich dazu spazieren und nehme ein passendes Thema gedanklich mit.

▶ Was fällt Ihnen persönlich schwerer – die Version 0/1 zu erstellen oder das Überarbeiten und Kürzen Ihrer Texte?

Ich mag alle Arbeitsschritte gleichermaßen, habe allerdings gleichzeitig auch die gleiche Abneigung gegen alle Arbeitsschritte. Je nach Tagesform finde ich also alles gleich toll oder gleich anstrengend. Daher versuche ich immer, mit dem Flow zu arbeiten und mache meist das, was mir in dem Moment leichtfällt. Einzig das Kürzen versuche ich zu vermeiden. Da ich aber sowieso dazu neige, mich eher kurz zu fassen, ist die Gefahr, die Texte kürzen zu müssen, glücklicherweise nicht sehr groß.

▶ Wie schaffen Sie es, sich nicht ausgeprägt zu verzetteln (zeitlich und inhaltlich)?

Ich verzettele mich absichtlich – in meinem Zettelkasten und auf schriftlichen Notizen. Das sind dann meist Zettel im Format einer viertel DIN A4-Seite, die ich genüsslich zerreiße, wenn die Ideen elektronisch erfasst sind. Der folgende Gedanke hilft mir sehr: Das aktuelle Projekt ist immer nur eines von vielen Projekten, auf das noch viele weitere folgen werden. Daher habe ich nicht den Zwang, „alles unbedingt im laufenden Projekt unterzubringen" und kann mich darüber freuen, wenn neue Ideen bei mir vorstellig werden.

▶   Ist es Ihnen wichtig, auch witzige oder kreative Elemente in Ihrem Text zu ver-
     wenden/zum Ausdruck zu bringen? Mussten Sie diese auch schon mal dem
     Verlag gegenüber verteidigen?

Ich ertappe mich oft dabei, dass ich so schreibe, wie ich spreche. Das passiert gerade
bei Inhalten, die ich schon oft erklärt habe, z. B. in Lehrveranstaltungen. Ob das witzig
oder kreativ ist, muss dann die Leserschaft entscheiden. In der Zusammenarbeit mit den
Verlagen hatte ich deshalb bisher noch keine Probleme. Zu ausgefallen scheinen meine
Texte in dieser Hinsicht also nicht zu sein.

▶   Zumindest in Österreich ein größeres Thema: Das Gendern in Texten bzw. die
     gendergerechte Sprache.

Es hemmt mich etwas beim Schreiben. Ich versuche durchaus, in meinen Texten auf gendergerechte Sprache zu achten, da ich das Anliegen dahinter grundsätzlich für wichtig
halte. Allerdings gelingt die Umsetzung nicht immer, und ich gendere auch nicht um des
Genderns willen.

▶   Wie viele Überarbeitungsschleifen brauchen Sie im Durchschnitt pro Kapitel?
     Fällt es Ihnen schwer, Ihre Texte zu kürzen oder umzuwandeln, oder gehen Sie
     eher frohen Mutes daran?

Die kann ich nicht zählen. Ich gehe immer wieder mal über den Text, auch wenn das
sicher nicht effizient ist. Durch das Patchworkschreiben muss ich auch öfter einmal
nachschauen, ob ich bestimmte Inhalte nicht schon in gleicher oder ähnlicher Form in
einem anderen Kapitel geschrieben habe. Ansonsten überarbeite ich gegen Ende des
Schreibprojekts nach dem Schema „Inhalt – Sprache – Formales". Das heißt, pro Über-
arbeitungsdurchgang fokussiere ich auf einen Aspekt. Das Überarbeiten geht bei mir eng
einher mit dem Feedback.

▶   Wer und wann dürfen Externe an Ihren Text, und wie holen Sie von diesen
     Feedback ein?

Ich hole mir in allen Phasen des Schreibprojekts Feedback. Es beginnt schon damit, dass
ich über die Idee mit ein paar Leuten spreche. Auch das Exposé und die Notizen zur
Grobstruktur dürfen andere lesen. Inzwischen habe ich auch die Scheu überwunden,
frühe Textversionen herauszugeben. Das sind dann, bildlich gedacht, oft eher Stein-
brüche als Statuen. Es geht nichts über ein eingespieltes Feedback-Tandem, bei dem ich
sichergehen kann, hilfreiche und wertschätzende Hinweise zu meinen Ideen und Texten
zu erhalten. Da diese Arbeit auf Gegenseitigkeit beruht, muss ich auch kein schlechtes
Gewissen haben. Zum Glück habe ich mir ein Umfeld aufgebaut, in dem *Feedback* auf
diese Art gelebt wird.

Literatur

Cioffi, F. L. (2006). *Kreatives Schreiben für Studenten & Professoren. Ein praktisches Manifest.* Berlin: Autorenhaus Verlag.

Clark, R. P. (2008). *Writing tools: 55 essential strategies for every writer* (1. Aufl.). New York: Little, Brown and Company.

Könneker C. (2012). *Wissenschaft kommunizieren. Ein Handbuch mit vielen praktischen Beispielen* (1. Aufl.). Weinheim: Wiley-VCH Verlag.

Tredinnick, M. (2008). *Writing well. The essential guide.* Cambride: Cambridge University Press.

Zinsser, W. (2006). *Nonfiction schreiben: Fach- und Sachbuch, Biografie, Reisebericht, Kritik, Business, Wissenschaft und Technik.* Berlin: Autorenhaus Verlag.

Abbildungen und andere Inhalte

15

Neben dem Haupttext bestehen Bücher auch aus zahlreichen anderen Textelementen sowie nicht textlichen Inhalten, die den Haupttext unterstützen und strukturieren. Als zumeist visuell orientierte Wesen nehmen Menschen Sachinhalte durch visuell anders aufgearbeitete Formen als reinen Text deutlich leichter auf. Elemente wie Einschübe (z. B. für Praxisbeispiele) und Infoboxen (z. B. für *Merksätze* oder Reflexionsfragen) set-zen Verlage selbst in ihre endgültige Form. Alle anderen Inhalte muss die Autorin/der Autor bereits fertig vorbereitet zusammen mit dem Manuskript abliefern. Achten Sie deshalb bei der Erstellung aller Elemente darauf, die Vorgaben des jeweiligen Verlags bestmöglich umzusetzen.

Welche Abbildungen können meinen Text beleben?
Alle zusätzlichen Elemente in Ihrem Haupttext sollten einen zusätzlichen Nutzen ein-bringen – für Sie und/oder die Lesenden. Diverse Abbildungen *(Illustrationen)* sind zumeist eine hervorragende Ergänzung in Texten, wenn man beispielsweise Details oder Zusammenhänge in viel mehr Worten beschreiben müsste, derselbe Sachverhalt mit einer Illustration hingegen sehr kompakt dargestellt werden kann. Bilder können auch als aufrüttelndes Element in Ihrem Text sinnvoll sein usw. Erheben Sie am besten schon während der ersten Planungsschritte (s. Kap. 11 und Kap. 12) zu welchen Inhalten sich eine andere Art der Aufbereitung lohnen könnte. Folgende Arten von Abbildungen stehen Ihnen zur Verfügung: Fotos, Grafiken, Informationsgrafiken (auch: Infografiken), Fluss-diagramme und Symbole (Icons). Da Farbdruck erheblich teurer ist, ist in vielen Fällen von Verlagsseite nur Schwarz-Weiß-Druck erwünscht. Planen Sie Ihre Abbildungen ent-sprechend, sodass diese auch in schwarz und weiß noch gut erkennbar sind.

Achten Sie beim Einfügen in Ihren Text auch auf Formalia, wie eine fort-laufende Nummerierung (z. B.: „Abb. 7"), den Kurztitel der Abbildung, sofern sie von Dritten erstellt wurde (zuerst um die Erlaubnis ansuchen, ein Bild verwenden und abdrucken zu dürfen), ein Copyright-Hinweis und/oder Zitat und ggf. wenn

© Springer Fachmedien Wiesbaden GmbH, ein Teil von Springer Nature 2019
N. Miljković, *Vom Vortrag zum Sachbuch*, https://doi.org/10.1007/978-3-658-27151-0_15

Abkürzungen in der Abbildung vorkommen, eine kurze Legende. Direkt über oder unter der jeweiligen Abbildung muss im Fließtext zudem eine kurze Beschreibung mit Verweis (z. B.: „s. Abb. 13") zur Abbildung verfasst werden, damit Lesende gut geführt werden (s. Kap. 13). Welche Details sollen Ihre Lesenden in der Abbildung bemerken? Welche Schlussfolgerungen ziehen Sie aus der Abbildung und dienen Ihrer Argumentation? Kommen auf einer Seite mehrere Abbildungen vor, muss eine klare Zuordnung (oben, unten, links, rechts) stattfinden.

▶   **Gut zu wissen** Auch wenn Sie bereits Erfahrung mit dem Erstellen und Bearbeitung professioneller Illustrationen haben, kann es eine große Zeit-ersparnis sein, *GrafikerInnen* zu beauftragen (s. Kap. 11).

Erstellen Sie gegen Ende der Manuskriptproduktion immer ein Abbildungsverzeichnis für den Anhang (s. u.).

Welche Elemente kann der Buchvorspann enthalten?
In den meisten Werken finden Sie, wenn Sie den Buchdeckel aufschlagen, vor der Einleitung und dem ersten Kapitel, dem Buchvorspann, einige der folgenden Elemente vor:

- Die erste Seite eines Buches, die *Titelseite* (auch: Frontmatter), enthält neben den Namen aller AutorInnen den Arbeitstitel (s. Kap. 5) des Werkes, ggf. den Untertitel und so vorhanden auch den Titel der Buchreihe, in der das Werk erscheinen wird.
- Manche AutorInnen geben ihrem Werk eine persönliche Note, indem Sie eine *Widmung* bzw. gelegentlich stattdessen ein Zitat (ihre Inspiration beim Schreiben, Lebensmotto, zur Einstimmung der Lesenden) voranstellen.
- Für eine weitere persönliche Note in Ihrem Werk können Sie dem Text Ihre *Danksagung* voranstellen: Alle Menschen, die Ihnen und damit Ihrem Werk in besonderer Weise förderlich waren, werden an dieser Stelle gewürdigt.
- Die *Inhaltsangabe* (auch: Inhaltsverzeichnis) (s. Kap. 8) ist ein sehr wichtiger Bestandteil eines Buches: Es ist zumeist die erste Anlaufstelle für potenzielle KäuferInnen („Was wird mir in diesem Buch geboten?") und von Lesenden bei Recherchen („Finde ich in diesem Buch Antworten auf …?"). Die Inhaltsangabe sollte immer klar und übersichtlich gestaltet und das vom Verlag gewünschte Format (dezimal nummeriert, römische Ziffern, maximal zwei oder drei Unterebenen) besonders sorgfältig umgesetzt sein.
- Das *Abkürzungsverzeichnis* ist für das leichtere Verständnis aller im Haupttext verwendeten Abkürzungen für den Lesenden essenziell. Ein weiterer Vorteil: Sie ersparen sich im Text, den Begriff immer wieder ausschreiben zu müssen. Sammeln Sie alle von Ihnen im Text verwendete gängige Abkürzungen (z. B., usw., ggf., vgl. und u. v. m.) und auch Abkürzungen für wiederkehrenden Fachbegriffe oder weniger bekannte (z. B. sOA für systemische Organisationsaufstellung) und sortieren Sie die Liste zum Zweck des einfacheren Nachschlagens alphabetisch.

- Eine aufrüttelnde und inspirierende Einstimmung auf das vorliegende Werk kann durch ein *Geleitwort* erreicht werden, das im Idealfall eine kompetente Person aus dem Umfeld des Themas verfasst.
- Bevor Sie endgültig in das Thema einsteigen, können Sie die Lesenden mit dem *Vorwort* durch einige (persönliche) Hintergrundinformationen und Gedanken zu umfassenderen Fragen, die das Thema für Sie aufgeworfen hat, einstimmen.

▶ **Gut zu wissen** Das *Cover* zu gestalten ist Aufgabe eines Verlags (Selfpublisher, s. Kap. 10), der die nötigen Marketinganforderungen kennt und Urheber- und Verwertungsrechte der verwendeten Abbildungen und/oder Grafiken beachten wird (s. Kap. 9). Meist hat die/der AutorIn kaum Einfluss auf die Covergestaltung (besonders, wenn das Buch in einer Reihe erscheint, die zum Zweck der Wiedererkennbarkeit uniform aussehen soll). Sollten Sie die Möglichkeit bekommen, Ideen dafür beizusteuern, nutzen Sie diese. Geben Sie auch ausreichend Feedback, wenn Sie vom Verlag Entwürfe zur Ansicht bekommen, damit das Endprodukt für alle Beteiligten zufriedenstellend ausfällt.

Welche Elemente sollten in den Buchnachspann?

Der Buchnachspann ist durch die komprimierte Form zahlreicher zusätzlicher Informationen für Lesende für Recherchezwecke sehr wichtig. Einige häufig verwendete Elemente des Nachspanns sind u. a.:

- Wenn Sie allzu lange Fußnoten vermeiden, aber dennoch einige zusätzliche Erläuterungen anbringen möchten, erstellen Sie nach dem Haupttext eine Sammlung aller Kommentare zum Text, die *Annotationen*.
- Haben Sie eine größere Anzahl an Abbildungen in Ihrem Haupttext, erstellen Sie ein *Abbildungsverzeichnis*. Dieses ermöglicht eine raschere Orientierung bei Recherchen.
- Wenn sie Abbildungen verwendet haben, die von Dritten stammen, ist ein *Bildnachweis* mit Angaben der jeweiligen UrheberInnen (s. Kap. 9) Pflicht.
- Ähnlich wie bei Abbildungen verhält es sich auch bei Tabellen: Erstellen Sie ein *Tabellenverzeichnis*, damit alle Tabellen in Ihrem Haupttext von Lesenden rasch gefunden werden können.
- Das Verzeichnis relevanter Literatur sollte nach jedem Kapitel, Abschnitt und/oder am Ende des Buches in einer *Literaturliste (Bibliografie)* angeführt werden. Manche AutorInnen gliedern die Literaturangaben dabei nach Quellentyp: alle Bücher, Anthologien und Monografien, dann alle Onlinequellen zusammengestellt. Andere trennen die Literaturliste in zitierte Literatur und weiterführenden Lesestoff. Klären Sie schon während des Verfassens Ihres Buches mit Ihrem Verlag ab, welches Format und ggf. welche Gliederung die Literaturliste aufweisen soll.
- Für das schnelle Nachschlagen und Auffinden von Informationen im Buch empfiehlt es sich, ein *Schlagwortverzeichnis (Index)* anzulegen. Die Autorin/der Autor gibt dafür eine alphabetisch sortierte Liste mit den wichtigsten Schlagworten des Buches

zusammen mit dem Manuskript ab. Der Verlag setzt diese Liste bei der endgültigen Buchproduktion und ergänzt alle Seitenzahlen, wo man Referenzen zum jeweiligen Schlagwort findet

- Wer zu den wichtigsten Schlagworten und Fachbegriffen im Buch Definitionen und/ oder Anmerkungen ergänzen möchte, kann ein *Glossar* erstellen. Halten Sie diese Annotationen so einfach als möglich und vermeiden Sie, Zitate zu setzen
- Ein *Anhang (Appendix)* (s. u.) ist besonders nützlich, wenn zusätzliche Angaben in größerem Ausmaß aufbereitet werden, diese aber im Text eingefügt den Lesefluss erheblich stören würden
- An das Ende eines Buches wird gerne der Lebenslauf („Über die AutorInnen") gestellt. Mit einem kurzen Lebenslauf, Bibliografie bisheriger Veröffentlichungen und den Kontaktdaten (meist nur Website und/oder E-Mail-Adresse der AutorIn) prä-sentieren Sie sich den Lesenden und Ihre Kompetenzen (s. Befähigung im Exposé, s. Kap. 8) und stellen so einen Bezug zwischen Ihnen als ExpertIn, dem Thema und den Lesenden her. Fotos werden hier meist nicht beigefügt oder nur in Schwarz-Weiß-Druck, da Farbdruck kostspielig ist

▶ **Gut zu wissen** Die Reihenfolge der Elemente im Vor- wie auch im Nachspann ist vom eigenen Geschmack bestimmt. Sie sollten allerdings nie in den Haupt-text integriert sein.

Welche Anhänge können in meinem Buch enthalten sein?

Der Anhang nimmt eine Sonderstellung in Ihrem Werk ein: Zwar ist es kein eigent-licher Teil Ihres Werks, welches immer auch ohne den Anhang verständlich und in sich geschlossen erstellt sein muss. Dennoch sind Anhänge ein sehr nützliches Element, das in sich auch didaktische Qualitäten aufweist – Lesende, die den Haupttext verstanden haben und noch mehr wissen wollen, können sich mit dem Anhang selbstständig bilden. Je nach Thema sind folgende Anhangsarten verbreitet:

- Arbeitsblätter und Kopiervorlagen,
- Selbsttests zum Ausfüllen,
- Erläuterungen zu Reflexionsfragen und Übungen,
- Auflösung von Quiz- und Selbsteinschätzungsfragen,
- längere Tabelle, auf einer oder über mehrere Seiten gedruckt,
- große Grafik (Landkarte, Flussdiagramm, Infografik), auf einer oder zwei gegenüber-liegenden Seiten,
- Transkripte von Interviews (s. u.), die für das Buch durchgeführt wurden,
- detailreiche Analyse, die im Text zu erläutern zu viel Platz einnehmen würde,
- gegebenenfalls ein längerer Auszug aus einer Rede, einem Artikel oder Essay, kann von der Autorin/dem Autor neu erstellt oder aus einem anderen Werk entnommen worden sein, Achtung auf geltende Verwertungsrechte (s. Kap. 9).

Da diese Informationen einen größeren Anteil des gesamten Werks ausmachen können, muss vorab mit dem Verlag abgeklärt werden, wie viele Druckseiten dafür akzeptabel sind. Eine günstigere Alternative zum Mitabdruck im Buch können online zur Verfügung gestellte Zusatzinformationen sein. Besprechen Sie ggf., ob der Verlag bereit ist, den Satz und das Corporate Branding dieser Unterlagen für Sie zu übernehmen.

Wie verwende ich Interviews als zusätzliches Element in meinem Buch?

Gern gelesen, aber häufig unterschätzt – *Interviews* sind beliebt, weil sie persönliche Dimensionen in ein Buch bringen und tiefe Einblicke erlauben. Doch sie sind sehr viel mehr als ein Gespräch zwischen zwei oder mehr Personen. Richtig gemacht, bieten sie Informationen, die nicht von Ihnen als AutorIn gefiltert wurden (Zinsser 2006, S. 102), sondern direkt von der Quelle (den Interviewten) stammen.

Der/die Interviewende hat v. a. die Aufgabe, sich gründlich vorzubereiten:

- Definieren Sie den Nutzen, den Sie sich durch diese Interviews für sich, Ihr Buch und die Lesenden erhoffen. Interviews können Ihnen z. B. Details liefern, die nur Betroffene wissen, zahlreiche Facetten zu einem Thema beleuchten, die in der aktuellen Literatur nicht abgebildet sind, und/oder für Ihre Lesenden einschlägige Zusatznutzen darstellen usw.
- Wählen Sie dann die GesprächspartnerInnen, von denen Sie sich die spannendsten Antworten für den meisten Nutzen (s. o.) erhoffen.
- Fragen Sie sie möglichst bald an und vereinbaren Sie die Art der Erhebung (persönliches Treffen, telefonisch oder per Skype, schriftliches Interview).
- Bringen Sie über die Interviewten und ihre Tätigkeiten möglichst viel in Erfahrung und suchen Sie nach Querverbindungen zu Ihrem Buchthema (und zu sich persönlich).
- Formulieren Sie anschließend Fragen, deren Antworten mehr als Zusammenfassungen bekannter Inhalte erfordern. Je nach gewünschtem Nutzen (s. o.) und InterviewpartnerIn können die Fragen witzig, provokant sein – oder stellen Sie keine Fragen. Eine Sonderform ist der Interviewten/dem Interviewten zu Beginn des Interviews nur das Thema vorzugeben, über das Sie zusammen sprechen möchten. Im Gespräch unterbrechen Sie nur selten mit der Bitte, einen bestimmten Aspekt ausführlicher zu schildern.
- Wählen Sie für persönliche Interviews einen geeigneten Ort aus. Für persönliche wie auch telefonische und Skype-Interviews ist auch die Gesprächsplanung entscheidend, um den Interviewten und Ihnen ein angenehmes Erlebnis zu ermöglichen.

Bei der Nachbereitung von Interviews, insbesondere beim *Transkribieren*, ist nochmals Sorgfalt geboten. Egal, ob Sie ein Interview auf Tonband oder Film aufgenommen oder sich Notizen dazu gemacht haben – lassen Sie Fairness walten und bearbeiten Sie die Antworten bei Bedarf nur leicht. Solange der Sinn der Antworten und/oder die Einstellung der Interviewten weiterhin erkennbar bleiben, können Sie Versprecher, Gestotter und unfertige Sätze weglassen. Auch wenn Interviewte allzu sehr vom Thema abgekommen sein sollten, können diese irrelevanten Teile der Antwort weglassen werden. Selbst die Reihenfolge von Antworten kann getauscht werden, solange alle vorgebrachten Gegenargumente und Beispiele der Interviewten vollständig erhalten bleiben (Zinsser 2006, S. 107). Lassen Sie allen Interviewten ihr Transkript vor dem Druck zukommen und schriftlich abnehmen.

Wo platziert man Interviews am besten? Auszüge einzelner Abschnitte oder direkte Zitate (O-Töne) aus Interviews können in den Haupttext des Buches eingearbeitet werden. Das ganze Interview kann vor oder nach einzelnen Abschnitten oder Buchkapiteln bzw. im Anhang des Buches Verwendung finden. Zur Einstimmung und Orientierung der Lesenden ist es wichtig, die Funktion der Interviews schon im Vorwort oder in der Einleitung zu erläutern (Zinsser 2006, S. 98ff.). Mit welchem Hintergedanken (mehr Facetten einbringen, Betroffene hören, widersprüchliche Meinungen gegenüberstellen) haben Sie sich für dieses Element entschieden? Was haben die Lesenden davon, die Interviews zu lesen? Warum glauben Sie ist es besser, die Interviewten direkt zu Wort kommen zu lassen?

Soll ich den Klappentext meines Buches selbst verfassen?
Viele AutorInnen bekommen einige Wochen bis Monate vor dem nahenden Manuskriptabgabetermin die Bitte ihres Verlages, einen Klappentext zu verfassen. Liefern Sie zumindest einen Entwurf dazu ab, damit die Marketingabteilung des Verlags den Feinschliff übernehmen kann. Der Klappentext wird häufig schon sehr bald erstellt, da er vorab für erste Bewerbungsmaßnahmen und auf der neuen Buchwebseite Verwendung finden wird.

Bei Sachbüchern wird in diesem Text eine sehr kurze Zusammenfassung mit Hintergrund (z. B. aktuelle Herausforderung der Zielgruppe), Inhalt des Buches sowie der Aufbereitung (z. B. Übungen, Interviews, Analysen) geboten. Meist werden zwei bis drei Zeilen Kurzdarstellung der Autorin/des Autors beigefügt.

ExpertInneninterview: Im Gespräch mit MMag.ª Dr.ⁱⁿ Huberta Weigl

Menschen lernen mit einer Kombination unterschiedlich aufbereiteter Inhalte nachweislich am besten. Text unterbrochen von Abbildungen, Grafiken, Infografiken und Tabellen ist mittlerweile Standard.

▶ Woran erkennen Sie, dass eine andere Art der Darstellung von Informationen an einer bestimmten Stelle günstig wäre?

Meiner Meinung nach sollte der Text alles Wesentliche beinhalten. Abbildungen, Grafiken etc. sollten niemals inhaltlich losgelöst vom Text stehen. Oder anders gesagt: Alles, was in Abbildungen, Grafiken etc. an Informationen transportiert wird, muss zumindest kurz im Text angesprochen werden. Daraus ergibt sich, dass Text und Abbildungen, Grafiken etc. möglichst nahe beieinanderstehen sollten – am besten auf derselben Seite oder Doppelseite.

▶ Wie viele und welche unterschiedlichen Elemente kommen in Ihren Büchern meist vor (Infobox, Abbildung, Foto, Interview, …)? Legen Sie diese schon zu Beginn fest?

Ich plane das zumindest grob zusammen mit dem Konzept, v. a. ist es sinnvoll, die Typen an „Elementen" vorab festlegen. Die Detailplanung erfolgt dann während des Schreibprozesses, der Feinschliff danach. Erst wenn der Text fertig ist, sehe ich genau, wo ich die Leserinnen und Leser noch mit „Elementen" unterstützen, also den Verständnisprozess fördern oder sogar abkürzen kann.

▶ Nach welchen Kriterien wählen Sie Ihr Bildmaterial, Grafiken etc. aus, was davon in Ihr Buch integriert wird und was „nur" beschrieben wird?

Immer aus der Perspektive der Leserinnen und Leser. Ich frage mich: Wo können sie mir als Autorin besser folgen, wenn es zusätzlich zum Text ein Bild oder eine Grafik gibt? Wichtig ist in meinen Augen, dass Bilder oder Grafiken immer eine Erläuterung brauchen. Sie sollten nicht für sich stehen.

▶ Erstellen Sie grafische Elemente selbst, oder lassen Sie Profis ran?

Die Grafik überlasse ich immer einem Profi, das wirkt sonst rasch einmal dilettantisch – und genau das gilt es zu vermeiden. Für meine kunsthistorischen Publikationen aus dem Wissenschaftsbereich fotografiere ich allerdings selbst. Ich habe mir schon vor vielen Jahren das Know-how angeeignet, um professionell Architektur zu fotografieren, und besitze auch die entsprechende Ausrüstung. Bei der Bildbearbeitung mache ich selbst nur die Korrekturen, bei denen es wichtig ist, den Text zu kennen, die Hauptlast (v. a. Hinblick auf die Druckqualität) überlasse ich Profis, die dann auch einen kalibrierten Bildschirm etc. haben.

▶   Gibt es in Ihren Büchern auch rein dekorative Elemente wie einführende/ inspirierende Zitate, besondere Initialen bei Kapitelanfängen?

Bislang nicht. Ich würde das immer vom Inhalt und der Leserschaft abhängig machen. Bislang habe ich kein Buch veröffentlicht, wo solche Elemente und Zitate passend gewesen wären. Bei Zitaten wäre ich grundsätzlich sehr vorsichtig! Da kann man rasch einmal in Urheberrechtsfallen tappen.

▶   Wie viel Prozent der Informationen ist in den Anhängen zu Ihren Büchern durchschnittlich enthalten?

Anhänge bieten die Möglichkeit, den Leserinnen und Lesern Zusatzinformationen zu liefern, die sie optional studieren können. Wenn ich Ihre Frage jetzt vor dem Hintergrund meiner Monografie über den Barockbaumeister Jakob Prandtauer, die ich gerade vorbereite, beantworte, dann würde ich den Umfang des Anhangs mit ca. acht Prozent beziffern, was etwa 70 Manuskriptseiten entspricht.

▶   Gibt es zu Ihren Büchern auch Onlineinhalte wie Checklisten oder andere Multimediaelemente, z. B. auf der Verlagsseite, zum Download?

Zu meinem wissenschaftlichen Buch über den Barockbaumeister Jakob Prandtauer gibt es eine Website mit einem Blog[1] und einen eigenen YouTube-Kanal[2]. Wenn man einen Ratgeber schreibt, dann sind *Zusatzmaterialien*, wie Sie sie ansprechen, absolut sinnvoll, auch im Hinblick auf den Marketingprozess.

Literatur

Zinsser, W. (2006). *Nonfiction schreiben: Fach- und Sachbuch, Biografie, Reisebericht, Kritik, Business, Wissenschaft und Technik.* Berlin: Autorenhaus Verlag.

---

[1] https://www.jakob-prandtauer.at/

[2] https://www.YouTube.com/channel/UCbwQEbLsETa2sP0kuIvvLQA/videos

Teil IV
Vermarktung und Öffentlichkeitsarbeit

Kommunikationsstrategien

16

Die Verpflichtung, die Vermarktung Ihres Buches mit anzukurbeln, wird zumeist vertraglich festgelegt; die Details sind Verhandlungssache. Was und wie viel ein Verlag dabei übernimmt, bleibt jedoch im Vorfeld meist eher vage. Da Marketing teuer ist, werden auch in der Sachbuchnische nur die großen Namen intensiv beworben. Marketing- und PR-Aktionen in Eigeninitiative zu gestalten, ist daher für Sie unumgänglich, um mit Ihrem Buch Geld zu verdienen. Keine Sorge – Werbung kann auch kostengünstig bzw. mit ein wenig zeitlichem Aufwand sogar gänzlich kostenlos umgesetzt werden. Dafür stehen Ihnen zahlreiche Kommunikationskanäle und -strategien zur Verfügung.

Welchen Kommunikationsmix soll ich anstreben?
Grundsätzlich gilt, dass Sie online wie auch offline agieren sollten! Der Medienkonsum der meisten Menschen hat sich aktuell stark in Richtung Onlinemedien verschoben, dadurch bekommt ein gut gemachter Offlineinhalt jedoch einen höheren Stellenwert. ExpertInnen auch einmal bei einem Event in der eigenen Stadt vortragen hören zu können, wird geschätzt. Von welcher Kommunikationsschiene Sie wie viel machen, hängt von Ihnen ab: Eher introvertiert veranlagte Menschen bevorzugen Onlinemaßnahmen bzw. Events in kleinem Rahmen. Hingegen fühlen sich viele Extrovertierte beim ausgiebigen Gesichtsbad bei Veranstaltungen oder vor großem Publikum vielleicht wohler.

▶ **Gut zu wissen:** Bei Postings sollte natürlich das Thema des Buches vorrangig bleiben. Doch hinter Ihren Kommunikations- und Marketingaktionen dafür bildet die Beschäftigung mit der eigenen Onlinereputation die Basis: Wie möchten Sie als AutorIn und Vortragende gesehen werden? Für welche Werte wollen Sie als WissenschaftlerIn und *ExpertIn* eintreten? Was sollte man mit Ihnen keineswegs in Verbindung bringen? Pflegen Sie auch im Arbeitsalltag das jugendlich-flotte „Du", dann können Sie auch online Ihre

© Springer Fachmedien Wiesbaden GmbH, ein Teil von Springer Nature 2019
N. Miljković, *Vom Vortrag zum Sachbuch,* https://doi.org/10.1007/978-3-658-27151-0_16

Zielgruppe duzen. Schätzen Sie hingegen einen sachlich-nüchternen Stil, werden Sie sich als Person wohl eher aus den *Postings* herausnehmen. Verbiegen Sie sich nicht, um andere Zielgruppen ansprechen zu können. Das schadet den *Kommunikationszielen* für Ihr Buch und macht außerdem auf Dauer keinen Spaß.

Durch die Fülle an Maßnahmen können Sie hierfür ganz nach Ihren persönlichen Präferenzen aus dem Vollen schöpfen, ohne sich verbiegen und verstellen zu müssen. Zum anderen sollten Sie auf die Gepflogenheiten Ihrer Zielgruppe achten. Ein individueller Mix aus Online- und Offlinemaßnahmen ist der wirksamste, da auch Ihre Zielgruppe kaum nur ausgeprägte Extrovertierte oder passionierte Introvertierte umfassen wird.

Bevor Sie konkrete Kommunikationsmaßnahmen planen und veröffentlichen, rufen Sie sich nochmals Ihre Zielgruppenanalyse in Erinnerung (s. Kap. 5). Wenn Sie vor Augen haben, wie alt Ihre Zielgruppe durchschnittlich ist, wo sie wohnt, welche Sprache sie spricht bzw. welchen Markt Sie mit Ihrem Buch ansprechen möchten (s. Kap. 8) und welche generellen Gewohnheiten dieser Zielgruppe wichtig sind, wählen Sie eine dazu passende Online- und Offlinekommunikationsstrategie aus. Auch auf die Art des Buches kommt es an: Haben Sie einen Ratgeber geschrieben, erwartet man sich eher Ratschläge zu Ihrem Thema zu hören, hingegen bei einem Sachbuch mit historischen Bezügen eher spannende, noch unbekannte Details.

Ziehen Sie aus diesen Vorbereitungen und Analysen entsprechende Rückschlüsse:

- Was lesen diese Menschen? – Wenn sie es nicht einschätzen können, fragen Sie, persönlich oder in Ihrem Blog und in Social Media; *JournalistInnen* dieser Medien gilt es direkt zu kontaktieren.
- Wo treffen Sie diese Zielgruppe an? – Sehen Sie sich die entsprechenden Ankündigungsseiten in Zeitungen und Zeitschriften sowie auf den Websites der Fachverbindungen durch.
- Wo und wie sind die AutorInnen von Konkurrenzwerken bzw. befreundete AutorInnen aktiv? – Imitieren Sie von ihnen, was Ihnen zusagt, mit Ihrer eigenen Note!
- Sind *Kooperationen* möglich? – Recherchieren Sie, welche anderen Bücher es zum Thema gibt, die Ihres ergänzen, und stellen Sie sich den AutorInnen vor. So schaffen Sie es nicht nur, sich und Ihr Buch zu präsentieren, sondern Ihren potenziellen und aktuellen LeserInnen auch noch einen zusätzlichen Mehrwert zu bieten (vergleichen Sie hier die Angabe auf Amazon „Das hat andere auch interessiert") und können so auch eine meist doppelt so große Leserschaft erreichen.

Ausschlaggebend ist natürlich auch Ihre zeitliche Verfügbarkeit: Können Sie nur wenig Zeit aufbringen, sind Sie mit durchschnittlich einer Stunde pro Woche auf einem guten Weg. In dieser Zeit gehen sich die Vorbereitung einiger Social-Media-Postings oder Antworten auf Kommentare zu Ihren Postings, das Schreiben eines *Blogartikels* oder alternativ der Besuch eines Events aus. Viele der Onlinemaßnahmen können Sie auch mobil bearbeiten und so

Zeitfenster bei Wartezeiten oder beim Pendeln sinnvoll nutzen. Für den größtmöglichen Nutzen Ihrer Maßnahmen planen Sie am besten immer ein Monat im Voraus, was wann zu tun ist. Wichtig ist beim Planen der Aktionen deren Konsistenz: Kontinuierlich immer wieder einmal auf Ihr Werk hinzuweisen, erweist sich als sinnvoller als wenige große Aktionen rasch hintereinander mit nachfolgender, monatelanger Funkstille zu setzen deutlich.

Welche Kommunikationsaktionen übernimmt mein Verlag?
Fast alle Verlage präsentieren ihr neues Verlagsprogramm sowohl online als auch als Druckwerk in Broschüren- oder Katalogform. Bei großen Verlagen wird neben einem Gesamtprogramm auch das Programm für einzelne Verlagsschienen gesondert erstellt (z. B. alle Neuerscheinungen im Bereich Bildung, Recht oder Geschichte zusammengefasst). Sobald der Vertrag mit Ihnen als AutorIn unterschrieben und eine Deadline für die Abgabe des Manuskripts vereinbart wurde, wird für die Präsentation durch den Verlag ein vorläufiges Coverbild erstellt und Ihr Buch im Verlagsprogramm vorangekündigt.

Weiters wird eine Buch- sowie eine AutorInnenwebseite erstellt. Sie als AutorIn haben daraufhin die Möglichkeit, sich und das Werk in einigen Sätzen vorzustellen. Häufig steht es Ihnen auch frei, die Buchwebseite selbst aufzusetzen (z. B., wenn Sie sie an Ihre berufliche oder private Website anhängen wollen). In jedem Fall sollten Sie diese Links zu den Buchinformationen immer verbreiten (s. u.). AutorInnen erhalten weiterhin einen Flyer bzw. Bestellschein zu ihrem Buch, um den Link zum Onlineprogramm auch offline verbreiten zu können. Viele Verlage wählen zusätzlich ggf. einzelne Werke aus und stellen sie in ihren Social-Media-Kanälen gesondert vor. Deutlich seltener können AutorInnen auch in Verlagsblogs ihr Thema präsentieren.

Nach Erscheinen des Buches wird die Vermarktung sehr unterschiedlich gehandhabt. In fast allen Fällen ersucht man die AutorInnen, eigene Kontakte aktiv anzusprechen, das Buch zu erwerben bzw. weiterzuempfehlen. Auch sehr gängig ist es, sogenannten InfluencerInnen das Werk als Rezensionsexemplar anzubieten. InfluencerInnen sind einflussreiche, gut vernetzte KollegInnen, KritikerInnen, JournalistInnen oder *BloggerInnen*, die regelmäßig zu Ihrem Sachthema berichten.

Auch hier kommt es auf die individuellen Kommunikations- und Social-Media-Strategien des jeweiligen Verlages an, wie Berichte und Rezensionen gehandhabt werden: Manche Verlage stellen eine *Presseseite* für den Verlag bzw. jedes Buch zusammen, andere verbreiten die Rezensionen auf Social Media, wieder andere pushen lieber Bewertungen bei Amazon oder im hauseigenen Onlineshop. Zusätzlich aktivieren die Verlage *Pressekontakte* und bedienen ihre jeweiligen *Verkaufskanäle* mit dem Buchhandel, um Ihr Werk bekannter zu machen.

Welche Vorteile bietet mir die Einbindung in Vermarktung und Öffentlichkeitsarbeit?
Grundsätzlich müssen Sie sich gar nicht in die Buchvermarktung einbinden lassen. Es liegt in Ihrer Hand, was und wie viel Sie zum Buchmarketing beisteuern können und wollen (das Minimum sind einige Angaben sowie ein Foto für die Website zum Buch).

Allerdings sollten Sie, bevor Sie dies kategorisch ablehnen, genau analysieren, mit welchen v. a. zeitlichen Aufwendungen zu rechnen ist und welche Vorteile Ihnen dadurch entstehen können. Anders als bei RomanautorInnen steht bei Sachbüchern der Inhalt viel eher als ihre VerfasserInnen im Rampenlicht, was Ihnen für Ihren Tätigkeitsbereich sehr nutzen kann.

Die Marketingaktionen schon im Vorfeld genau abzuklären, hilft Ihnen daher einerseits, mehr Tantiemen einzunehmen, andererseits sind sie auch ein wichtiger strategischer Faktor. Diese Vorteile könnten Sie erzielen:

- Der erste Vorteil ergibt sich schon beim Erstellen des Exposés: Hier ist meist (s. o.) ein kurzer Überblick über interessierte InfluencerInnen, Medien und geeignete Veranstaltungen anzugeben. Dieser zunächst wahrscheinlich für Sie ungewohnte Blick auf Ihre Mitmenschen schärft auch das *Profil* des Buches – diese Menschen sind es letztlich, für die Sie schreiben werden!
- Gegenüber dem Verlag konkrete Angaben dazu zu machen, was Sie bereit sind zu tun, verhindert in späterer Folge zeitliche Überlastung (wenn Sie z. B. grundsätzlich Buchpräsentationen nicht halten möchten, weil Sie die Zeit für zusätzliche Reisen nicht aufbringen können).
- Sie haben die Planung der Aktionen selbst in der Hand und können mögliche Totzeiten in Ihrer Arbeit gewinnbringend für die Buchvermarktung nutzen.
- Durch die bessere Planbarkeit können Sie weiteren *Mehrfachnutzen* generieren (geben Sie z. B. ein Interview über Ihr Fachthema, können Sie auch die umfangreichen Recherchen für das Buch unaufdringlich erwähnen und umgekehrt; Sie können ferner das Interview in Ihren Social-Media-Kanälen für die Buchwerbung nutzen).
- Mit Marketingaktionen fördern Sie zudem Ihre fachliche Expertise und Bekanntheit (z. B. eines der Themen aus dem Buch auf einer wissenschaftlichen Tagung vorstellen und dort Werbung für Ihr Buch machen).
- Durch das Aktivieren bestehender Kontakte und den Aufbau neuer Kommunikationswege ergeben sich mehr fachliche Kontakte, und die Dichte Ihres qualitativen *Kontaktnetzwerks* wird insgesamt größer.

In welchen Phasen kommt das Selbstmarketing zu tragen?
Selbstmarketing für ein Buch beginnt bereits mit der Ideenentwicklung. In dieser kritischen Phase ist es zwar essenziell, nicht schon zu viel zum Inhalt zu verraten, doch können Sie bereits jetzt beginnen, eine Adressliste für den Versand eines Newsletter aufzubauen, kurze Umfragen zum Thema durchzuführen oder per Social Media Interesse bei möglichen späteren LeserInnen zu wecken. Kurz vor und nach dem Erscheinen des Buches ist die wichtigste Phase: die der Vermarktung. Es gilt möglichst vielen Menschen die Information über Ihr Buch – und damit immer auch, wo diese es kaufen können – zukommen

zu lassen! Seien Sie dafür am besten online wie offline präsent. Die zahlreichen Möglichkeiten dafür, wie Sie einen professionellen Newsletter aufbauen, Pressekontakte abtelefonieren, eine ansprechende Buchverlosung machen usw., stelle ich Ihnen in den nächsten beiden Kapiteln genauer vor.

Auf lange Sicht ist für ein gelungenes Marketing Ihres Buches v. a. Ihre Kreativität gefragt: Halten Sie Interessierte über das Werk auf dem Laufenden, besonders, wenn Sie z. B. Fortsetzungen oder Weiterentwicklungen davon planen oder das Werk in anderer Form (z. B. als Dokumentarfilm) bzw. mit weiterführenden Informationen (z. B. Arbeitsblätter zum Download, eine eigene App etc.) erscheinen soll. Auch Rückmeldungen und Fragen zum Thema können spannend sein, um diese an InteressentInnen zurückzuspielen. Das Selbstmarketing für Ihr Buch ist also niemals abgeschlossen. Es gilt viel mehr, diverse Aktionen des Verlages und von Ihrer Seite zu koordinieren und als „Marketingmarathon" noch rund zwei bis drei Jahre nach Erscheinen diszipliniert anzulegen.

Mit welchen Kosten muss ich für das Selbstmarketing rechnen?
Wenn Sie bei einem klassischen Verlag unter Vertrag stehen, müssen Sie für das Buchmarketing nichts selbst auslegen! Das Wichtigste wird vom Verlag zur Verfügung gestellt. Als SelfpublisherIn sieht das anders aus (s. Kap. 10). Wenn Sie sich im Vorfeld mit einem oder mehreren SponsorInnen auf Unterstützung geeinigt haben, können Sie diese für Werbemaßnahmen heranziehen (idealerweise den Großteil um und nach der Veröffentlichung, um danach für zumindest zwei bis drei Jahre einen kleineren monatlichen Betrag einplanen zu können). Kosten verursachen u. a. folgende Maßnahmen:

- Eigene Flyer, Broschüren oder Postkarten drucken,
- Sticker oder anderes Werbematerial bestellen,
- Websiteerstellung und -hosting beauftragen,
- Reisekosten, um zu Veranstaltungen zu fahren,
- Verlosungs- oder Geschenkexemplare des Buches ankaufen,
- (virtuelle) AssistentInnen für umfangreiche Recherchetätigkeiten beauftragen.

Auch *PR-Maßnahmen* (s. Kap. 19), wie die beiden Klassiker – eine Pressemitteilung auszuschicken oder eine *Pressekonferenz* zu veranstalten –, sind mit zum Teil nicht unerheblichen Kosten verbunden. Informieren Sie sich schon vor Ansprache möglicher SponsorInnen über Schätzwerte dazu, aber auch, mit welchem Erfolg man dabei rechnen kann. Je nach Höhe Ihres Budgets können Sie in Mediendingen eine *PR-Agentur* oder auch LiteraturagentInnen zur Unterstützung bei der Vermarktung engagieren. Koordinieren Sie sich hierfür in jedem Fall zuerst mit dem Verlag bzw. an Ihrer Arbeitsstätte (viele Hochschulen und Forschungseinrichtungen können dabei auch behilflich sein, wenn Ihr Buchthema dort inhaltlich hineinpasst). Zusammengefasst können Sie von null Euro bis zu mehreren Tausend Euro Budget für Marketing und PR rechnen.

ExpertInneninterview: Im Gespräch mit FH-Prof. Dr. Martin Lehner

Mindestens so wichtig wie der fertig geschriebene und gedruckte Text im Buchhandel ist die erfolgreiche Vermarktung des eigenen Werks. Auch im Sachbuchgenre gibt es Superstars, die regelmäßig ausverkaufte Hallen mit begeisterten Lesenden füllen. Für andere AutorInnen ist das allerdings gar keine allzu wünschenswerte Kommunikations- und Vermarktungsstrategie, sie würden lieber in Ruhe schon am nächsten Projekt arbeiten.

▶   Welche Kommunikationskanäle nutzen Sie für die Bewerbung Ihres Buches
    am häufigsten?

Ich bin nur wenig an der Bewerbung meiner Bücher beteiligt, das passiert eher so nebenher. Meine Verlage machen dafür sicherlich die meiste Arbeit, sie suchen z. B. *Rezensionen* zu meinen Büchern und stellen sie dann auf die Buchwebseite. Da brauche ich nicht viel dazutun, das klappt ganz gut. Ich habe auch den Vorteil, schon mehrere Bücher veröffentlicht zu haben, da werden sie online sowieso schneller gefunden, ohne große Aktionen schieben zu müssen.

▶   Wie wichtig ist Ihnen persönlich der direkte Kontakt mit den Lesenden (z. B.
    auf Fanseiten, in Internetforen, per E-Mail, auf Veranstaltungen etc.)?

Das ist mir wahnsinnig wichtig! *Buchpräsentationen* zum Erscheinen mache ich z. B. sehr gerne! Das ist immer ein richtig schöner Event und auch ein super Abschluss für mich nach all der Arbeit an einem Buch. Ich mag es, mich mit Menschen zu treffen und über mein aktuelles Buch persönlich reden zu können. E-Mails bekomme ich natürlich auch ab und an einmal, oder der Verlag leitet sie mir weiter. Ich lese Rezensionen auf den Verlagsseiten und auch auf Amazon. Aber persönliche Fragen und Rückmeldungen sind mir immer noch am liebsten.

▶   Gibt es Veranstaltungs- oder Bewerbungsformate, die Sie für sich komplett
    ausschließen?

Ach, ich gehe gerne in die Öffentlichkeit. Im Dschungelcamp, doofen Rateshows oder dergleichen würde ich nur um des Bewerbens willen natürlich nicht mitmachen. Aber als eingefleischter Sachbuchautor wird man zum Glück ohnehin nur zu vernünftigen Veranstaltungen eingeladen.

▶   Wie stark interessieren Sie sich für die aktuellen Verkaufszahlen? Bekommen
    Sie diese von Ihren Verlagen zur Verfügung gestellt (automatisch, auf Nach-
    frage)?

Die meisten meiner Verlage geben einem zumindest einmal pro Jahr ungefragt eine Übersicht. Manchmal frage ich aber auch schon einmal selbst nach, wie es um die Zahlen steht, und bislang habe ich da auch immer Auskunft bekommen. Das ist für mich v. a. dann wichtig, wenn ich eine Überarbeitung oder *Neuauflage* planen will. Wenn das für den Verlag derzeit keine Option ist, oder er es erst zu einem späteren Zeitpunkt gut findet, kann ich abschätzen, wie viel Arbeit ich in welchem Zeitraum haben werden. Mein Buch „Allgemeine Didaktik" hat eben eine sehr umfangreiche Überarbeitung erfahren, da war ich schon circa ein Jahr damit beschäftigt. Im September 2020 erscheint es unter dem Titel „Didaktik" neu.

▶ **Wie gehen Sie mit schlechten Rezensionen um?**

Die kommen schon mal vor, nicht oft, aber ab und an. Muss man halt zur Kenntnis nehmen, und wenn konstruktive Kritik dabei ist, setzt man sie bei der nächsten Auflage um. Dann war es ja durchaus gut und sinnvoll. Wobei es mir schon einmal passiert ist, dass sich jemand auf Amazon fürchterlich darüber ausgelassen hat, wie theoretisch und wenig brauchbar meine Bücher sind. Das ist halt schon sehr lächerlich, denn ich lebe Tipps und Übungen förmlich – mir kommt kein Buch auf den Markt, dass nichts Praktisches für die Lesenden enthält. Da hat einer mein Buch gar nicht gekannt, anders kann ich mir das Statement nicht erklären. Und bei einer anderen negativen Rezension war von Tippfehlern die Rede und wie schlecht das alles gemacht sei. Aber die Rezension stand auf der Seite zur Neuauflage zu diesem Buch, wo das alles längst überarbeitet war. Auch da hat jemand geschlampt und mein Buch nicht gelesen. Manche Rezensionen kann man also getrost vergessen.

„Ich bin sehr gescheit und mein Buch ist großartig! Kaufen Sie es!" Sie werden gewiss zustimmen, dass allzu laute „MusikantInnen" auf der „Selbstbeweihräucherungstrommel" nicht wahnsinnig gerne gesehen sind. Arrogante KeilerInnen, die immer nur von sich und Ihrem Produkt sprechen und Sie zum Kauf zwingen wollen, sind out! Auch die hohen Nutzungszahlen von Werbeblockerprogrammen machen eindrücklich deutlich: Aufdringliche Werbung nervt! Aber wie macht man es besser? Worüber kann man berichten? Was interessiert die KäuferInnen wirklich? Diese Fragen beschäftigt nicht nur Menschen, die bisher noch eher wenig mit Social Media zu tun hatten. Als AutorIn sollten Sie Ihre Kommunikationsziele (s. Kap. 16) in eine gute Strategie verpacken, um eine positive Onlinereputation aufzubauen.

Wie wird meine Website zur Kommunikationsdrehscheibe?

Ein gelungener Onlineauftritt in Form einer eigenen oder vom Verlag für das Buch zur Verfügung gestellten *Website* ist in der heutigen Berufswelt fast unumgänglich. Idealerweise aktivieren und befüllen Sie Ihre Buchwebsite schon vor Drucklegung, damit Sie erste Bewerbungen machen und das Buchcover platzieren können. Die vielen Vorteile dieser Onlinevisitenkarte überwiegen meist den größten Nachteil, das langwierige Aufsetzen, bei Weitem:

- Eine ansprechende optische Gestaltung ist mit wenig Aufwand möglich, indem man auf fertig designte Templates (Masken) zurückgreift.
- Mit *Editorsystemen* wie *WordPress*, Joomla! oder Wix ist eine Website leicht und flexibel selbst zu warten.
- Eine Website unterstützt bei der leichteren Auffindbarkeit der Informationen zum Buch durch Interessierte, Lesenden und Medien.
- Alle Daten und Meldungen zum Buch werden an einem Ort gesammelt.

© Springer Fachmedien Wiesbaden GmbH, ein Teil von Springer Nature 2019
N. Miljković, *Vom Vortrag zum Sachbuch*, https://doi.org/10.1007/978-3-658-27151-0_17

- In den gängigen Editorsystemen für Websites kann auch ein eigener *Blog* direkt eingebunden werden, um zusätzliche Inhalte für InteressentInnen und Lesende anzubieten (s. u.).
- Für SelfpublisherInnen ist die Einbindung eines Onlineshops in der Website für den direkten Verkauf ihres Werkes unumgänglich.

Der erste Schritt ist das Registrieren einer Websitedomain: Sichern Sie sich dafür den Titel des Buches. Wenn Sie Informationen zu all Ihren Tätigkeiten an einem Ort bündeln wollen oder wenn Sie noch weitere Werke veröffentlichen möchten, ist auch Ihr Name als Domainname geeignet. Sobald die Domain gekauft und registriert wurde, kann man sich an das Gestalten der Website machen, entweder indem man es selbst erledigt oder es meist kostengünstig in Kooperation mit IT- oder Marketingagenturen durchführen lässt. Folgende Informationen müssen WebsitebesucherInnen mindestens angeboten werden:

- Auf der Startseite als Landing Page ist es günstig, das Cover zum Blickfang zu machen und einige Zeilen dazu zu schreiben, warum Ihr Buch so verlockend ist.
- Einige Informationen zu Ihrem Werdegang schafft mehr Nähe zu den InteressentInnen.
- Weitere Informationen zum Buch bereitstellen, insbesondere, wo man es bestellen bzw. kaufen kann.
- Bieten Sie zumindest eine Kontaktmöglichkeit an: Aktivieren Sie eine E-Mail-Adresse, gerne auch eine eigene nur für diese Zwecke aktivierte (z. B. nach diesem Schema: Buch@VornameNachname.at oder Anfrage@meinBuchtitel.de), oder binden Sie auf der Website ein Kontaktformular ein, das Anfragen an eine Ihrer E-Mail-Adressen weiterleitet.
- In vielen Ländern ist die Bereitstellung des *Impressums* bei allen kommerziellen Websites gesetzlich verpflichtend (*Impressumpflicht*). Erstellen Sie dafür eine Seite mit Ihrem Namen und Ihrer (Arbeits-)Anschrift sowie einer Kontaktmöglichkeit (s. o.). Seit 2018 ist auch eine *Datenschutzerklärung* verpflichtend.
- Ein guter Zusatz ist eine Presse- oder Medienseite, wo Sie für JournalistInnen wichtige Informationen zum Buch und druckbare Fotos im *Media Kit* kompakt zur Verfügung stellen. Die Fotos müssen unbedingt das Urheberrecht und andere Rechte Dritter wahren und sollten zur weiteren Verwendung freigestellt sein. Erstellen Sie hier auch eine Sammlung aller *Presseberichte* (*Clippings*) zu Ihrem Buch (zum Schutz von *Verwertungsrechten* ausschließlich per Verlinkung, kopieren Sie die Artikel nicht auf Ihre Seite), um Ihre Erfolge zu teilen und so eine gute Reputation aufzubauen.
- Weitere wichtige Services sind ein eigener Blog und ein Onlineshop (s. o.).

Wenn Sie in *Social Media* aktiv sind, sollte auf Ihrer Website immer die Möglichkeit bestehen, mit einem Klick dorthin zu gelangen. Diese Funktionen sind über viele vorgefertigte Plug-ins und Widgets leicht zu integrieren. Und vice versa gilt dasselbe: Ihre Website wird erst dann zum Dreh- und Angelpunkt der Kommunikation über Ihr Buch, wenn Sie sie überall angeben. Schreiben Sie den Link zur Website in jedem Fall auf die Rückseite Ihrer Visitenkarten – und bringen Sie eventuell einen QR-Code an (mit Onlinetools wie QR Code Generator werden kleine Codeelemente erstellt, die Interessierte mit dem Mobiltelefon scannen können, um direkt auf Ihre Website zu gelangen, so müssen sie sich den vollständigen Namen der Website nicht merken) –, in die Beschreibungen Ihrer Social-Media-Profile und in Ihre E-Mail-Signatur.

Was ist Storytelling, und wie kann ich es online für mich nutzen?
Für Ihre *Onlinekommunikation* wählen Sie inhaltlich alles, was mit Ihrem Buch und dem Thema des Buches zu tun hat! Was und wie viel Sie verraten möchten, entscheiden immer Sie. Einige sehr wirksame Beispiele sind:

- Die Entstehungsgeschichte zum Buch: Der berühmte „Blick hinter die Kulissen" oder das „Making of" darf nie fehlen: Wie kamen Sie auf die Idee? Wann haben Sie das Buch zu schreiben begonnen? Gab es spezielle Motivations- oder Schreibtechniken, die Sie nutzten, um es fertigzustellen? Wie haben Sie das neben der Arbeit geschafft, oder konnten Sie Bildungskarenz nehmen?
- Die Vorstellungsrunde: Stellen Sie sich nicht nur zu Beginn der Marketingaktionen Ihrem Publikum vor, sondern posten Sie immer wieder etwas Persönliches (nichts Privates, außer Sie möchten das bewusst so handhaben; davon ist aber eher abzuraten). Gute Beispiele dafür sind, in welcher Situation Sie auf eine im Buch vorgestellte, konkrete Lösung oder Darstellungsart gekommen sind. Welchen Ihrer KundInnen (wenn Sie selbstständig sind und/oder als Coach arbeiten) haben zuletzt eine der im Buch vorgestellten Methoden bei einem Problem geholfen? Wieso haben Sie Ihre KoautorInnen ins Boot geholt? Woher kennen Sie sich? Was sind deren Expertisen?
- Warum fasziniert Sie Ihr Thema so? Was kann die Leserin, der Leser davon lernen? Was haben Sie selbst vielleicht noch nicht verstanden? Bieten Sie immer wieder einmal Einblicke in die unzähligen Facetten Ihres Fachbereiches.
- Kurioses zieht immer: Kennen Sie ungewöhnliche oder witzige Details zum Thema, die Ihre LeserInnen nicht kennen? Gibt es Verbindungen zu anderen Themen, die nicht leicht ersichtlich sind? Menschen sind von Natur aus neugierig und wollen amüsiert werden; selbst bei (vermeintlich) trockeneren Sachthemen findet sich immer etwas Unterhaltsames.

Achten Sie auch darauf, auf Rückmeldungen und Fragen zu Ihren Postings möglichst zeitnah und stets höflich zu reagieren. Nichts ist demotivierender für potenzielle Lesende und InteressentInnen, als keine Antwort zu bekommen oder unwirsch abgekanzelt zu werden. Wenn Sie nur einmal am Tag oder einmal pro Woche Zeit haben, alles durchzusehen, dann ist das in Ordnung. Auch hier ist Konsistenz wertvoll. Der Input aus diesen Rückmeldungen kann gut in ein Social-Media-Posting oder einen Artikel verwandelt werden, damit Ihre Antwort darauf noch mehr InteressentInnen erreicht. Bei Websites empfiehlt sich der gelegentliche Kontrollblick, auf welchen Seiten die eigenen Artikel verlinkt und/oder erwähnt werden, um Missbrauch durch Spamseiten vorzubeugen.

Wie befülle ich meinen Blog zum Buch?
Beim Bloggen ist erlaubt, was Ihnen und Ihren LeserInnen gefällt. Wie schon für die Kommunikation in Social Media beschrieben (s. o.), ist das Befüllen des Blogs (eine Art von Onlinetagebuch) Geschmackssache und äußerst vielseitig auszuführen. Der Blog stellt ein wichtiges Zusatzangebot an Ihre InteressentInnen dar, darf allerdings keine längeren Auszüge aus dem Buch enthalten (zumal die Verwertungsrechte beim Verlag liegen). Auch SelfpublisherInnen (s. Kap. 10) sollten sich trotz voller Verwertungsrechte darauf beschränken, ein bis zwei ansprechend markante Leseproben zu ziehen, den Text jedoch darüber hinaus nicht noch weiter in kleine Teile zu zerstückeln.

Ihre *Blogartikel* sollten v. a. das Sachthema in den Mittelpunkt stellen und dabei nur indirekt auf das Buch verweisen: Beschreiben Sie, was Sie selbst gerade fachlich beschäftigt. Vielleicht haben Sie ein Buch gelesen, indem gegenteilige Thesen vertreten werden? Legen Sie Ihre Ansicht dazu dar, denn viele Lesende sind Laien und werden diese Quelle ohne Ihren Hinweis vielleicht nie finden. Oder es fehlt in der anderen Argumentation Ihrer Meinung nach ein wichtiger Punkt? Dann berichten Sie darüber in Ihrem Artikel, bitte ohne persönliche Angriffe. Waren Sie in einer Ausstellung, einem Museum, bei einem Vortrag zu diesem Thema, oder haben Sie selbst Vorträge dazu gehalten? Bloggen Sie auch dazu. Findet ein Event statt, wo man zu Ihrem Fachgebiet Neues erfahren kann, berichten Sie darüber.

Zum Ausprobieren

Die Artikel müssen nicht besonders ausführlich (mindestens 300 Wörter Länge ist empfehlenswert, darüber hinaus können Sie so lange schreiben, wie Sie möchten) oder in einem speziellen Stil gehalten sein, sondern sollten dem Naturell des Onlinetagebuchs entsprechend kleine Einblicke geben. Einzig konsistent sollte es betrieben werden. Bieten Sie Ihrem Publikum regelmäßig Inhalte an; einmal pro Woche, alle zwei Wochen oder einmal im Monat einen neuen Artikel zu veröffentlichen, sind übliche Intervalle. Das Erstellen eines *Redaktionsplans* hilft bei der Planung der Inhalte:

- Als Erstes legen Sie sich die geplanten Veröffentlichungstage fest. Wann Sie veröffentlichen sollten, um möglichst viele LeserInnen zu erreichen, hängt von Ihrem Thema und den Ergebnissen der Analyse Ihrer Zielgruppe ab. Allgemein gilt, dass an Montagen, Freitagen und häufig auch an Wochenenden weniger Artikel gelesen werden. Eine Veröffentlichung zahlt sich an diesen Tagen nicht so sehr aus, wie zur Wochenmitte hin. Allerdings bestimmt das Thema da auch zu einem großen Teil mit, so sind Lifestylethemen vor oder zum Wochenende für viele spannender, weil dann mehr Zeit zum Lesen ist. Neue Analysen sind aber eher zur Wochenmitte günstig zu posten, damit Interessierte es ggf. noch vor dem Wochenende mit KollegInnen teilen oder besprechen können. Wenn Sie sich unsicher sind, wann der beste Zeitpunkt ist, testen Sie einige Wochen und überprüfen Sie dann die Zugriffsraten.

- Dates für die Recherche ausmachen. Bevor es ans Schreiben eines Artikels geht, kommt zuvor noch ein sehr wichtiger und spannender Teil. Zu vielen Themen weiß man alleine durch das Verfassen des Buches schon sehr viele Einzelheiten, doch ein wenig Extrarecherche (z. B. nach guten Beispielen oder weiterführenden Links) kann nie schaden.
- Schreiben über schon Geschriebenes. Manchmal lohnt sich für Ihr Publikum die Rezension eines neuen Werkes. Hier können Sie Zeit sparen, indem Sie sich schon während des Lesens Notizen machen.
- Komm, sprich mit mir. Auch *Interviews* müssen mit ausreichend Vorlaufzeit vorbereitet, angebahnt und (schriftlich, telefonisch oder persönlich) durchgeführt und später transkribiert werden.
- Blocken Sie Schreibzeit aus, fest verplant und reserviert fällt es Ihnen leichter, Ihren Schreibarbeiten nachzukommen (s. Kap. 14). Wann auch immer Sie am besten arbeiten, und wie lange Sie dafür Zeit haben – wenn Sie sich nicht Zeit zum Schreiben des Blogs freihalten, wird sich etwas anderes finden, was Sie stattdessen machen müssen.
- Legen Sie auch Pufferzeiten fest. Das Schreiben alleine ist nicht die ganze Arbeit: Bevor ein Artikel online gehen kann, muss ein Beitragsfoto (idealerweise ein lizenzfreies über *Creative Commons* z. B. über die Fotoplattformen Pixabay oder Flickr zu beziehen) gefunden, im Editorprogramm alle Links zu anderen Websites gesetzt und *Suchmaschinenoptimierung* (SEO) betrieben werden. Zunächst ist das wahrscheinlich eine ungewohnte Arbeit, die mit ein wenig Routine auf eine halbe Stunde reduziert werden kann. Empfehlenswert ist auch, ein professionelles Lektorat Ihrer Website und Ihrer Artikel durchführen zu lassen. Gestalten Sie dazu einen Workflow, indem Sie immer einige Artikel auf Vorrat schreiben und an die LektorInnen senden.

Zum Kontrollieren der Teilschritte können Sie diese als Termine oder Aufgaben direkt in Ihren Kalender eintragen. Alternativ erstellen Sie ein Excel-Arbeitsblatt oder ein Word-Dokument bzw. legen sich ein Notizbuch in Evernote oder einem anderen *Notizenprogramm* (s. Kap. 11) an.

Welche Möglichkeiten der Vermarktung bestehen auf Facebook?
Wie kaum ein Medium zuvor polarisiert das Onlineportal *Facebook* weltweit. Die Tatsache, dass mehr als eine Milliarde Menschen Facebook täglich meist mehrmals nutzen, ist jedoch unumstößlicher Fakt. Von Jung und Alt auch in den entlegensten Gegenden der Erde stark genutzt, stellt es für Ihre Onlinewerbemaßnahmen eine der besten Möglichkeiten dar. Möchten Sie Ihr Buch auch über Facebook bekannt machen und den Absatz ankurbeln, ist eine *Facebook-Page* der Drehpunkt für Ihr Buch. Wenn Sie noch keinen privaten Facebook-Account haben, müssen Sie zuvor einen solchen anlegen, da die AdministratorInnenrechte über diese private Seite laufen. Diesen privaten Account kön-

nen Sie ausschließlich für die Buchbewerbung nutzen, indem Sie nach Ihrem Nach-
namen den Zusatz Autorin/Autor angeben. Wenn Sie kommentieren, posten oder einen
Beitrag teilen, ist sofort erkennbar, in welcher Funktion Sie dies tun.

Sobald der Account eingerichtet ist, stellen Sie alle relevanten Informationen und ein
Impressum auf die Facebook-Seite des Buches. Das erleichtert die Auffindbarkeit durch
die Suche, denn anders als private Accounts sind die Facebook-Seiten öffentlich und
dadurch auch über *Suchmaschinen* zu finden. Beide Accountformen sind kostenlos einzurichten.

▶ **Wichtig**

Gut zu wissen Das Befüllen der Seite mit Inhalten ist nach sehr ähnlichen
Gesichtspunkten wie ein Blog zu betreiben (s. o.). Idealerweise konzentrieren
Sie Ihre Onlinemaßnahmen in einem gemeinsamen Redaktionsplan. Die Vor-
teile sind eine stärkere Auffindbarkeit und Bindung der Lesenden an Sie und
Ihr Produkt. Wer geschickt kommuniziert, kann eine gute *Fanbase* (eine ein-
geschworene Gruppe von Interessierten) aufbauen. Nachteilig ist die rasche
Reaktionszeit, die erwartet wird – wenn Sie Fragen über Facebook gestellt
bekommen, sollten Sie diese möglichst umgehend beantworten. Gute
Möglichkeiten für Interaktionen mit dem Publikum auf Facebook sind z. B.:

- *Facebook-Ads:* Entgeltliche *Werbemaßnahmen,* die Ihre Facebook-Seite des
  Buches oder einen speziellen Artikel Ihrer Seite bewerben. Dafür stellen Sie
  die gewünschte Zielgruppe genau ein, legen Ihr maximales tägliches Budget und die Laufzeit der Einschaltung fest. Einen Test ist es allemal wert,
  wobei die besten Ergebnisse voraussichtlich beim Bewerben besonderer
  Aktionen wie Gewinnspielen oder Events zu erzielen sind.
- *Gewinnspiele*: Können gestaltet werden, wie man möchte, doch halten Sie
  sich immer an die Bestimmungen von Facebook und rechtliche Vorgaben
  (z. B. Altersbeschränkung, Impressum angeben), um keine Probleme zu
  bekommen.
- Eventankündigungen: Sind sehr schnell und einfach einzustellen, die Verbind-
  lichkeit der UserInnen ist allerdings gering. Wer die genaue TeilnehmerInnen-
  zahl vorab kalkulieren möchte, muss die Anmeldung per E-Mail verlangen.
- Notizen: In diesen Abschnitt Ihrer Facebook-Seite des Buches können Sie
  Weiterführendes bereitstellen.
- Newsletter: Setzen Sie auf Ihrer Facebook-Seite einen Link zu Ihrem New-
  sletterverteiler.

Möchten Sie nicht nur ein Buch präsentieren, können Sie anstatt multipler Facebook-Seiten Ihrer Bücher auch eine AutorInnen-Facebook-Seite aufbauen und darauf
zu allen Ihren Werken Werbung und Information stellen. Eine andere Möglichkeit, Fans

an sich zu binden, ist eine *Facebook-Gruppe* einzurichten. Diese eignet sich v. a. für gemeinsame Diskussionen rund um das Fachthema Ihres Buches bzw. Ihrer Bücher. Der Aufwand ist wesentlich höher als für herkömmliche Seiten, doch der Nutzen durch die Bindung der Interessierten an Ihr Thema und Sie deutlich höher.

Ich nutze Facebook nicht, welche anderen Social-Media-Kanäle kann ich verwenden?

Die Plattform Facebook ist zwar überall anzutreffen, doch man kann sich auch ganz bewusst gegen die Nutzung dieses Mediums entscheiden. In der Welt der Social Media gilt der Grundsatz: Lieber nur ein, zwei Plattformen nutzen, die einem wirklich liegen und die man daher auch gerne verwendet, als überall ein bisschen mit zu posten. Zum Glück gibt es genügend Alternativen. Wer es mehr business-like möchte, sollte die internationale Plattform *LinkedIn* nutzen. Anders als Facebook ist LinkedIn auf geschäftliche Kontakte fokussiert. Die Kommunikation ist deutlich themen- und branchenlastiger, was Ihrem *Selbstmarketing* zugutekommt. Außerdem besticht es dank zahlreicher Branchengruppen mit einer hohen Spezialisierung von Kontakten. Die Basic-Accounts sind kostenlos und ausreichend. Geben Sie alle relevanten Informationen über sich in Ihr Profil ein, wählen Sie ein gutes Porträtfoto, bevor Sie sich an das Kontakte knüpfen und Gruppen suchen machen. Für die Buchvermarktung können Sie in LinkedIn auch Artikel in Ihrem Profil publizieren. Eine Möglichkeit, sich dies zu eigen zu machen, ist es, Leseproben einzustellen oder gar eine Social-Media-Book-Tour (eine Onlinelesereise durch Ihr Buch) zu unternehmen.

XING ist eine weitere Business-Plattform, die v. a. im deutschsprachigen Raum viele AnhängerInnen hat und über weite Strecken ähnlich wie LinkedIn funktioniert. Weitere Plattformen, die für Sie als AutorIn interessant sein könnten, sind *Twitter*, ein Sofortnachrichtenservice, deren Mitglieder meist höchst kommunikativ sind, und *Instagram*, ein Fotoportal, das sich besonders bei bildreichen Themen hervorragend dazu eignet, sich und seine Arbeit zu präsentieren.

Wie kann ich herkömmliche Kanäle beim Onlinemarketing vermeiden?

Wer sich mit Social Media nicht beschäftigen möchte oder kann, kann auch ressourcenschonende Onlinewerbung für sein Buch machen. Eine Möglichkeit ist, das Selbstmarketing per E-Mail-Signatur zu nutzen: Neben Ihren wichtigsten Kontaktmöglichkeiten können Sie in Ihrer Signatur einen News-Abschnitt anfügen. Halten Sie dort immer auch die Links zur Bestellseite Ihres Buches bzw. Ihrer Bücher fest.

Weiters ist ein Newsletterversand eine ideale Möglichkeit, Interessierte und Lesende über Ihr Buch und das Fachthema auf dem Laufenden zu halten. Dazu brauchen Sie entweder eine gut gepflegte Kontaktedatenbank mit E-Mail-Adressen oder ein einfaches Versandsystem (z. B. *MailChimp*, das Ihnen abnimmt, An- und Abmeldungen inklusive Sicherstellung der Benachrichtigungen für Double-Opt-In (um den neuen Datenschutzbestimmungen gerecht zu werden, müssen alle Personen einem Anschreiben ausdrücklich zustimmen) händisch durchzuführen. Dazu ist etwas Zeit nötig, um regelmäßige

Newsletter aufzusetzen, die Versandfrequenzen lassen sich jedoch auf maximal monatliche bis vierteljährliche Ausgaben beschränken.

Inhalte der Aussendungen könnten sein:

- Informationen zum Buch geben, z. B. Stand der *Überarbeitung* einer Neuauflage?
- Gibt es *Übersetzungen* in andere Sprachen?
- Wo halten Sie in der nächsten Zeit einen Vortrag zum Thema?
- Erläutern Sie vielleicht weniger bekannte Details zu Ihrem Fachbereich?
- Findet in Kürze eine interessante Konferenz statt?
- Gibt es aktuelle Themen, die Verbindungen zu Ihrem Thema aufweisen?
- Welche von Ihnen verwendeten Quellen geben tiefere Einblicke in die Materie?
- Können Sie einen Blog von KollegInnen empfehlen?
- Gibt es andere Neuerscheinungen zum Thema, die Sie empfehlen möchten?
- Wurden kürzlich auf Ihren Social Media Diskussionspunkte angestoßen, die Sie vertiefen möchten? Oder haben Sie gute Fragen gestellt bekommen?

Sie können über diesen Kommunikationskanal auch aktiv um Weiterempfehlungen oder auch um Bewertungen auf Amazon ersuchen.

Eine modernere Möglichkeit der Bewerbung ist, einen Newsletter über *WhatsApp* zu senden. Die Kapazitäten dieses Schnellnachrichtenportals sind noch lange nicht ausgeschöpft – eine gute Chance, sich und seine Kommunikationsideen auszuprobieren. Wer nicht so viel schreiben möchte, kann auch einen Kanal in der Videoplattform *YouTube* oder auf *Snapchat* anmelden und kurze Videos erstellen. Für eher akustisch-orientierte Menschen empfiehlt sich, Miniradioclips in einem eigenen *Podcast* anzubieten (im Blog „Vom Schreiben Leben" finden Sie einfache Tipps zu Technik und Verbreitung von Podcasts (Bühnemann 2017)). Die Technik hinter allen drei Möglichkeiten ist mittlerweile einfach zu handhaben, stets kann auf kostenfreie Editorprogramme zurückgegriffen werden.

Zum Ausprobieren

Solange Sie sich an die Telekommunikationsgesetze und Datenschutzverordnungen halten, Persönlichkeitsrechte wahren und keine *Rufschädigung* oder Verunglimpfung begehen (s. Kap. 9), sind bei der Bewerbung Ihres Buches Ihrer Kreativität online und offline (s. Kap. 18) kaum Grenzen gesetzt. Meist sind diese Aktivitäten für das Selbstmarketing nützlich, doch zugleich können Sie auch Feedback von Lesenden und Interessierten sowie zusätzlich auch viele Einblicke in die Branche und den Buchmarkt ermöglichen. Einige alternative Wege für Ihr Onlinemarketing sind:

- Nehmen Sie an Blogparaden zum Thema teil, und schreiben Sie einen eigenen Artikel.
- Schreiben Sie einen Leserbrief, falls ein Artikel in einer Zeitung oder Zeitschrift Berührungspunkte mit Ihrem Buch aufweist. Bleiben Sie themenbezogen, und vermeiden Sie im Artikel ein direktes Hinweisen auf Ihr Buch.

- Starten Sie einen Aufruf, der zu Ihrem Thema passt (Fotos einsenden lassen, Geschichten teilen).
- Machen Sie einen Livetreff auf Facebook oder YouTube (s. o.), damit auch InteressentInnen, die keine Zeit haben oder weiter weg wohnen, Sie einmal sprechen können.
- Mailen Sie lokalen Buchhandlungen vor der Bucherscheinung Informationen zu Ihrem Buch zu (macht der Verlag großräumig, doch v. a. kleinere Buchhandlungen können durch den Rost fallen), und bieten Sie eine Lesung oder einen Vortrag an.
- Ersuchen Sie Informationen zu Ihrem Buch mit einem Link zur Buch- oder Verlagswebsite auf der Website Ihres Instituts/Ihrer Firma oder auf Websites von KollegInnen zu teilen.
- Kontaktieren Sie die eigene Instituts- oder Hochschulbibliothek sowie Ihren Alumni-Club und Betriebsrat, und bitten Sie um Verbreitung der Informationen zum Buch bei Erscheinen, zu Verlosungen und von Terminen der Buchpräsentationen.
- Kontaktieren Sie wissenschaftliche Vereinigungen, die mit Ihrem Thema zu tun haben, und ersuchen Sie um Teilen der Informationen zum Buch, und fragen Sie bei der Gelegenheit auch nach, ob Interesse an einem Vortrag (s. Kap. 18) dazu besteht.
- Machen Sie FreundInnen und Bekannten und/oder lokalen Bibliotheken einen Ankaufsvorschlag für Ihr Buch.
- Nehmen Sie an Ausschreibungen wie BloggerInnen-Awards oder Verleihungen für das „schönste Buch des Jahres" etc. teil.
- Ergänzen Sie die Publikationsliste auf Ihrer Website und in Ihren Social-Media-Profilen um das neue Werk.
- Werden Sie in passenden Facebook-Autorengruppen aktiv und stellen Sie sich und Ihr Buch vor. Stellen Sie eine anregende Frage zum Thema und erfahren Sie, was andere darüber wissen oder darunter verstehen.
- Bitten Sie Ihren Verlag um professionelle Auszüge aus Ihrem Text (Leseproben als PDF), um diese auf Ihrer Website und in den Social Media bereitstellen zu können.
- Fragen Sie Ihren Verlag regelmäßig, ob und wann besondere Aktionen für die eigene Zielgruppe geplant sind oder ob es Medien kooperationen gibt. Vielleicht können Sie mit Ihrem Thema daran teilnehmen.
- Auch Verlage führen meist Blogs und manche sogar YouTube-Kanäle (s. o.). Bieten Sie sich als InterviewpartnerIn dafür an.
- Legen Sie auf Amazon und womöglich auch auf anderen Vertriebsplattformen eine eigene AutorInnenseite an.
- Laden Sie zu einer Onlinebuchpräsentation auf Facebook, YouTube oder per *Google Hangouts*.
- Nehmen Sie mit KollegInnen, die in einem ähnlichen Thema arbeiten, Interviews auf.
- Wenn Sie bereits mehrere Werke veröffentlicht haben, können Sie versuchen, eine eigene Seite auf *Wikipedia* anzulegen. Diese darf keinesfalls werbend sein, sondern muss relevante Informationen über Sie und die von Ihnen bearbeiteten Themen bieten.
- Nehmen Sie an OnlineautorInnenmessen teil, und schildern Sie die Entstehungsgeschichte Ihres Buches.

ExpertInneninterview: Im Gespräch mit MMag.ª Dr.[in] Huberta Weigl

Schnell Tausende InteressentInnen mit nur einem Knopfdruck zu erreichen, das klingt schon fast zu gut, um wahr zu sein. Und doch kann man mit einer geschickt angelegten Onlinestrategie Follower zu Lesenden machen.

▶ Welche Kommunikationsdrehscheibe bevorzugen Sie, auf der die meisten Informationen zu Ihrem Buch zusammenkommen – eigene Website mit Blog, Facebook-Page, Twitter, Amazon-AutorInnen-Account und/oder etwas ganz anderes?

Zu meinem wissenschaftlichen Buchprojekt über den Barockbaumeister Jakob Prandtauer habe ich eine eigene Website mit einem (nicht-wissenschaftlichen) Blog. Außerdem nutze ich YouTube und auch meinen privaten Facebook-Account, die Facebook-Seite meines Unternehmens „Schreibwerkstatt Wien" und andere Social-Media-Präsenzen für das Buch. Diese Kombination hat sich als sehr sinnvoll erwiesen. Es ist mir schon vor dem Erscheinen des Buches gelungen, ein breiteres Publikum abseits des Wissenschaftsbetriebes für das Buch zu interessieren. Bislang war das Hauptziel das Einwerben von Sponsorengeldern für den Druckkostenzuschuss und für das Lektorat. Das hat funktioniert!

▶ Duzen oder Siezen Sie Ihre Follower online?

Nach einem längeren Prozess, in dem ich zunächst meine Follower gesiezt habe und dann die (umständliche) Doppelform (du/Sie) genutzt habe, bin ich nun beim unkomplizierten Du gelandet.

▶ Haben Sie einen Newsletter/eine Versandliste für InteressentInnen? Warum ja/nein? Wann/wie oft nutzen Sie diese Mittel?

Ja, es gibt einen Newsletter zum Buch. Ich verschicke ihn in sehr lockerer Folge, alle paar Monate – immer dann, wenn ich zwei bis drei neue Blogartikel beisammen habe. Dabei achte ich darauf, dass ein Blogartikel tatsächlich ganz neu ist.

▶ Nach welchen Kriterien wählen Sie (oder Ihr Verlag) InfluencerInnen und BloggerInnen für eine Zusammenarbeit (für Rezensionen oder das Verfassen von Interviews) aus?

Bei der Prandtauer-Monografie werde ich nicht gezielt auf InfluencerInnen oder BloggerInnen zugehen. Es handelt sich ja auch um eine wissenschaftliche Publikation. Da ist diese Art des Marketings auch weniger gängig, und es gibt auch kaum AnsprechpartnerInnen. Das Buch wird aufgrund der Klasse des Themas, dank meines Blogs und News-letters und der Tatsache, dass es in einem namhaften Kunstverlag erscheint, von allein gut unter die Leute kommen. Da bin ich sehr zuversichtlich!

▶ Haben Sie mit Ihrem Buch(-Thema) an Blogparaden (Aufrufe von BloggerIn-nen über gewissen Zeitraum zu ähnlichem Thema zu veröffentlichen) bzw. an Onlinekongressen teilgenommen?

Nein. Es hätte schon die eine oder andere *Blogparade* gegeben, wo ich hätte mitmachen können, aber mir haben dafür die zeitlichen Ressourcen gefehlt.

▶ Posten Sie Informationen zu Ihrem Werk auch in spezifischen Social-Media-Interessensgruppen, und wie haben Sie diese ausgewählt? Haben Sie eine eigene Gruppe?

Ich poste Infos zu meinem Buch hin und wieder in meinen eigenen Facebook-Gruppen, allerdings nur dann, wenn ich einen Mehrwert zu bieten habe und es gerade passt. In fremden Gruppen poste ich Infos (Blogartikel) nur dann, wenn es gern gesehen und aus der Sicht der Gruppenmitglieder stimmig ist. Aufdringliches Posten von Eigenwerbung in Gruppen ist für mich ein absolutes No-Go.

▶ Investieren Sie selbst auch in Onlineanzeigen (z. B. auf Facebook oder Google)?

Für das Buch habe ich bislang nur testweise (es ist ja noch nicht erschienen) *Facebook-Anzeigen* geschaltet. Als sehr vielversprechend hat sich der Testballon im Bereich der klassischen Pressearbeit erwiesen. Diesen Weg werde ich weiterverfolgen.

▶ Welche Ereignisse/Arbeitsschritte nach Bucherscheinen hatten Sie nicht vor-hergesehen bzw. anders geplant?

Das Buch ist noch nicht erschienen. Da gilt es abzuwarten, was unerwartet auf mich zukommt.

Literatur

Bühnemann, A. (2017). *5 Schritte zu deinem eigenen Podcast (aka Onlinelesungen)*. https://www.vom-schreibenleben.de/5-schritte-zu-deinem-eigenen-podcast-aka-online-lesungen/. Zuletzt zugegriffen: 3. Jan. 2018.

Offlinemaßnahmen vor und nach Erscheinen

18

Onlinemaßnahmen (s. Kap. 17) für die Buchvermarktung sind meist rasch und ohne bzw. mit nur wenigen Kosten durchzuführen. Jedoch: Personality sells (better)! Menschen mögen Menschen hören, persönlich kennenlernen, plaudern, weshalb Sie begleitend zu Ihrer Onlinestrategie immer auch auf einige Offlinemaßnahmen setzen sollten. Das sogenannte Netzwerken ermöglicht eine direkte Verbindung zu potenziellen Interessierten und erregt Neugierde. Achten Sie dabei immer auf die Abstimmung aller Aktionen mit den zumeist lange im Voraus geplanten Bewerbungsmaßnahmen der Verlage.

Wo kann ich persönlich für mein Buch werben?
Viele Menschen machen um klassische Netzwerkveranstaltungen einen großen Bogen, weil sie die Gespräche in solch einem Rahmen als zu banal empfinden. Und Verkaufsveranstaltungen haben ohnehin einen schlechten Ruf – ExpertInnen möchten sich ungern marktschreierisch geben müssen. Zum Glück gibt es eine Vielzahl an *Netzwerkveranstaltungen,* die auf hohem Niveau stattfinden, und Ihrer Buchpräsentation einen guten Rahmen bieten. Manche der Tipps werden Ihnen wohl von der Verbreitung wissenschaftlicher Publikationen bekannt vorkommen, die Prinzipien sind ähnlich:

- Frequentieren Sie alle wissenschaftlichen Gesellschaften, Vereine und Arbeitsgruppen, die in irgendeiner Form mit Ihrem Buchthema zu tun haben, wieder häufiger. Bringen Sie Ihre Buchflyer (s. u.) mit und fragen Sie vor Ort, ob Sie diese beim Empfang oder in einer Auslage auslegen dürfen. Wenn möglich, legen Sie auch eine *Newsletterliste* für Interessierte des Buches aus, die Sie sich nach einigen Wochen abholen oder postalisch zusenden lassen können. Geben Sie am Empfang bzw. bei den Zuständigen mehrere Visitenkarten ab, damit man Ihren Kontakt bei Rückfragen weitergeben kann.

© Springer Fachmedien Wiesbaden GmbH, ein Teil von Springer Nature 2019
N. Miljković, *Vom Vortrag zum Sachbuch*, https://doi.org/10.1007/978-3-658-27151-0_18

- Besuchen Sie als Mitglied Veranstaltungen des Alumni-Clubs oder Graduiertenverbands Ihrer Institution. Melden Sie sich im Anschluss bei den VeranstalterInnen, und schlagen Sie eine Diskussionsveranstaltung oder Buchpräsentation Ihres Werkes vor. Erfolgreichen Alumni wird gerne eine Präsentationsmöglichkeit geboten.
- Prüfen Sie, welche Veranstaltungen Ihre Hochschule anbietet, die zu Ihrem Thema passen könnte (z. B. Summer Schools, Winter Colleges etc.).
- Suchen Sie Veranstaltungen lokaler (Fach-)Buchhandlungen auf, und bieten Sie dort einen Informationsabend oder ein Miniseminar zu Ihrem Buchthema an. Hat die Veranstaltung Lesungs- oder Weiterbildungscharakter, kann man ein (meist eher kleines) Honorar dafür beziehen.
- Bieten Sie *JournalistInnen* (s. Kap. 19), Studierendenvereinigungen, Graduiertenakademien, Weiterbildungs- und ggf. Personalentwicklungsabteilungen Ihrer Institutionen kurze Weiterbildungsveranstaltungen wie einen *Impulsvortrag* oder Seminar über Ihr Thema an. Legen Sie dort Flyer oder ein Ansichtsexemplar Ihres Buches aus.
- Je nach Zielgruppe und Thema können auch Selbsthilfegruppen und private Vereinigungen zugunsten der Zielgruppe Interesse an Ihrem Buch und Veranstaltungen dazu haben.

▷ **Gut zu wissen** Haben Sie mehrere InteressentInnen für Veranstaltungen gewinnen können, gestalten Sie ein Programmheft, worin alle Termine chronologisch gereiht als Lese- bzw. Vortragsreise angekündigt werden. Das wirkt bedeutender für Sie und ist zudem auch extra Werbung für alle VeranstalterInnen, wenn Sie deren Website angeben.

Welche Werbe- und Druckmittel sind nützlich?

Um die Bemühungen der hausinternen VerkaufsexpertInnen und der AutorInnen zu unterstützen, bereiten die Verlage Werbemittel zu den von Ihnen neu verlegten Büchern vor. Besonders nach Veranstaltungen und an den Verkaufsflächen der Buchhandlungen nehmen InteressentInnen gerne eine gedruckte Information zu einem Werk mit. So erinnern Sie sich länger daran und können zu Hause in Ruhe online weiter über das Buch recherchieren. Außerdem lassen sich die Druckmittel später leicht an FreundInnen verteilen, und Ihr Buch wird weiterempfohlen.

Gängige Werbe- und Druckmittel sind z. B.:

- Vorankündigung, Factsheet, „Waschzettel": Enthält auf DIN A4 oder A5 den Klappentext zum Buch, für welche Zielgruppe(n) es geschrieben wurde, Ihre Kurzbeschreibung, die Links zur Buchwebsite und Ihre Kontaktdaten.
- Bestellschein: War bis vor wenigen Jahren üblich und ist auch heute noch zum Teil in Verwendung, wird wahrscheinlich dank Bestellungen über Onlinebuchhändler wie Amazon, Thalia etc. in Zukunft nicht mehr lange ausgegeben werden.

- Postkarten, Flyer: Klassiker unter den Druckmitteln sind meist sehr grafisch aufbereitete Informationen im Postkartenformat. Sollen von Interessierten nach Hause mitgenommen und ggf. weitergegeben werden.
- *Verkaufsposter*, Plakat: Ein größeres Werbemittel, dass in Buchhandlungen als Blickfang für Laufkundschaft in der Auslage und bei Konferenzen oder Vorträgen (immer die VeranstalterInnen vorher fragen, ob ausgehängt werden darf) als Information und Ankündigung dient.
- Roll-up, *Aufsteller*: Das größte *Werbemittel* macht v. a. bei Veranstaltungen Eindruck: neben dem Tisch bei der *Signierstunde* und/oder bei einer *Lesung* neben einem auf der Bühne platziert. Die Erstellung sollte Marketingprofis überlassen werden, da es optisch gut aufbereitet sein muss und mit nur sehr wenig Text auskommen sollte, um zu wirken.

▶ **Gut zu wissen** Stimmen Sie die Gestaltung von Werbemitteln frühzeitig mit dem Verlag ab, insbesondere was der Verlag übernehmen wird und welche Informationen Sie vorbereiten sollen bzw. ob die Kosten übernommen werden, falls Sie selbst etwas vorbereiten. Ziehen Sie aktuelle Angebote gängiger Onlinedruckereien wie z. B. Vistaprint heran, um einen Überblick über Mindestpreise und -abnahmemengen zu bekommen.

Neben den individuelleren Druckmitteln (s. o.) zu einem Werk, bieten Ihnen Verlage auch die Zusendung ihres gedruckten *Verlagsprogramms* an. Besonders zur Vorabbewerbung bei Veranstaltungen und zur Auflage in Buchhandlungen eignet sich das Programm als Zusatzinformation. Senden Sie es postalisch auch an eigene Kontakte weiter. Manche Verlage haben zusätzlich Werbemittel (Goodies) wie Stifte, Notizblöcke, Permanentmarker, Taschen, Kappen u. v. m., die Sie sich zum Verteilen bei Ihren Veranstaltungen vom Verlag zukommen lassen können.

Wie bereite ich mich auf eine Buchpräsentation vor?

Ähnlich wie bei einer Pressekonferenz (s. Kap. 19) ist für eine offizielle Buchpräsentation einiges an Vorarbeit nötig, um beim geladenen Publikum den bestmöglichen Eindruck von Ihrem Buch und von Ihnen als AutorIn zu hinterlassen. Wer von dieser Präsentation begeistert ist, wird Ihr Buch dafür auch mit großer Wahrscheinlichkeit noch vor Ort oder zeitnah danach kaufen wollen.

Setzen Sie circa vier Wochen vorher, zwei Wochen vorher und drei Tage vorher interne Deadlines an (s. u.). Diese Checkliste gibt Ihnen einen Überblick über die Organisationsarbeit für Ihre Buchpräsentation:

- Vier Wochen vor dem Termin
  - Legen Sie einen passenden Veranstaltungstermin fest. Vermeiden Sie Hauptprüfungs- oder Ferienzeiten, idealerweise finden an diesem Tag auch keine anderen großen Veranstaltungen in Ihrer Stadt statt.

- Geben Sie dem Verlag den geplanten Termin so rasch wie möglich bekannt, damit dieser ausreichend Flyer und/oder andere Druck- und Werbemittel (s. o.) zum Buch vorbereiten und liefern kann.
- Organisieren Sie einige HelferInnen, die Sie vor, während und nach der Buchpräsentation hinter den Kulissen und vor Ort unterstützen.
- Erstellen Sie ein erstes Konzept für die Veranstaltung. Wenn VorrednerInnen geplant sind, fragen Sie diese so bald wie möglich an.
- Erstellen Sie einen Einladungstext für den E-Mail-Versand und erwähnen Sie darin bereits, dass bei Anmeldung zu dieser Veranstaltung zur Kenntnis und ausdrücklich eingewilligt wird, dass bei dieser Veranstaltung Fotos gemacht werden. So haben Sie später rechtlich unbedenkliches Fotomaterial für Ihr Marketing.
- Bitte Sie im Einladungstext um Weiterleitung der Informationen an interessierte Dritte, und fügen Sie unbedingt eine Anmeldung per Onlineformular an: Zwar melden sich viele nicht an, und viele Angemeldete erscheinen nicht zum Termin, aber so erhalten Sie zumindest gute Schätzwerte, die Rückschlüsse auf die benötigte Raumgröße und Mengen für das Catering geben.
- Außerdem nützen die gesammelten E-Mail-Adressen zur weiteren Buchvermarktung: Insofern die Teilnehmenden anklicken, dass Sie Ihren Newsletter und/ oder weitere Informationen zum Buch beziehen wollen, senden Sie allen nach der Veranstaltung zusätzliches Material zu.
- Machen Sie genaue Angaben zum Veranstaltungsort (besonders wenn es mehr als einen Haupteingang gibt oder das Gebäude weitläufig ist), Möglichkeiten der Anfahrt (PKW, öffentlich) und Parkmöglichkeiten in der Umgebung. Fügen Sie eine Umgebungskarte und ggf. auch einen Gebäudeplan bei.
- Erstellen Sie Kontaktlisten, welche Personen die Einladung erhalten sollen. Diese Veranstaltung ist auch eine sehr gute Möglichkeit für Medienarbeit – laden Sie ausgewählte JournalistInnen dazu ein. Alle Aussendungen müssen datenschutz-, medien- und telekommunikationsrechtlich (s. Kap. 9) einwandfrei sein.
- Senden Sie Ihre Einladung circa drei Wochen vor dem Termin aus.
- Bitten Sie Ihre Institution, den Alumni-Verband Ihrer Hochschule, berufliche Verbände usw., die Einladung in ihren Newsletter aufzunehmen. Erstellen Sie auch eine Printversion des Einladungstextes und ersuchen Sie diese Institutionen, diese auszuhängen.
- Organisieren Sie eine Fotografin/einen Fotografen, die während und nach der Präsentation professionelle Fotos macht. Geben Sie ggf. Instruktionen, welche Stimmung Sie auf den Fotos vermittelt haben möchten. Falls Sie ein Video von Ihrer Veranstaltung erstellen möchten, organisieren Sie eine weitere Person, die mitfilmt oder einen *Facebook-Livestream* aufnimmt.

- Zwei Wochen vor dem Termin
  - Streuen Sie die Einladung ein weiteres Mal und teilen Sie sie auch auf Ihren Social-Media-Kanälen (s. Kap. 17). Betonen Sie dabei aber, dass Anmeldungen über Social Media nicht angenommen werden, um alle Anmeldungen in einem Tools sammeln zu können.
  - Falls es lokale Veranstaltungsseiten gibt, wo man (thematisch passende) Termine selbst eintragen kann, nutzen Sie diese Möglichkeit unbedingt aus.
  - Machen Sie einen Lokalaugenschein am Veranstaltungsort und prüfen Sie, ob die benötigte Ausrüstung vorhanden bzw. woher diese zu beziehen ist.
- Drei Tage vor dem Termin
  - Senden Sie allen Angemeldeten eine Erinnerungs-E-Mail, die neben der Anreise auch den genauen Programmablauf beschreibt.
  - Telefonieren Sie mit allen eingeladenen JournalistInnen, und lassen Sie sich deren Teilnahme bestätigen. Bereiten Sie für die teilnehmenden JournalistInnen eine *Pressemappe* (s. Kap. 19) vor.
  - Erinnern Sie Ihr Team, die GastrednerInnen, die Fotografin/den Fotografen und das Catering nochmals an den geplanten Ablauf und ggf. Details zu Abstellräumen, Bestuhlung etc.
- Am Veranstaltungstag
  - Hängen Sie an den Haupteingängen zum Gebäude und in den Aufzügen Wegweiser und Einladungen aus, damit die Gäste rasch zum Veranstaltungsort finden. Wenn im Gebäude Monitore mit Ankündigungen vorhanden sind, lassen Sie Ihre Einladung auch dort anzeigen.
  - Beamen Sie im Vortragssaal schon frühzeitig abwechselnd den Titel der *Buchpräsentation,* das Cover, ein Foto von sich und das Programm, um die Gäste einzustimmen.
  - Lassen Sie die GastrednerInnen am Eingang persönlich von einer AssistentIn/einem Assistenten in Empfang nehmen und zum Veranstaltungsort bringen.
- Nach der Veranstaltung
  - Suchen Sie die besten Fotos der Veranstaltung aus und archivieren Sie alle anderen.
  - Bedanken Sie sich zeitnahe bei allen JournalistInnen für ihre Teilnahme, senden Sie zwei gute Fotos von sich (ein Porträt und eines vor dem Publikum) bei der Veranstaltung und Ihr Buchcover mit und bieten Sie bei Bedarf weitere Informationen an.
  - Senden Sie den Gästen einige Tage nach der Präsentation eine Dankes-E-Mail mit den besten Fotos der Veranstaltung und dem Link zu Ihrer Buchseite zu.
  - Machen Sie Blogposts und Social-Media-Postings (s. Kap. 17) als Nachbesprechung zur Veranstaltung. Falls Sie ein Video erstellt haben, teilen Sie den Link.
  - Besprechen Sie mit Ihrem Team an HelferInnen das Event ggf. in gemütlichen Rahmen nach.

Welche Buchevents sollte ich mir nicht entgehen lassen?
Die Buchbranche feiert sich und ihre aktuellen Programme regelmäßig mit groß
angelegten, mehrtägigen Verlagspräsentationen auf Buchmessen. Die bekanntesten
Buchmessen im deutschsprachigen Raum sind:

- Buchmesse Leipzig im März,
- Genfer Buchmesse[1] im Mai,
- Buchmesse Frankfurt im Oktober (mit bis zu 7500 AusstellerInnen die größte Buch-
  messe im deutschsprachigen Raum!),
- Buch Wien im November,
- Buch Berlin im November,
- BuchBasel im November,
- BuchQuartier Wien im Dezember.

Neben diesen Großevents gibt es auch zahlreiche regionale oder thematisch spezialisierte Buch-, Verlags- und/oder AutorInnenevents wie den *Selfpublisher Day* (s. Kap. 10)
und die Berliner Kunstbuchmesse „Miss Read" im Mai. Zusätzlich zu den Informationen
an den Messeständen werden Fachpublikum und BesucherInnen Vorträge, Interviews
und Signierstunden geboten.

Diese Großevents der Branche sind eine gute Möglichkeit für AutorInnen, Selbst-
bewerbung und Buchmarketing zu betreiben. Idealerweise können im ersten Jahr nach
Erscheinen die AutorInnen die meiste öffentliche Aufmerksamkeit brauchen und auch
generieren. Erscheint Ihr Werk rund ein bis zwei Monate vor einer Buchmesse, wird es je
nach Platzverfügbarkeit auch am Messestand Ihres Verlages ausgestellt werden. Teilen
Sie Ihrem Verlag Ihre Pläne, bei einem der großen Events teilzunehmen, mit, und prüfen Sie, ob Interesse an einer Kooperation besteht. Selbst wenn keine andere Möglichkeit besteht, einen Auftritt am Messestand des Verlages zu absolvieren, nutzen Sie diese
Chance. Bitten Sie den Verlag um ein Ticket zur Messe (alternativ können Sie, wenn
Sie einen Blog führen, bei den VeranstalterInnen um ein Blogger- oder *Presseticket*
ansuchen). Kontaktieren Sie ggf. andere AutorInnen und/oder FachkollegInnen, die
auch vor Ort sein könnten, und überlegen Sie eine gemeinsame Social-Media-wirksame
Aktion.

▶   **Gut zu wissen** Die Verfügbarkeit von freien Programmslots bei Buchmessen
    sind sehr beschränkt und entsprechend heiß umkämpft. Meist bleiben sie gro-
    ßen Namen oder kontroversen Neuerscheinungen vorbehalten, da diese die
    meisten BesucherInnen anlocken können. Mit etwas Glück können auch Sie
    auf einer der Messebühnen interviewt werden und Ihr Buch vorstellen.

---

[1] https://salondulivre.ch/

Neben den Bewerbungsmöglichkeiten für Ihr Buch ist auch das große Medieninteresse rund um Buchmessen interessant für Sie als AutorIn, weiterhin die zahllosen Vernetzungsmöglichkeit mit LektorInnen des eigenen und anderer Verlage und die Gespräche mit Lesenden und anderen AutorInnen. Lassen Sie sich durch neue Themen und Trends inspirieren, vielleicht zu einem neuen Buch? Bei einem Besuch so großer Veranstaltungen muss die eigene Zeit vor Ort gut geplant sein. Planen Sie daher bereits im Vorfeld, welche Programmpunkte Sie unbedingt sehen und welche Personen Sie treffen möchten. Ihre/ihr LektorIn sollten Sie in jedem Fall nach der vielen gemeinsamen Arbeit an Ihrem Buchprojekt einmal persönlich treffen. Womöglich haben Sie bereits eine neue Idee und möchten ihr/ihm diese genauer vorstellen? Informieren Sie auch einige JournalistInnen gezielt über Ihren Besuch bei der Messe und erkundigen Sie sich, ob diese eventuell Interesse an einem Hintergrundgespräch zu Ihrem Buch oder Fachbereich auf der Messe haben. Legen Sie wenn möglich mit den entscheidenden Personen sofort einen Termin während der Messe fest. Nehmen Sie – neben bequemen Schuhen – ausreichend Visitenkarten und Buchflyer (s. o.) mit.

▶ **Gut zu wissen** Bereiten Sie einen kurzen *Elevator Pitch*, wenige Sätze über Ihr Buch und sich selbst, vor. Dann sind Sie auch bei spontanen Nachfragen („Was haben Sie denn geschrieben?") gefasst und können die wichtigsten Details anbringen und so besser im Gedächtnis bleiben. Die Minimalinformationen sind: Ihr Name, der Buchtitel, das Genre, das grobe Thema und die Zielgruppe.

Machen Sie vor Ort Fotos mit den anwesenden LektorInnen, AutorInnen, JournalistInnen und/oder Programmchefs mit Ihrem Buch, um diese für Postings auf Social Media und eventuell einen Blogpost nutzen zu können, und nutzen Sie so die gebotene Chance, Kontakte zu knüpfen und mehr Reichweite und mehr Content zu generieren. Halten Sie während des Besuchs unbedingt fest, wen Sie getroffen haben, was Sie gesprochen hatten und wem Sie welche Informationen, Terminvorschläge etc. zukommen lassen sollten. Oft ist es sinnvoller, mit manchen der alten und neuen Kontakte an einem gesonderten Termin noch einmal in aller Ruhe zu sprechen. Nutzen Sie Angebote dieser Art bzw. bitten Sie selbst um gesonderte Gespräche. Nach dem Besuch einer Buchmesse sollten Sie die eingesammelten Kontaktdaten zunächst sichern: Kontaktieren Sie alle Kontakte auf LinkedIn (s. Kap. 17) und laden Sie sie in Ihr Netzwerk ein (erwähnen Sie das Treffen auf der Buchmesse im Anschreiben). Speichern Sie die JournalistInnen in die Kontaktdatenbank für Medienaussendungen ab. Schreiben Sie allen, denen Sie noch Informationen zukommen lassen wollten, zeitnah nach der Veranstaltung.

Welche Eigeninitiativen sind für die Buchbewerbung nützlich?

Zusätzlich zu den größer angesetzten Buchveranstaltungen wie Buchpräsentationen, Lesungen und Buchmessen (s. o.), kann man auch diverse Eigeninitiativen in kleinerem Rahmen setzen. Effizient ist v. a. die Buchbewerbung in Ihren eigenen Vorlesungen, Fachseminaren und Vorträgen:

- Stellen Sie das Buch zu Beginn eines Semesters in jeder Veranstaltung einmal vor und erinnern Sie am Ende des Semesters nochmals daran.
- Bringen Sie immer einige Buchflyer und zumindest ein Ansichtsexemplar zu Vorträgen mit. Solange es keine aufdringliche „Verkaufsshow" wird, haben VeranstalterInnen meist nichts dagegen.
- Kleben Sie einen Sticker mit dem Titel oder, wenn vorhanden, Logo des Buches auf den Deckel Ihres Laptops, damit es vom Publikum zu sehen ist.
- Nutzen Sie das Buchcover als Hintergrundbild auf Ihrem Vortragslaptop, damit es vor dem Start eines Vortrags immer kurz zu sehen ist.
- Fügen Sie auf der jeweils letzten Vortragsfolie neben Ihren Kontaktdaten auch das Buchcover und den Link oder *QR-Code* zur Website des Buches ein.
- Andere Veranstaltungsformen sind beispielsweise ein Meet and Greet (persönliches Kennenlernen) an Lesende zu verlosen, z. B. im Rahmen von Spendenaktionen.

▶   **Gut zu wissen** Mit manchen SeminaranbieterInnen können Sonderkonditionen ausgehandelt werden: Wenn Sie Seminare zum Buchthema für sie halten, kaufen die AnbieterInnen Exemplare für alle Teilnehmenden an. Ihr Verlag unterstützt Sie bei der administrativen Abwicklung.

ExpertInneninterview: Im Gespräch mit Dr.[in] Birgit Schreiber

Der persönliche Touch ist auch in Zeiten des Internetvertriebs unumgänglich. Im wahrsten Sinne angreifbar zu sein, schafft für die Interessierten und Lesenden Nähe zur Autorin/zum Autor und damit im Idealfall auch eine tiefere Beschäftigung oder Identifikation mit dem beschriebenen Thema.

▶   Wie wichtig ist Ihnen persönlich der direkte Kontakt zu Lesenden?

Das Wichtigste überhaupt. Manche Lesende werden durch das Buch inspiriert und wollen mich dann persönlich im Workshop kennenlernen. Oft telefoniere ich darum vor einem Workshop mit Interessierten. Vielen Lesende von „Schreiben zur Selbsthilfe" ist es wichtig, die Frau kennenzulernen, die behauptet, Schreiben sei heilsam. Nur wenn sie Vertrauen zu mir haben, nehmen sie auch die Schreibeinladungen ernst und setzen sie um. Es geht um Glaubwürdigkeit und Vertrauen. Schließlich erzählen und beschreiben die Menschen in den Workshops sehr persönliche Dinge: Es geht um Schönes und um Träume, aber auch um ihre schwersten Krisen, um Krankheit, Traumata, um neue Weichenstellungen und Visionen im Leben. Ich schreibe in meinem Buch sehr persönlich und auch über mich, sodass sich Menschen trauen, mir persönliche E-Mails zu schicken. So erfahre ich, wie Menschen mein Buch geholfen hat. Das ist sehr erfüllend und der schönste Lohn für die Arbeit, die im Buch steckt.

▶   Wie oder in welchen Situationen konnten Sie den Kontakt selbst initiieren bzw. sogar forcieren?

Mit manchen Lesenden habe ich mich auch persönlich schon zum Kennenlernen getroffen. Das würde ich aber in Zukunft eher einschränken – aus Zeitgründen.

Auf der Buchmesse und bei anderen Buchvorstellungen gab es nach der *Lesung* Gespräche und Austausch, häufig kam dann der eine oder die andere auch in kleine Workshops, um den Kontakt zu vertiefen. Manche kommen auch zum Coaching: Eine Frau hat eine Beratung gesucht, nachdem sie ihre Lebensgeschichte geschrieben hatte. Wir haben drei Sitzungen lang ihr Buch gelesen und über manche Phasen ihres Lebens ausführlich gesprochen. Da kamen viele neue Erkenntnisse zutage, aber auch Versöhnung konnte beginnen. Endlich war jemand da, der zugehört hat und Zeugin war für das Leben dieser Frau. Das war für sie ebenso wichtig, wie das Schreiben selbst.

▶   Welche Veranstaltungen rund um Bücher besuchen Sie zumindest gelegentlich?

Lesungen, Verfilmungen, Buchmessen. Ich gehe sehr gern in Buchläden und Bibliotheken – dort lasse ich mich stundenlang treiben und inspirieren.

▶   Bitten Sie auch befreundete AutorInnen und FreundInnen um *Rezensionen*?

Ja, aber nur wenn sie vom Fach sind oder wirklich Interesse an dem Buch haben. Ich möchte keine *Gefälligkeitsrezensionen*. Und auch ich mache keine. Eine Autorin habe ich damit verletzt, weil ich über ihr Buch auch viel Kritisches hätte sagen müssen. Da habe ich die Rezension lieber nicht geschrieben. Nur so bleibe ich glaubwürdig.

▶   Wer kümmert sich für Ihr Buch/Ihre Bücher um die Organisation von Buch-/ Leseveranstaltungen?

Leider ist da von Verlagsseite keine große Hilfe zu erwarten. Bis auf die Lesung auf der Frankfurter Buchmesse gab es keine Anregung, Idee oder Unterstützung. Ich organisiere die Lesungen darum selbst, suche spannende Kontakte und Orte und – wenn ich Zeit und Lust habe – biete ich gleich auch einen Workshop zum Ausprobieren der Schreibeinladungen aus dem Buch an.

▶   Was war die bislang kurioseste Frage zu Ihrem Buch oder das seltsamste Erlebnis bei einer Buchveranstaltung?

„Heißen Sie wirklich Schreiber – oder ist das ein Pseudonym?", fragte jemand aus dem Publikum. In diesem Augenblick wurde mir bewusst, dass mir schon zur Geburt – mit meinem Namen – ein Schlüssel zum täglichen Glück in die Wiege gelegt worden ist. Allerdings habe ich dann drei Jahrzehnte gebraucht, bis ich den Schlüssel gefunden habe, um ihn jetzt täglich zu nutzen.

▶   Wurden Sie eigentlich schon mal auf der Straße als *AutorIn* erkannt?

Vielleicht. Bremen ist es ein großstädtisches Dorf. Man kennt sich. Besonders, wenn man Interessen teilt und ähnliche Orte und Veranstaltungen besucht. Und mein Bild ist ja auf meiner Website zu sehen. Doch die Menschen meiner Stadt üben nordische Zurückhaltung – sie würden mich nie direkt auf der Straße ansprechen.

Etwas anders ergeht es mir neuerdings auf Wangerooge. Dort biete ich seit zehn Jahren wundervolle Workshops mit Panoramablick aufs Meer an. Plakate mit meinem Konterfei gab es da schon immer, aber jetzt läuft auf der Fähre außerdem ein Video zu den Angeboten auf der Insel: Bei einer Überfahrt sah ich mich da plötzlich selbst auf dem Screen – und begriff, warum mich so viele Menschen jetzt länger als gewöhnlich anschauen. Einer hat sich dann auch getraut zu fragen: „Sind Sie die Frau, die diese *Schreibworkshops* gibt und das tolle Buch geschrieben hat?" Das hat mich sehr gefreut.

Public und Blogger Relations

19

Noch besser als klassische Werbung und Onlinemarketing zu schalten oder Werbemittel zu verteilen (s. Kap. 17 und Kap.18) wirkt es, wenn Sie andere über Ihr Buch sprechen lassen. *Public Relations (Öffentlichkeitsarbeit,* PR) und neuerdings auch BloggerInnen bzw. *Influencer Relations* bedienen sich der Glaubwürdigkeit von Mittelspersonen, der InfluencerInnen, die sich bereits einen guten Ruf unter Ihrer Zielgruppe gemacht haben. Beim *Influencer Marketing* schalten Sie eine neue Form von Anzeige, indem Sie InfluencerInnen dafür bezahlen, einen Werbeartikel zu Ihrem Produkt zu verfassen und in den sozialen Medien und auf ihren Kanälen zu verbreiten.

Brauche ich eine eigene Pressemitteilung zum Buch?
Neben der Pressekonferenz (s. u.) ist auch die *Pressemitteilung* ein klassisches Mittel der Öffentlichkeitsarbeit – mit einer ansprechend verfassten Pressemitteilung mit gutem Aufhänger zur richtigen Zeit kann einiges an medialer Aufmerksamkeit erreicht werden. Größere Verlage erstellen regelmäßig Pressemitteilungen für deren Verlagsprogramme und für das eine oder andere Einzelwerk und füttern so die Medien an. Es lohnt sich, sich bei Abgabe des Manuskripts zu informieren, welche Maßnahmen konkret geplant sind und wie man diese als AutorIn unterstützen könnte. Wenn Sie das möchten, geben Sie Ihren LektorInnen Ihre Bereitschaft für Interviews zu Ihrem Buch/Ihrem Thema ausdrücklich bekannt.

Als SelbstverlegerInnen und wenn Sie als AutorIn keine Unterstützung vom Verlag bekommen können und sich selbst in der Pressearbeit versuchen wollen, hilft diese Checkliste für eine gelungene Pressemitteilung:

- Nehmen Sie zunächst eine zeitliche Orientierung vor: Gibt es im *Zeitraum* von circa drei Wochen vor und nach dem Erscheinungstermin Ihres Buches Termine (wie Einladung zu einer Präsentation oder Lesung Ihres Buches), die als *Aufhänger* dienen könnte? Findet ein Ereignis (Jubiläum, Jahrestag) statt, das Bezug zu Ihrem Thema hat?

© Springer Fachmedien Wiesbaden GmbH, ein Teil von Springer Nature 2019
N. Miljković, *Vom Vortrag zum Sachbuch,* https://doi.org/10.1007/978-3-658-27151-0_19

- Suchen Sie Medien, die daran Interesse haben könnten, Ihr Thema zu „bringen". Das sind vorwiegend solche, die entsprechende Spalten oder Beilagen zu Ihrem Genre bieten. Lesen Sie darin nach, welche Artikel in den letzten Monaten erschienen sind. Waren die Artikel tendenziell für oder gegen ein Thema eingestellt? Welche JournalistInnen haben diese Artikel geschrieben? Übernehmen Sie die interessantesten Namen mit E-Mail-Adressen und Telefonnummern (s. u.) von der Redaktionsseite oder dem Impressum des Mediums und stellen Sie sich einen Presseverteiler (z. B. in Excel) zusammen.
- Erstellen Sie nun Ihre Pressemitteilung (ein bis zwei Seiten lang), indem Sie dabei klassischen Strukturen folgen: sehr kurzer Titel im Stil einer Schlagzeile und ein Untertitel, die ein bis drei wichtigsten Schlagworte zu Ihrem Thema sollten enthalten sein; Lead (auch Teaser genannt) mit den allerwichtigsten Informationen in vier bis fünf Sätzen, der erste Satz muss sofort Aufmerksamkeit erregen; der Hauptteil beginnt mit Ort (Ihr Standort) und Datum der Mitteilung, auch hier zählt der erste Absatz am meisten – sofort alle Informationen angeben, dann einige Absätze mit ein bis drei Unterüberschriften gegliedert für weitere Informationen, gegen Seitenende erst Hintergründe und eventuell ein direktes Zitat (gerne auch provokant); Ihre Kontaktdaten; ggf. Hintergrundinformationen zum Thema, zum Buch und zu Ihnen/den AutorInnen, wenn vorhanden Link zum Media Kit (s. u.).
- Bleiben Sie beim Text kurz und bündig und beantworten Sie zunächst alle W-Fragen (Wer hat was wann, wo und wie gemacht? Wann und wo findet ein Event statt? Wie kann man sich anmelden?), erst gegen Seitenende kann man mehr Details bieten. Bedenken Sie – die JournalistInnen sind die LeserInnen dieser Pressemitteilung, (noch) nicht die LeserInnen des Mediums, und sie müssen von Berufswegen sehr schnell entscheiden können, ob sie die Meldung brauchen und in der nächsten Redaktionssitzung vorstellen können.
- Lassen Sie die Pressemitteilung Korrektur lesen, um mögliche Tippfehler und Unklarheiten auszuräumen.
- Bei AutorInnenteams sollten alle die Pressemitteilung kontrollieren und absegnen. Kontrollieren Sie zusammen v. a., ob alle Namen und Fakten korrekt angegeben sind. Die/der HauptautorIn sollte HauptansprechpartnerIn sein, geben Sie nicht alle Kontaktdaten aller Beteiligten an – die Aufzählung und Kurzbeschreibung aller reicht aus.
- Senden Sie ein aussagekräftiges Foto (300 dpi Auflösung) mit, das JournalistInnen bei Interesse frei verwenden und abdrucken dürfen. Alle weiteren Fotos oder sehr große Fotos halten Sie besser nur zum Download bereit (z. B. in Ihrer Dropbox einen Ordner mit den entsprechenden Fotos freigeben und den Link in die Pressemitteilung kopieren). Geben Sie immer das *Copyright* des Fotos (z. B. Name der Fotografin/des Fotografen) an.
- Pressemitteilungen an bis zu 50 Kontakte können Sie über Ihr reguläres E-Mail-Programm aussenden. Sollten Sie mehr EmpfängerInnen anschreiben wollen, nutzen

Sie ein Newsletter*programm* (z. B. Mailchimp). Achtung: Es gilt das jeweilige *Tele-kommunikationsgesetz* (sowie Datenschutzgesetze etc.) (s. Kap. 9)! Schreiben Sie ausschließlich Personen an, die beruflich mit Pressemitteilungen zu tun haben und deren berufliche E-Mail-Adresse öffentlich zugänglich ist.

- Wählen Sie einen aussagekräftigen Betreff, damit Ihre Pressemitteilung nicht irrtümlich als Spam gelöscht wird.
- Gute Wochentage zum Aussenden Ihrer Meldung sind am ehesten Dienstag bis Donnerstag vormittags. Montags ist es in Redaktionen oft zu hektisch, Ihre Meldung könnte in der Flut an Sendungen untergehen, und freitags ist zu wenig los, Ihre Meldung könnte liegen bleiben.

Um die Reichweite Ihrer Mitteilung zu erhöhen, stellen Sie Ihre Pressemitteilung auch auf Ihrer Website und in Ihren Social-Media-Kanälen im PDF-Format zur Verfügung. Bewerben Sie Ihren Erscheinungstermin bzw. Ihr Event mit Postings in Ihren Social-Media-Kanälen, gerne auch mehrmals. Beispielsweise als „Sneak Peak" zwei Monate vorher, gefolgt von einer Vorankündigung einen Monat vorher, die offizielle Meldung zwei Wochen vorher und ein offizielles Statement am Erscheinungstag selbst (s. Kap. 17). Eine weitere Möglichkeit, Ihre Pressemitteilung weiteren EmpfängerInnenkreisen zugänglich zu machen, ist die Nutzung von (kostenlosen) *Presseportalen* (z. B. OpenPR, presseanzeiger.de oder PR Gateway).

In einer Pressemitteilung ist nur sehr bedingt Platz für zusätzliche Informationen (s. o.), und wichtige Informationen sollte man auch ganzjährig zur Verfügung haben. Zudem passt ein Thema nicht immer sofort in ein Medium, auch wenn grundsätzlich Interesse daran vorhanden wäre. Gestalten Sie daher einen sogenannten Media Kit bzw. eine Pressemappe: Stellen Sie für diesen Minikatalog in einem Texteditor- oder Präsentationsprogramm auf einigen Seiten Hintergrundwissen zum Thema, Buch und sich selbst (den AutorInnen) zusammen. Ergänzen Sie dies mit einigen Fotos und Ihren Porträtfotos (alle in guter Auflösung zum Download zur Verfügung stellen, Copyright inklusive, s. o.) und den Hinweisen auf andere Themen, an denen Sie gearbeitet haben oder arbeiten, und andere Veröffentlichungen und Ihren Kontaktdaten. Das fertige Media Kit sollte auf Ihrer Website idealerweise auf einer eigenen Presseseite platziert werden, wo Interessierten die neuesten Artikel und alles Wissenswerte zu Ihrer Medienarbeit gezeigt wird. Senden Sie den Link zum Media Kit in Pressemitteilungen mit und halten Sie es bei Vorträgen ausgedruckt bereit.

▶ **Gut zu wissen** Als Ergänzung bzw. Alternative zu einem klassischen Medienkit eignet sich, ein „*Q&A*" (fiktives Interview mit Ihnen) oder „FAQ" (frequently asked questions/häufig gestellte Fragen) vorzubereiten und an JournalistInnen und InfluencerInnen auszusenden. Manchmal können die angebotenen Fragen und Antworten sie anregen, weitere zu stellen bzw. einige Antworten sogar für einen Artikel zu verwenden. Dies kann auch als Zusatzinformationen beim *Nachfassen* (s. u.) angeboten werden, falls jemand für einen Artikel gerne noch mehr Infos haben möchte.

Leider gibt es keinerlei Garantie, dass JournalistInnen eine Pressemitteilung verwenden oder ein mit Ihnen geführtes Interview (s. u.) abdrucken, da es aufgrund aktueller Ereignisse zu Verschiebungen des Redaktionsplans kommen kann. In den meisten Fällen werden sich die JournalistInnen bemühen, es bei nächster Gelegenheit zu veröffentlichen. Auch Fehler und Missverständnisse können in Medienberichten vorkommen – weder gibt es Anspruch auf Durchsicht der Artikel vor Druck noch haben Sie als „Geschädigte" die Möglichkeit auf Richtigstellung (außer in sehr schweren, rufschädigenden Fällen) oder Wiedergutmachung.

▶ **Gut zu wissen** Sollte es mit einer Pressemitteilung nicht so geklappt haben wie erhofft, kann meist mit etwas Kulanz noch so manches gerettet werden! Kontaktieren Sie die jeweiligen JournalistInnen/RedakteurInnen nach dem Malheur noch einmal, erläutern Sie die Sachlage und bitten Sie um kleine Kompensation. Laden Sie sie z. B. zu einer anderen Buchpräsentation oder zu einem Ihrer Vorträge ein und ersuchen Sie um einem zusätzlichen (Online-) Artikel oder ein Social-Media-Posting darüber. Nutzen Sie die verpatze Chance auch selbst noch so gut es geht für sich aus und stellen Sie die korrekte Sachlage in einem Blogartikel dar. Wenn Sie diesen auf Ihren Social-Media-Kanälen veröffentlichen, markieren Sie den Kanal des jeweiligen Mediums mit. Posten Sie anschließend Ihren Link zum Blog beim ursprünglichen Medienartikel.

Wie komme ich mit JournalistInnen ins Gespräch?
Für die klassische Öffentlichkeitsarbeit ist der direkte Kontakt zu JournalistInnen aus Print (Zeitungen, Zeitschriften, Magazine), TV und Radio sehr relevant. Zwar gibt es JournalistInnen, die auf Buchbesprechungen spezialisiert sind, allerdings schreiben diese meist für den literarischen Bereich. Für die Berichterstattung über Fach- und Sachbücher sind daher meist eher FachjournalistInnen, die in einem zum Überthema Ihres Buches passenden Ressort publizieren, zuständig.

Nach dem Versenden des Pressetextes steht die wichtigste Phase Ihrer Medienarbeit an: JournalistInnen bekommen meist Hunderte Zusendungen pro Tag, weshalb systematisches Nachtelefonieren unbedingt erforderlich ist. Dieser Prozess wird als Nachfassen bezeichnet: Fragen Sie zunächst, ob die Pressemitteilung erhalten wurde (Ihren Betreff bereithalten, s. o.) und erläutern Sie Ihr Anliegen und Thema in nur zwei bis drei Sätzen. Besteht Interesse an einer Veröffentlichung oder bedarf es weiterer Informationen? Viele JournalistInnen möchten Ihre Pressemitteilung nochmals zugesandt bekommen (für sie schneller zu finden als erst Hunderte E-Mails zu durchsuchen). Machen Sie das unverzüglich mit dem Hinweis auf das eben geführte Telefonat und rufen Sie ein bis zwei Tage danach wieder an.

Für Anschreiben wie auch für Telefonate mit JournalistInnen gilt: Nicht die Bucherscheinung an sich ist eine Meldung wert. Um sie zu überzeugen, über Sie zu berichten, müssen Sie ihnen einen guten Aufhänger liefern, der ihre Lesenden interessieren könnte. Erinnern Sie sich hierfür v. a. Ihrer Argumente aus dem Exposé (s. Kap. 8):

- Welche Relevanz/Aktualität hat Ihr Buch gerade jetzt?
- Gibt es eine aktuelle gesellschaftliche „Grand Challenge", die Ihr Werk behandelt und die sich für Storytelling (s. Kap. 17) eignet?
- Hat gerade ein Ereignis stattgefunden, das Sie in Ihrem Buch erläutern oder womöglich vorhergesehen haben?
- Sind die Lesenden des Mediums von Ihrem Thema womöglich direkt betroffen?

Eine andere Möglichkeit als AutorIn mit JournalistInnen Ihres Fachbereichs ins Gespräch zu kommen ist, sie zu einem *Hintergrundgespräch* einzuladen. Dies ist eine exklusive Möglichkeit für nur wenige ausgewählte JournalistInnen (nacheinander oder alle gemeinsam, erfragen Sie, was ihnen angenehmer ist), eine Story als Erste zu erfahren. Je kontroverser das Thema ist, über das Sie schreiben, umso eher bietet sich diese Möglichkeit an: Anders als bei anberaumten Interviews ist ein Hintergrundgespräch viel unverbindlicher, aber auch viel weiter gefasst, man kann etwas plaudern und so auch eine nachhaltige Verbindung zu den JournalistInnen aufbauen. Weil Sachverhalte gründlicher erklärt werden können, lassen sich im persönlichen Gespräch auch Missverständnisse (s. o.) besser vermeiden. Entweder findet das Gespräch in den jeweiligen Redaktionsräumen statt, oder Sie organisieren hierfür einen ruhigen Raum in zentraler Lage (z. B. einen Seminarraum, ein ruhiges Hinterzimmer in einem Kaffeehaus) und sorgen für Getränke.

Wie gestalte ich eine gelungene Pressekonferenz?
Pressekonferenzen sind ein klassisches Instrument in der Medienarbeit, um eine große Zahl an Personen direkt anzusprechen. Zwar sind Pressekonferenzen dank kostengünstigeren Mitteln und Möglichkeiten der Onlinepressearbeit nicht mehr die erste Wahl, gut geplant können sie nach wie vor große Wirkung erzielen. Sollten Sie sich dafür entscheiden, beachten Sie folgende Checkliste:

- Je früher der Termin feststeht, umso besser ist es. Vermeiden Sie betriebsame Phasen (während größerer Events in derselben Stadt) und sehr früh bzw. sehr spät angesetzte Termine. Wie bei Pressemitteilungen sind Dienstag bis Donnerstag (wenn möglich vormittags oder rund um die Mittagszeit) gute Richtwerte.
- Reservieren Sie einen ausreichend großen Raum in zentraler oder gut erreichbarer Lage. Prüfen Sie die Erreichbarkeit und technischen Erfordernisse (Internet, Steckdosen) vor Ort persönlich. Wo ist Raum für ein Plakat als Hintergrund für mögliche Pressefotos?
- Definieren Sie die relevante JournalistInnengruppe (lokale Medien, nationale Medien, Ressort?) und erweitern Sie ggf. Ihren Presseverteiler (s. o.).

- Sollen GastrednerInnen oder Ehrengäste für einleitende Worte geladen werden? Fragen Sie sie sobald als möglich an. Bei mehreren SprecherInnen empfehlen sich Namenstafeln auf dem Podium.
- Legen Sie den Ablauf der Veranstaltung (max. eine Stunde) fest, z. B. Begrüßung, ggf. wichtige Gäste oder SponsorInnen der Veranstaltungen extra begrüßen, Vorstellung (selbst und ggf. KoautorInnen), Anlass erläutern, ein bis zwei Referate zum Thema (keine Lesung machen!) und abschließende Fragerunde.
- Meist folgt anschließend ein kleiner Empfang für lockeres Beisammensein. Organisieren Sie ggf. eine/einen FotografIn, ein Catering für den Empfang und Unterstützung für die Bedienung der Saaltechnik.
- Erstellen Sie ein ansprechende Präsentation und/oder Vortragsnotizen.

Bereiten Sie nun die Pressemitteilung vor (s. o.), die auch eine Anfahrtsbeschreibung (öffentlich, mit PKW) und ggf. Parkmöglichkeiten aufzeigt. Erstellen Sie eine einfache Onlineanmeldemaske und fügen Sie den Link der Bitte bei, sich bei Interesse anzumelden. Viele Angemeldete erscheinen dennoch nicht, die Chance, dass nicht Angemeldete dennoch kommen, ist dafür ebenfalls groß. Senden Sie die Einladung je nach Einzugsgebiet zwei bis vier Wochen vor dem anberaumten Termin aus. Eine Woche vor dem Termin senden Sie eine Erinnerung aus.

In der Zwischenzeit erstellen Sie einen Media Kit (bzw. machen ggf. ein Update des bestehenden) und drucken diesen zusammen mit dem Programm/Ablauf und der Pressemitteilung/Einladung für die geladenen Gäste aus. Testen Sie am Vortrag des Events die Technik, und bereiten Sie wenn möglich den Raum nach Ihren Vorstellungen vor (wenn dieser noch belegt sein sollte, am Tag des Events sobald als möglich kommen).

Am Tag des Events halten Sie beim Eingang eine *Gästeliste* (aus der Anmeldemaske) bereit und tragen Sie sich für Ihre spätere Pressearbeit ein, wer den Termin wahrgenommen hat (Name, E-Mail, Telefonnummer, Medium und Ressort) – diese Personen haben offensichtlich ein größeres Interesse an Ihrem Thema und sind ab sofort eine wichtige Zielgruppe für Sie. Versuchen Sie JournalistInnen bedeutender Medien noch an Ort und Stelle kurz zu sprechen, Fragen abzuklären und einen möglichen Folgetermin für ein Interview (s. u.) anzuregen. Bleiben Sie telefonisch den ganzen Tag erreichbar, falls noch Fragen auftauchen sollten. Später am selben Tag wird eine entsprechende Pressemitteilung (s. o.) ausgeschickt. Am Tag nach der Pressekonferenz bis zu ein bis zwei Wochen danach sollten Clippings (s. u.) der Berichterstattung erstellt werden, diese auf Ihrer Website und in Ihren Social-Media-Kanälen verlinkt werden.

Welche anderen Tools stehen mir für Medienarbeit noch zur Verfügung?
Wenn Neuentwicklungen (erweitertes) Thema Ihres Buches sind, sind *Pressepräsentationen* eine gute Möglichkeit, den geladenen JournalistInnen Ihre Erfindungen und Produkte live zu demonstrieren. Besser als sehen ist es natürlich, das Produkt/die Erfindung selbst ausprobieren zu dürfen! Bereiten Sie sich auf alle Eventualitäten vor, und erstellen Sie unbedingt einen Plan B: Sollte der Event wetterabhängig sein, muss für

einen Ausweichort gesorgt sein. Stellen Sie im Media Kit eine Zusammenfassung aller technischen Spezifikationen zur Verfügung, die die JournalistInnen später als kompakte Referenz nutzen können. Für noch eher unbekannte Themen eignen sich auch Weiterbildungsveranstaltungen für JournalistInnen *(Presseseminare)*, um ihnen in einem halben Tag die Grundsätze Ihres Themas zu lehren.

Zeitlich und finanziell sehr aufwendige Möglichkeiten sind die *Pressefahrt* (halb- oder eintägig) und *Pressereise* (ein- bis mehrtägig, manchmal auch ins Ausland). Besonders geeignet sind diese Presseinstrumente z. B., wenn es einen bestimmten Ort gibt, der mit Ihrem Thema zu tun hat und Sie dort eine exklusive Führungen machen können oder ein bestimmtes Ereignis an einem bestimmten Ort sehr selten stattfindet und Sie dieses JournalistInnen live erleben lassen möchten. Bezahlung darf den JournalistInnen (Unabhängigkeit, Bestechungsvorwürfe) nicht geboten werden, aber die Anreise und alle damit verbundenen Spesen müssen abgegolten werden. Da der Aufwand sehr groß ist, darf sich die/der VeranstalterIn einen Artikel der teilnehmenden Medienleute durchaus erwarten (ansonsten ist eine zukünftige Ausladung oder Sperre gängig).

Bieten Sie sich Ihrem Verlag und in den Öffentlichkeitsabteilungen Ihren Institutionen als ExpertIn für zukünftige Medienanfragen für *Interviews* zum Thema an. So haben die Zuständigen bei Bedarf Ihre Kontaktdaten für JournalistInnen rasch bei der Hand. Selbstverständlich sollten Sie diese Möglichkeit auch in den Pressemitteilungen, beim Nachfassen und auf der Presseseite Ihrer Website (s. o.) samt Ihrer Kontaktmöglichkeit anbieten.

▶ **Gut zu wissen** Wenn Sie das Glück haben, für ein Interview angefragt zu werden, lohnt sich eine gründliche Vorbereitung. Je nachdem für welches Medium das Interview vorgesehen ist, sollten andere Dinge beachtet werden.

- TV-Interview: Lassen Sie sich die Fragen vorab senden, den gesamten Ablauf erklären und ggf. mitteilen, wer die anderen Gäste sind. Bereiten Sie sehr kurze Statements (z. B. auf Moderationskärtchen) vor, bedenken Sie dabei, was die ZuseherInnen am meisten ansprechen wird (s. Kap. 8). Tragen Sie keine gestreifte, karierte, allzu durchsichtige, kurze oder weit ausgeschnittene Kleidung.
- Radio-/Podcastinterview: Informieren Sie sich, wer die typischen ZuhörerInnen sind und falls unklar, in welchem Einzugsgebiet gesendet wird. Durchatmen, nicht zu schnell reden, einfach antworten, Beispiele bringen.
- Interviews *für Printmagazine:* Bedenken Sie auch hier, dass Sie Ihre Antworten auf Laien zuschneiden müssen, vermeiden Sie Fachbegriffe, antworten Sie in kurzen Sätzen (die man auch als direktes Zitat oder als Schlagzeile verwenden könnte). Lassen Sie sich die Abschrift vor Veröffentlichung zusenden.

- Schriftliches Interview: Aus Zeitgründen senden Medien manchmal eine Liste an Fragen zu. Die genannten Grundsätze gelten auch hier, beantworten Sie die Fragen spontan und bearbeiten Sie danach nur noch mögliche Tippfehler und zu lange Sätze. Achten Sie darauf, dass Namen und Fakten korrekt sind und Ihre Kontaktdaten (Website, Buchseite des Verlags) unbedingt angeführt und/oder online verlinkt werden.

Bringen Sie zu den persönlichen Terminen immer Ihre Visitenkarten und einen Buchflyer mit. Wenn es passt, kann man ein Interview auch mit der Verlosung von Werbemitteln und/oder Ihres Buches kombinieren (s. Kap. 18).

▶ **Gut zu wissen** Klären Sie am Ende eines Interviews, wann Sie die Abschrift bekommen werden. Bitten Sie auch um eine Kopie (wenn es in Print erscheinen wird) oder den entsprechenden Link zum Artikel. Meist kommt man dem gerne nach, zumal sich bei entsprechender Verbreitung des Artikels über Ihre Kommunikationskanäle und bei Nennung des jeweiligen Mediums auch kostenlose PR für das Medium ergibt.

Welche InfluencerInnen soll ich kontaktieren?
Neben den klassischen MedienvertreterInnen aus Print, TV und Radio sind InfluencerInnen eine wichtige neue Gruppierung. Darunter fallen besonders alle online tätigen BloggerInnen, YouTuberInnen, InstagramerInnen und PodcasterInnen. Leider sind InfluencerInnen kaum organisiert, eine gründliche Recherche wird selten erspart bleiben. Die jeweiligen Kontaktdaten sollten meist im Impressum Ihrer Website bzw. ihres Kanals zu finden sein. Man kann sich allerdings auch der Messengerdienste der sozialen Medien und jeweiligen Kanäle bedienen und sie auf diesem Wege direkt kontaktieren. Große Abhilfe können bei langwierigen Rechercheprozessen die bereits erwähnten *virtuellen AssistentInnen (VA)* (s. Kap. 11) schaffen.

Auch abseits der momentanen Mainstream-Medien gibt es reichlich Plattformen, die für Ihre Buchbewerbung förderlich sind: Zahlreiche fachspezifische Netzwerke, Alumni-Vereine, (Hobby-)Vereine und Gesellschaften sind wertvolle Ressourcen, deren thematische Verbundenheit unbedingt genutzt werden sollte. Fragen Sie an, ob Interesse an einer Rezension oder einem Artikel für deren Mitgliederzeitschrift oder eine Erwähnung für deren Newsletter oder auf deren Website interessant sein könnte. Je nach Thema sind womöglich nationale wie auch regionale Prominente, Stars und Sternchen als InfluencerInnen geeignet, die v. a. offline (s. Kap. 18) Einfluss ausüben können.

▶ **Gut zu wissen** Eine Untergruppe der Onlineinfluencer sind *BuchbloggerInnen*. Zwar sind die meisten an Ratgebern und Sachbücher bestimmter Themen interessiert, für Fachbücher jedoch meist nicht so offen. Für diese gilt es eher FachkollegInnen anzusprechen, die einen eigenen Blog führen oder in Social Media aktiv sind. Senden Sie niemandem ungefragt Bücher zu! Erkundigen Sie sich bei Ihrem Verlag zunächst, wie viele Exemplare insgesamt zur Verfügung gestellt werden können. Sammeln Sie dann ähnlich wie bei JournalistInnen E-Mail-Adressen und fragen Sie die InfluencerInnen kurz an, ob sie an der Zusendung und Rezension Ihres Buches Interesse hätten. Geben Sie in einem Satz bekannt, warum Sie glauben, dass es für den Blog spannend sein könnte (z. B. weil ein Buch zu einem ähnlichen Thema schon einmal besprochen wurde, die Zielgruppen sich mit der Ihren überschneiden) und senden Sie eine Kurzzusammenfassung (ein Absatz) des Themas/Buches mit. Erst wenn Interesse bekundet wurde, geben Sie die Kontaktdaten der InteressentInnen an Ihren Verlag weiter, damit dieser den Versand für Sie durchführen kann (SelbstverlegerInnen organisieren den Buchversand der Rezensionsexemplare selbst).

Was muss ich bei Rezensionen beachten?
Am Buchmarkt ist die Anzahl an Rezensionen und Artikel zu einem Werk ein gewisses Gütesiegel. Ehrliche und unbeeinflusste Meinungen aufzuzeigen, zählt jedoch mehr als die schiere Menge an Rezensionen. Dafür ist zu beachten, dass auch wenn InfluencerInnen ein kostenloses Ansichtsexemplar zur Verfügung gestellt bekommen haben, sie nicht verpflichtet sind, tatsächlich eine Rezension zu verfassen. Um die Chancen zu erhöhen, fragen Sie nach einigen Wochen nach, ob das Buch bereits eingetroffen ist und bis wann Sie mit der Rezension rechnen können. Vermeiden Sie es, Verwandte und FreundInnen um eine Rezension zu bitten, besonders wenn diese mit dem Thema wenig zu tun haben. Diese sogenannten „Gefälligkeitsrezensionen" sind rasch enttarnt und tragen nicht viel zum guten Ruf Ihres Werkes bei. Bitten Sie diese Ihnen vertrauten Personen stattdessen um direkte, kritische Rückmeldungen, wie Sie sich ggf. verbessern könnten (s. Kap. 20).

▶ **Gut zu wissen** Personen, die keinen eigenen Blog oder eine eigene Website führen, aber dennoch eine Rezension über Ihr Buch verfassen möchten, können sich auf beliebten Buchplattformen wie *Goodreads* registrieren und ihre Rezensionen und Bewertungen dort veröffentlichen. Selbst die beste Rezension nützt wenig, wenn sie nicht prominent präsentiert wird, z. B. durch:

- Die Rezension auf Ihrer Website auf die Presseseite verlinken.
- Dem Verlag den Link zusenden, damit er als „Pressestimme" auf der Buchseite verlinkt wird (Achtung: machen Sie gelegentliche Checks, ob die Verlage die Links auch wirklich aktivieren, ansonsten haben BloggerInnen/InfluencerInnen nichts davon).
- Den Social-Media- und Webbeauftragten Ihrer Hochschule bzw. Ihres Institutes gelegentlich den Link zu besonders guten und/oder Rezensionen in namhaften Magazinen zukommen lassen. Vielleicht kann man Sie spontan unterstützen.

Darüber hinaus sollten alle positiven Reaktionen zu Ihrem Buch auf Ihrer Facebook-Buchseite und in anderen Kommunikationskanälen gepostet werden. Stellen Sie den Link zur neuesten Rezension auch in Ihre E-Mail-Signatur. Senden Sie auch alle Links zu Unterstützungsaktionen anderer Personen oder Institutionen den jeweiligen InfluencerInnen zurück (wenn möglich mit Markierung des entsprechenden Kanals der InfluencerInnen oder Medien). Zum einen ist das Präsentieren und Verbreiten von Artikeln und Rezensionen der echte Erfolg Ihrer PR, zum anderen dient das auch als ein kleines, zusätzliches Dankeschön an die RezensentInnen.

Wie kann ich überprüfen, ob meine Öffentlichkeitsarbeit funktioniert?

Ihre Bemühungen um mehr Aufmerksamkeit für Ihr Buch werden rund zwei bis vier Wochen vor und bis zu drei Monate nach Erscheinen am besten fruchten. Streuen Sie in dieser Phase Ihre Bemühungen, damit Sie regelmäßig darüber berichten können (s. o.). Zur Qualitätssicherung und um zu erkennen, ob es zusätzliche Kommunikationskanäle und PR-Methoden braucht oder andere Gruppen von InfluencerInnen angesprochen werden sollten, muss regelmäßig erhoben und analysiert werden, wie Ihr Buch in der Öffentlichkeit ankommt. Das fällt deutlich leichter, wenn Sie in einer Liste (s. u.) alle PR-Aktivitäten anführen, die Sie gemacht haben.

Zum Ausprobieren

Nach klassischer Pressearbeit mit Pressemitteilung und Interviews muss nach den Clippings der Artikel gesucht werden: Schneiden Sie in Print erschienene Artikel aus und sammeln Sie sie in einer Mappe. Onlineartikel und -erwähnungen können als Link als PDF (durch die Druckfunktion) und/oder mit einem Screenshot gesichert werden. Bitte scannen Sie keine Artikel/Interviews ein, ohne zuvor bei den entsprechenden Medien um die Erlaubnis zur weiteren Verwendung in Ihren Kommunikationskanälen zu fragen (Stichwort Urheber- und Verwertungsrechte (s. Kap. 9)).

Um nicht den Überblick zu verlieren, halten Sie bei der Arbeit mit InfluencerInnen in einer Liste fest, wen Sie wann um eine Rezension gebeten hatten, ob und was diese InfluencerInnen geantwortet hatten, Links zu deren Blog und wichtigsten Social-Media-Kanälen und welche Kontakte Sie bereits an den Verlag weitergeleitet haben. Kontrollieren Sie nach einigen Wochen, ob bereits eine Rezension verfasst wurde. Kopieren Sie den Link und den prägendsten Satz zur jeweiligen Rezension in diese Liste, um sie rascher an den Verlag zur weiteren Verwendung (z. B. verlinken auf der Buchwebsite und in Social-Media-Kanälen) zusenden zu können.

Selbstverständlich kann man auch eine PR-Agentur oder -BeraterInnen mit der Öffentlichkeitsarbeit zum Buch beauftragen. Da es meist auch großen Spaß macht, sein nach langer Arbeitszeit endlich veröffentlichtes Werk persönlich präsentieren zu dürfen, muss das nicht unbedingt sein. Bei selbst durchgeführter PR bekommen AutorInnen oft nützliches Feedback und können wichtige (Medien-)Kontakte aufbauen und ausweiten. Denn: Personality sells!

ExpertInneninterview: Im Gespräch mit Dipl.-Psychologin Ulrike Scheuermann

Nun ist das Buch endlich draußen, die ersten Rezensionen trudeln ein. Doch keine Zeit, die Füße hochzulegen, die Arbeit geht weiter. Einerseits ist die Rückmeldung von Lesenden toll, andererseits haben Berichte und Interviews von ExpertInnen und JournalistInnen mehr Reichweite und damit mehr Gewicht.

▶ Wer kümmert sich für Ihre Werke um die klassische Pressearbeit?

Zum Glück machen das immer meine Verlage. Vor Bucherscheinen gibt es eine Pressemitteilung und die Infos werden weiträumig verteilt. Die PR-Leute von den Verlagen haben ihre Netzwerke, die gut gepflegt werden. Ich als Autorin spreche nur die JournalistInnen an, die ich persönlich kenne – oder werde von ihnen angesprochen.

▶ Welchen Erfahrungen haben Sie gemacht, wie sind FachjournalistInnen leicht zu erreichen?

Das kommt über den Verlag und klappt ganz gut. Hin und wieder sende ich selbst auch Informationen direkt per E-Mail an JournalistInnen, die ich gut kenne, oder besser noch: telefoniere. Auf Facebook und anderen Social Media bin ich auch aktiv, das ist eine wichtige Ergänzung für klassische Medienarbeit, dient aber eher der Kontaktpflege. Grundsätzlich sind meine Erfahrungen mit den Medien sehr gut. Die JournalistInnen sind sehr interessiert, kommen vorbereitet ins Interview und versuchen auch meine Themen gut darzustellen. Zum Glück schreibe ich nicht über extrem kontroverse Themen, die man womöglich für andere Zwecke ausschlachten könnte.

▶ Arbeiten Sie mit InfluencerInnen zusammen (BloggerInnen, YouTuberInnen)?

Vor allem mit PodcasterInnen, manchmal auch mit BloggerInnen. Mit YouTuberInnen bislang noch nicht. Meine Verlage fragen mich vor Vermarktungsbeginn, ob ich Vorschläge hätte, wer interessiert sein könnte, mein Buch zu rezensieren. Dann wähle ich aus, wer geeignet wäre, leite das dem Verlag weiter und dieser übernimmt alles Weitere. Ich könnte diese Arbeit sicher noch intensivieren und verbessern, es ist allerdings immer auch ein Zeitproblem, das schaffe ich alleine fast nicht. Ein Blogger hatte für einen Artikel über mein Buch Geld verlangt, anstatt eine normale, unbezahlte Rezension zu schreiben. Ich finde es völlig in Ordnung mit seinem Blog verdienen zu wollen. Doch ich wollte natürlich eine ehrliche und unbeeinflusste Rezension und keinen „Bezahlartikel" für mein Buch. Ich habe dem Blogger im Tausch Bücher zum Verlosen angeboten, was eine sehr häufige Abmachung ist, wofür auch die Verlage gerne Exemplare zur Verfügung stellen. Da kamen wir aber nicht zusammen.

▶   Bekamen Sie schon einmal „unmoralische" Angebote von InfluencerInnen,
     z. B. eine positive(re) Rezension zu kaufen?

Bislang nur ein einziges Mal: Ein Blogger hatte für einen Artikel über mein Buch Geld
verlangt, anstatt eine unbezahlte Rezension zu machen. Ich finde es völlig in Ordnung
mit seinem Blog verdienen zu wollen. Doch ich wollte ja eine ehrliche und unbeeinflusste Rezension und keinen „*Bezahlartikel*" meinem Buch. Daher hatte ich dem
Blogger im Tausch Bücher zum Verlosen angeboten, was eine sehr häufige Abmachung
ist, wo auch die Verlage gerne Exemplare dafür zur Verfügung stellen. Zusätzlich dazu
bot ich an, im Tausch einen Artikel zum Thema meines Buches kostenlos für diesen
Blog zu verfassen. Da kamen wir aber nicht zusammen. Ich verstand es nicht wirklich, Kooperationen oder Gegenangebote sind ja auch viel Wert, Zeit und Geld, die die
Gegenseite aufbringen muss. Das war mir daher in diesem Fall dann doch zu kleinlich,
er wollte nur Geld abkassieren. Ich habe das Angebot dann abgelehnt.

▶   (Wie) Bereiten Sie sich auf Medieninterviews vor?

Ich bereite mich mit handschriftlichen Notizen vor, das sieht dann mehr nach Schau-
bildern aus als nach Fließtext. Diese noch nicht ausformulierten überblicksartigen
Notizen helfen mir, mein Denken vorab nochmal neu auf das Interviewthema und die
Interviewfragen zu fokussieren. Oft reichen ein paar Minuten. Mir hilft diese kurze Vorbereitung, voll und ganz im Thema zu sein.

▶   Haben Sie schon einmal Interviews abgesagt, z. B. weil die Medien nicht zu
     Ihren Wertvorstellungen gepasst hatten?

Das kam noch nicht vor, das hat immer ganz gut gepasst.

Nachbereitung

Das Erscheinungsdatum liegt endlich hinter Ihnen, Ihr Buch ist auf dem Markt. Neben allerlei Vermarktungs- und PR-Aktionen (s. Kap. 17 und Kap. 18) sind nun einige Aufräumarbeiten und abschließende Verpflichtungen zu erledigen.

Endlich, etwas Tolles zum Abschluss!

Bevor es an die Nachbereitung Ihres Buches geht, steht ein sehr wichtiges Element in jedem Projektmanagementplan an – die Feier! Sie können stolz sein, Sie waren stark unter Druck, haben alles gegeben und ein tolles Produkt abgeliefert. Mehr noch, bei einem so großen Projekt wie dem Verfassen eines Buches sind wahrscheinlich nicht nur Sie alleine mehrere Monate in Anspruch genommen worden: Familie, FreundInnen, Bekannte und MitarbeiterInnen mussten Ihre Aufmerksamkeit, Kraft und Energie mit dem Manuskript teilen. Das war nicht immer schön für sie, doch man stand Ihnen bei und unterstützte Sie.

Da ist es nur fair, sich und Ihren Lieben zum Abschluss des Großprojektes ein Dankeschön auszusprechen – feiern Sie sich und Ihr Buch gründlich! Wie Sie dies machen, liegt ganz bei Ihnen. Hier einige Anregungen:

- Gehen Sie am Tag/in der Woche der Manuskriptabgabe mit Ihren KoautorInnen und/oder Ihrer Partnerin/Ihrem Partner edel essen.
- Unternehmen Sie zumindest eine schöne Sache, die Sie schon seit Wochen aufschieben – gehen Sie ins Theater, in eine Ausstellung oder in ein Konzert und entspannen Sie.
- Kontaktieren Sie alle engeren Kontakte und drücken Sie Ihre Wertschätzung für deren Unterstützung während des Prozesses aus.
- Genießen Sie eine eigene Feier mit den engeren Kontakten in einem kleinen Rahmen.

© Springer Fachmedien Wiesbaden GmbH, ein Teil von Springer Nature 2019 213
N. Miljković, *Vom Vortrag zum Sachbuch*, https://doi.org/10.1007/978-3-658-27151-0_20

- Nutzen Sie auch die offizielle Buchpräsentation als große Feierlichkeit für alle Ihre Kontakte.
- Senden Sie Dankeskarten und eine kleine Aufmerksamkeit an die treusten WegbegleiterInnen.
- Verteilen Sie Exemplare Ihres Buches mit einer persönlichen Widmung.
- Kaufen Sie sich etwas, was Sie schon immer haben wollten, als Geschenk für sich selbst.
- Entfliehen Sie ein Wochenende lang dem Alltag und schalten Sie in der Therme, am Meer, beim Wandern oder in einer anderen Stadt komplett ab.

Egal wie die Buchproduktion lief, begehen Sie ein offizielles Ende auch, um das Projekt aus Ihrem Kopf zu bekommen und frei zu werden für Neues.

Was habe ich bei diesem Projekt gelernt?
Zum Abschluss eines großen Projektes ist es auch wichtig, nochmal zurück an den Anfang zu blicken. Sie hatten viele Intentionen, Hoffnungen und Wünsche (s. Kap. 1), einige Vorstellungen darüber, wie der Buchentstehungsprozess (s. Kap. 11) und die Zusammenarbeit mit Lektorat und KoautorInnen sein würde. Bei großen Projekten klappt auch nicht immer alles wie zuvor geplant, es mussten Änderungen und Verschiebungen vorgenommen, Kapitel umgearbeitet und andere KoautorInnen gefunden werden.

Zum Ausprobieren

Machen Sie eine gründliche und durchaus gerne auch selbstkritische Reflexion des Entstehungsprozesses. Gehen Sie anhand der Kapitel in diesem Buch noch einmal alle Stationen durch. Notieren Sie sich, welche Erlebnisse Sie hatten, und wie Sie diese lösen bzw. umgehen konnten:

- Wann haben Sie auf Ihre motivierenden Gründe für ein Buch zurückgegriffen? Haben sich Ihre Intentionen erfüllt?
- Wie kam Ihre didaktische Konzeptionierung an? Gab es Feedback dazu?
- Was sagten Testlesende und/oder Vertraute zu den festgelegten Lernzielen?
- Wie leicht ist es Ihnen gefallen, die Fachsprache zu „übersetzen"? Wie haben Sie die oft bestehende Hemmschwelle, populärwissenschaftlich zu schreiben (s. Kap. 3), überwunden?
- Was würden Sie als NeuautorIn sagen, was mögen Sie an Ihrer neuen Rolle am meisten?
- Sehen Sie nach dem Prozess die Zielgruppe(n) noch so wie am Anfang? Was haben Sie über sie dazugelernt?
- Stehen Sie noch zu Ihren Entscheidungen für/gegen Selfpublishing und andere Strategien?

- Wie empfanden Sie den Prozess des Anschreibens der Verlage? Was hatten Sie erwartet/nicht erwartet zu erleben?
- Wie oft haben Sie die Inhaltsangabe überarbeitet, bis sie zur endgültigen Form fand? Was hat Sie am Schreiben des Exposés und der Leseprobe am meisten begeistert?
- Wie gestalteten sich die Verhandlungen mit dem Verlag? Über welche rechtlichen Abmachungen waren Sie nach Vertragsunterzeichnung womöglich richtig froh?
- Wie verlief das Selfpublishing (wenn diese Verlagsart gewählt wurde)? Was mögen Sie an Ihrem Endprodukt am liebsten?
- Was war für Ihre Projektorganisation am herausforderndsten? Welche Tools haben sich bewährt?
- Wie haben Sie genug Zeit zum Schreiben gefunden? Was hat Ihnen dabei geholfen, Motivationsprobleme zu überwinden?
- Wie haben Sie Spannungsbögen in Ihren Argumentationsaufbau eingebaut?
- Was haben Sie beim Schreibprozess an sich beobachten können?
- Die Erstellung welcher anderen Elemente eines Buches neben dem Text hat Ihnen am meisten Spaß gemacht?
- Welchen Kommunikationsstil bevorzugen Sie zur Buchbewerbung?
- Welche Maßnahmen zur Buchbewerbung haben Sie in Onlinekanälen schon ausprobiert? Welche möchten Sie noch testen?
- Wie verliefen erste Buchpräsentationen?
- Welche Erfahrungen haben Sie mit Medienarbeit und Interviews zum Buch gemacht?

Der nachhaltigste Lernerfolg stellt sich ein, wenn Sie sich nach dieser Übung ehrlich fragen: Was war Ihr eigener Anteil am Erfolg/den Herausforderungen? Wie hätten Sie etwas, das erfolgreich verlaufen ist, noch erfolgreicher machen können? Was würden Sie das nächste Mal anders machen und wie? Wo waren Sie zu ehrgeizig, haben sich überschätzt? Wo hätten Sie lockerlassen können oder wo auch mal nachhaken?

▶ **Gut zu wissen** Wenn Sie mit KoautorInnen zusammengearbeitet haben, ist es günstig, wenn zunächst jede/jeder für sich die oben stehende Übung durchführt. Anschließend sollte eine letzte gemeinsame Besprechung stattfinden. Geben Sie auch an alle externen UnterstützerInnen wie GrafikerInnen, AssistentInnen usw. (s. Kap. 11) ein abschließendes Feedback ab, damit diese auch die Chance bekommen ggf. ihre Services zu verbessern.

Diese Erkenntnisse können wertvolle Entwicklungsanregungen sein und sich in Zukunft auch nutzenstiftend auf andere Projekte übertragen lassen. Grämen Sie sich nicht zu sehr über Fehler und andere Ärgernisse, die im Laufe der Produktion aufgetreten sind – ein Buch entsteht nicht alleine durch Sie (s. ExpertInneninterview Kap. 20). Es ging durch viele fähige Hände, bevor es in den Handel kam, wenn es bis dahin niemandem aufgefallen ist, kann es nicht so schrecklich gewesen sein.

Welche Unterlagen soll ich behalten?
Aus den Augen, aus dem Sinn? Vor allem die letzte Phase der Manuskriptüberarbeitung hat an den Nerven gezehrt und Sie können nichts mehr sehen, was nur entfernt mit dem Buch zu tun hat? Das geht den meisten so und ist nur zu verständlich. Aber nicht ganz so schnell.

▶   **Gut zu wissen** Geben Sie sich unmittelbar nach der Manuskriptabgabe etwas Zeit, aber beginnen Sie relativ zügig danach bzw. spätestens bei Bucherscheinung mit der Nachbereitung. Jetzt haben Sie noch im Kopf, welche Unterlagen, Notizen und welches Material zu welchem Thema gehörten und was sie bedeuten. Noch ist es einfach zu entscheiden, was aufbewahrt, was archiviert und auch was weggeworfen werden soll. Folgendes sollte bei der Nachbereitung bedacht werden:

- Speichern Sie Ihre gesamte E-Mail-Konversation mit dem Verlag ab.
- Sichern Sie alle Dateien, die mit dem Buchprojekt zu tun haben. Nutzen Sie dafür am besten zwei externe Festplatten, die an zwei verschiedenen Orten gelagert werden.
- Sortieren Sie alle Ihre Notizen – auf Papier, am Computer, in Notizprogrammen am Computer, am Tablet und auf dem Mobiltelefon.
- Übertragen Sie ggf. wichtige Ideen und Informationen aus Journalen und digitalisieren Sie ggf. Papiere.
- Misten Sie die angelegten Lesezeichen am Browser aus.
- Geben Sie zurück, was nicht Ihnen gehört (Bücher in die Bibliothek bringen, ausgeborgten Drucker retournieren).
- Beenden Sie Newsletter und andere Informationsdienste, die Sie nicht mehr interessant oder nützlich finden.
- Räumen Sie das Literaturverwaltungsprogramm auf.
- Löschen Sie Apps und Programme, die Sie nicht mehr benötigen.
- Säubern Sie Ihr Büro oder Ihren Arbeitsplatz – in der Institution und zu Hause.
- Sammeln Sie alle Rechnungen, die im Zusammenhang mit dem Buchprojekt stehen (Entleihgebühren, Porto, Kosten für Rechercherreisen, Ankauf zusätzlicher Belegexemplare, Werbemittel etc.), und machen Sie sie in Ihrer Buchhaltung bzw. beim nächsten Lohnsteuerausgleich geltend.

Soll ich mich bei Verwertungsgesellschaften anmelden?
Verwertungsgesellschaften unterstützen Sie als AutorIn (s. Kap. 9) beim Durchsetzen Ihrer Urheber- und Verwertungsrechte. Die Anmeldung ist für AutorInnen sehr empfehlenswert, da diese Einnahmen eine gute Aufbesserung des meist überschaubaren

Honorars (s. Kap. 7 und Kap. 9) der Verlage ist. Damit man nicht alle Nutzungsereignisse selbst erheben und riesigen administrativen Aufwand beim Verwalten der NutzerInnen betreiben muss, übernehmen das Gesellschaften wie die *VG Wort* in Deutschland und die *Literar Mechana* in Österreich. Wegen länderübergreifender Übereinkommen dieser Gesellschaften brauchen Sie gegen einen geringen Jahresmitgliedsbeitrag nur bei einer Gesellschaft Mitglied werden. Meist ist das die zuständige Gesellschaft in Ihrem Land, aber es kann auch eine andere gewählt werden. Damit die Verwertungsgesellschaft berechnen kann, welche Anteile Ihnen zustehen, müssen Sie Ihr Werk nach der Anmeldung bei der Gesellschaft registrieren: Melden Sie hierfür die entsprechende Werkkategorie, ob Sie die Rolle der HerausgeberIn inne hatten und wie viele und welche Seiten Sie verfasst haben. Jedes Mal, wenn Ihr Werk von Dritten verwendet wird, steht Ihnen (und, so vorhanden, auch den KoautorInnen) eine Gebühr zu.

▶ **Gut zu wissen** Bei mehreren AutorInnen gilt: Jede AutorIn muss sich eigenständig bei einer Verwertungsgesellschaft anmelden und die genauen Seitenangaben des Sammelbandes eintragen, die sie/er beigetragen hat.

Zusätzlich zur Menge an gemeldeten Nutzungen bekommen Sie auch je nach gesamter Anzahl an gemeldeten Werken und AutorInnen in diesem Jahr einen Anteil zugesprochen. Etwa im Mai des Folgejahres nach Erscheinen Ihres Buches beginnt die Endabrechnung der Verwertungsgesellschaften. Die Auszahlung erfolgt circa im Juni oder Juli.

Wie gehe ich am besten mit schlechten Kritiken um?
Selbst ist man die strengste Kritikerin/der strengste Kritiker. Unvorbereitet kann jedoch eine ungeschickt formulierte Meinungsäußerung anderer hart treffen. Am Buchmarkt sind diese Meinungsäußerungen häufig als negative Bewertungen in Onlineshops, spitze Bemerkungen in Rezensionen oder verreißende Erwähnungen in Zeitschriften anzutreffen. Alle diese Meinungsäußerungen sind genau das – Meinungen! Natürlich ist es leicht dahingesagt, darauf nicht allzu viel zu geben. Was also tun, wenn einem der Kopf vor Zorn über die unverschämt bösartigen „Meinungen" glüht?

Clark empfiehlt, eine proaktive Strategie zu wählen und diese Kritiken zum Anlass zu nehmen, aus den Aussagen so viel als möglich zu lernen (2008, S. 332ff.). Einige Tipps hierfür sind (Clark 2008, S. 338):

- Antworten Sie niemals im Zorn! Verarbeiten Sie die Emotionen erst einmal ein paar Tage lang. Wenn es Ihnen dann noch etwas wert ist, gehen Sie dann sachlich ans Werk und antworten Sie.
- Seien Sie dankbar, dass sich jemand die Zeit nahm und Ihr Werk nicht nur gelesen, sondern sich auch noch Zeit dafür genommen hat, eine Kritik zu schreiben.
- Versuchen Sie die Kritikerin/den Kritiker öffentlich in eine Konversation zu verstricken und mehr zu dessen Eindrücken zu hören. Diese könnten tolle Einblicke in Verbesserungsmöglichkeiten bieten, u. a. auch für Neuauflagen (s. u.).

- Untersuchen Sie in den Meldungen der KritikerInnen, ob diese Person jemand ist, der sich mit der Materie wirklich auskennt, auch tatsächlich zur von Ihnen angepeilten Zielgruppe gehört und/oder das Buch tatsächlich gelesen hat (was leider bei Kritiken nicht immer der Fall ist).
- Verteidigen Sie sich nie! Erklären Sie den KritikerInnen stattdessen sachbezogen, was Sie mit den kritisierten Punkten ausdrücken wollten. Geben Sie auch ein wenig Einblick in Ihre Beweggründe für das Buch.

Gibt es mehr auf die Kritiken zu antworten, könnte sich auch eine längere Darstellung in Form eines Blogartikels oder offenen Briefes an Medien mit der Bitte um ein Interview im Anschreiben anbieten. Gorus schreibt dazu: „Die kritische Aufnahme eines Buches in den Medien kann dazu führen, dass Menschen das Buch kaufen, um sich selbst ein Urteil zu bilden. Der Autor kann eine Kontroverse sogar nutzen, um sich noch mehr ins Gespräch zu bringen. Der Marketingeffekt stellt sich also in jedem Fall wie nebenbei ein und ist dadurch umso effektiver." (Gorus 2011, S. 20).

Wie geht man eine Neuauflage an?
Meist weiß man erst nach ein bis zwei Jahren, ob ein Werk am Markt gut angekommen ist. Hat es gute Verkaufszahlen erwirtschaftet, wird Ihr Verlag wahrscheinlich wegen einer Neuauflage an Sie herantreten. Bis vor wenigen Jahren wurden gewisse Mindestmengen gedruckt und das Buch nachgedruckt, sobald die Vorräte sich dem Ende zuneigten. *Nachdrucke* beinhalten keine Änderung am Text. Durch Digitaldruck und Print-on-Demand-Verfahren (s. Kap. 10) entfällt der Nachdruck mittlerweile fast vollständig, da laufend kleine Mengen gedruckt werden.

Für eine *Neuauflage* findet eine inhaltliche Änderung statt. Das wird u. a. dann gemacht, wenn aktuelle Entwicklungen eingebunden, geänderte Lehrmeinungen berücksichtigt oder der Zielgruppe ein Sachverhalt noch besser vermittelt werden kann. Selbstverständlich werden auch kleinere Fehler in der ursprünglichen Ausgabe dabei korrigiert. Eine Neuauflage ist meist relativ wenig Aufwand für die AutorInnen und bietet andererseits potenziellen KundInnen durch die Erweiterungen zusätzliche Vorteile und somit noch mehr Marketingargumente für Ihr Werk.

▶ **Gut zu wissen** Die meisten AutorInnen nehmen diese zusätzliche Arbeit gerne auf sich, da sie ein direkter Nachweis ihres Erfolges ist. Für die Neuauflage bekommen Sie auch Ihr Honorar zugesprochen und je nach Vertragsart und -details kann es sein, dass Sie für diese Zusatztätigkeit sogar eine kleine Abfindung bekommen. Sollten Sie keine Zeit oder kein Interesse daran haben, die Neuauflage selbst zu bearbeiten, räumen die Verträge zumeist das Recht zum Abtritt der Neuauflage an Dritte ein. Koordinieren Sie sich mit dem Verlag, damit dies ggf. rasch in die Wege geleitet werden kann.

Die beste Vorbereitung auf eine Neuauflage ist, alle Kritiken, Rezensionen, Bewertungen und Feedback von Testlesenden genau zu studieren. Tragen Sie alles zusammen, fragen Sie ggf. gezielt nach, was mit welcher Anmerkung genau gemeint war (s. o.) oder bitten Sie nochmals um die Unterstützung von Testlesenden aus Ihrer Zielgruppe. Geben Sie spezifische Fragen aus, die Ihnen weiterhelfen könnten sich zu verbessern.

Welche weiteren Produkte könnte ich zu diesem Thema noch anbieten?
Das Buch ist abgeschlossen, doch Ihnen schwirren noch so viele weitere Ideen im Kopf herum? Halten Sie diese schriftlich fest und prüfen Sie, ob es gar lohnen könnte, weitere Produkte daraus zu entwickeln. Das sind beliebte Beispiele, die kleine, aber nachhaltige Zusatzverdienste sowie eine noch bessere Verbreitung und Vernetzung innerhalb Ihrer Zielgruppe(n) ermöglichen können:

- Blog: Viele Aspekte hatten im Buch nicht in aller Ausführlichkeit Platz? Nutzen Sie die Möglichkeiten, ein Onlinetagebuch bzw. -magazin zu gestalten. Ein Blog ist leicht und kostenlos aufzusetzen, rasch zu befüllen und zugleich ist er auch ein wertvolles Tool für Ihr Buchmarketing (s. Kap. 16 und Kap. 17).
- Arbeitsblätter: Je nach Genre bieten sich Arbeits- oder Merkblätter, die online zum Download oder laminiert zum Kauf angeboten werden, als Zusatznutzen für die Zielgruppe an. Meist übernehmen Verlage die Gestaltung der Blätter für Sie.
- App: Sofern es für Ihr Thema sinnvoll ist, kann man sich mit EntwicklerInnen zusammentun und für die Zielgruppe zu den im Buch genannten Tipps eine eigene App entwickeln. Beraten Sie sich zuvor mit dem Verlag und suchen Sie ggf. SponsorInnen.
- Vorträge, Seminare und Workshops: Bei AkademikerInnen ergeben sich viele Sach- und Fachbücher aus der eigenen Lehrtätigkeit (s. Kap. 2) und umgekehrt. Das Buchprojekt kann Sie dazu anregen, neue Vortragsthemen zu erarbeiten und anzubieten.
- Onlinekurse: Weiterbildungsangebote sind zunächst viel Arbeit, aber einmal aufgesetzt, kann man einige Jahre davon profitieren. Für die Zielgruppe bieten sie den tollen Zusatznutzen an, um für wenig Geld noch tiefer in die Materie einsteigen zu können.
- Beratungen und Coaching: Sind Sie in einem vortragenden und/oder beratenden Umfeld tätig, lohnt es sich sehr, Ihr Buch auch für die Akquise zu verwenden. Erstellen Sie thematisch eng mit dem Buch verknüpfte Beratungsangebote.
- Hörbuch: Diese Möglichkeit ist v. a. für das Ratgebergenre und/oder Themen, die die Zielgruppe eher persönlich betreffen, interessant. Lesen Sie Ihr Buch ein bzw. beauftragen Sie Hörbuchfirmen damit (s. ExpertInneninterview Kap. 6).
- Übersetzungen: Je nach Thema und Zielmärkten kann eine Übersetzung Ihres Buches durchaus Sinn machen. Da Übersetzungen immer ein großes Unterfangen sind, sollte man bald an den Verlag herantreten. Verlage wissen den Markt und die Erfolgschancen einer Übersetzung gut einzuschätzen, da die meisten internationale Zweige

ihres Unternehmens und dadurch sehr genaue Einblicke haben. Lassen Sie die Übersetzung unbedingt professionell machen oder zumindest professionell überarbeiten.

- Neues Buchprojekt: Vielleicht hatten Sie schon ganz zu Anfang geplant (s. Kap. 8), einen weiteren Band zum Thema zu schreiben. Oder während des Verfassens Ihres Buches kam die Idee zu einem anderen Buch auf. Sie sind nun ein Profi und kennen die erforderlichen Schritte bereits genau. Machen Sie sich mit viel Freude an die Arbeit!

Achten Sie bei Ihren Überlegungen unbedingt auf Ihre spezifischen Vertragsbedingungen (s. Kap. 9) und besprechen Sie Ihre Ideen ggf. zuerst mit Ihrem Verlag, um deren Verwertungsrechte nicht irrtümlich zu untergraben.

Wie kann ich mich für Buchpreise bewerben?
Im Vergleich zu Buchpreisen für Romane und andere fiktionale Genres wie Science Fiction werden für Sachbücher verhältnismäßig wenige Buchpreise und -auszeichnungen verliehen. Eine Recherche lohnt sich dennoch, da für manche Themen wie Politik oder Wirtschaft zahlreiche Preise ausgelobt werden. Hier einige Beispiele bekannter Sachbuchpreise im deutschsprachigen Raum (tlw. s. Literaturpreisgewinner 2017):

- Bayrischer Buchpreis (allgemein) – Eine Jury bestimmt die Preisträger im Bereich Belletristik- und Sachbuchtitel aus allen Einreichungen (Bayrischer Buchpreis 2018).
- Bruno-Kreisky-Preis (Politik) – Preise in mehreren Kategorien: Hauptpreis für das politische Buch, Preis für ein publizistisches Gesamtwerk, Sonderpreis zum Themenfeld „Arbeitswelten – Bildungswelten", Preis für besondere verlegerische Leistungen und Anerkennungspreis (Renner Institut 2017a).
- Deutscher Wirtschaftsbuchpreis (Wirtschaft) – Für Bücher, die der Bevölkerung wirtschaftliche Zusammenhänge vorbildlich vermitteln.
- digital publishing award (digital) – Ab 2019 werden herausragende Innovationen und Produkte aus dem Bereich digitaler Publikation geehrt werden, wobei die Einbringung von Apps, Podcasts, E-Books, aber auch Webseiten erlaubt ist. Außerdem sind Ehrungen für Prozesse und Persönlichkeiten aus dem Bereich des digitalen Publizierens vorgesehen (Leipziger Buchmesse 2018).
- Einhard-Preis (Biografie) – Preis für Biografien von EuropäerInnen, die sich in Wissenschaft, Wirtschaft, Religion oder Kunst verdient gemacht haben.
- Europäischer Buchpreis (allgemein) – Ein Preis für je ein Essay und einen Roman europäischer AutorInnen (Livre Européen 2019).
- Evangelischer Buchpreis (Religion) – Für Bücher jeder Gattung, die Lesende dazu anregen, über ein Leben mit Gott nachzudenken.
- Geschwister-Scholl-Preis (Gesellschaft) – Für Bücher, die sich um die Unabhängigkeit, Freiheit, Moral, den Intellekt oder ästhetische Empfinden von BürgerInnen verdient machen und zu mehr Verantwortungsbewusstsein beitragen.

- Gleim-Literaturpreis (Kulturgeschichte) – Für Werke, die die Kulturgeschichte des 18. Jahrhunderts aufarbeiten.
- Hanno-und-Ruth-Roelin-Preis (Astronomie) – Für Werke, die der breiten Öffentlichkeit neue astronomische Erkenntnisse und die Weltraumforschung näherbringen.
- Internationaler Friedrich-Nietzsche-Preis (Philosophie) – Für deutschsprachige philosophische Werke unterschiedlicher Gattungen.
- Kurt-Rothschild-Preis (Wirtschaftspublizistik) – Sowohl Kolumnen in Zeitungen und Zeitschriften, Kommentare und Blogbeiträge als auch wissenschaftliche Artikel und Bücher zur Wirtschaftspublizistik können eingereicht werden (Renner Institut 2017b).
- Leipziger Buchpreis (Gesellschaft) – Preis für Verdienste zugunsten der Verständigung in Europa mit Fokus auf Mittelmeerregion und östliches Europa.
- Ludwig-Börne-Preis (Medien) – Preis, der für herausragende deutschsprachige Essays, Kritiken und Reportagen verliehen wird.
- NDR Kultur Sachbuchpreis (allgemein) – Diese Auszeichnung für deutschsprachige Sachbücher ist für alle Fachbereiche und Themen offen.
- Preis der Leipziger Buchmesse (allgemein) – Wird für drei Genres vergeben, Werke müssen allerdings von auf der Messe ausstellenden Verlagen publiziert worden sein (Leipziger Buchmesse 2019).
- Preis für das Politische Buch (Politik) – Preis, der von der Friedrich-Ebert-Stiftung für Bücher rund um demokratische Vorgänge, Kultur und Teilhabe an der Gesellschaft vergeben wird.
- Österreichischer Buchpreis (allgemein) – Preis für ein deutschsprachiges Werk, das von einer Österreicherin/einem Österreicher verfasst wurde. Es sind Einreichungen für alle literarischen Textgattungen erlaubt.
- Wissensbuch des Jahres (Wissenschaften) – Preis für Bücher, die wissenschaftliche Themen verständlich und auch unterhaltsam vermitteln.

Auch viele lokale, regionale, nationale oder überregionale Gesellschaften und Vereine vergeben Buchpreise.

▶ **Gut zu wissen** Lesen Sie sich den jeweiligen Ausschreibungstext genau durch: Welche Personen sind berechtigt, sich zu bewerben? Manche Preise werden ausschließlich an BürgerInnen eines Staates oder VertreterInnen einer bestimmten Personengruppe vergeben. Wie kann man sich bewerben? Bei manchen Ausschreibungen kann man sich selbst bewerben, für andere schlägt ausschließlich die Jury KandidatInnen vor. In welche Kategorie fällt Ihr Buch? Oft gibt es neben dem Hauptpreis noch einige weitere Unterkategorien. Welchen Vergabezeiträumen und Deadlines unterliegt die jeweilige Einreichung? Stellen Sie sicher, alle Unterlagen zeitgerecht vorzubereiten und einzureichen.

ExpertInneninterview: Im Gespräch mit FH-Prof. Dr. Martin Lehner

Die Erleichterung, wenn ein Manuskript die Endabnahme überstanden hat und endlich in Druck geht, ist riesig. Die Spannung steigt, wie gut es bei der Zielgruppe ankommt. Irgendwann einmal fallen einem aber auch diverse Dinge auf, die man anders machen hätte können, oder man bekommt Feedback, was die Zielgruppe noch so alles gerne im Buch gehabt hätte.

▶   Wie gehen Sie mit Fehlern um, die Sie erst nach Erscheinen bemerken?

Tja, das kann schon passieren, in den meisten Büchern findet man irgendwelche Fehler. Allerdings sind es zumeist ja ohnehin nicht viele Fehler, schließlich sind an so einer Buchproduktion ja viele Menschen beteiligt: Ich lese meine Texte viele Male, dann gibt es einige Testlesende, die mich unterstützen, das Lektorat usw. Wenn uns allen da doch noch was durch die Lappen gehen sollte, dann kann ich damit leben.

▶   (Wie) Holen Sie aktiv *Feedback* Ihrer Lesenden ein?

Nein, nicht direkt. Ich spreche aber sehr gerne mit Lesenden, z. B. bei der Buchpräsentation zum Erscheinen oder bei meinen Seminaren. Da bekomme ich viele tolle Rückmeldungen!

▶   Wie bereiten Sie die Neuauflagen vor? Sammeln Sie Kritikpunkte und arbeiten
    diese dann ab?

Ich sammle meist alle Fehler und Anmerkungen, markiere mir das im Buch. Und wenn es zu einer Neuauflage oder Überarbeitung kommen sollte, setze ich davon um, was ich für richtig halte. Nicht alle Anmerkungen sind nützlich oder passend.

▶   Wie viel Unterstützung bekommen Sie von Ihrem Verlag während der Nach-
    bearbeitung?

Ich bin im Großen und Ganzen sehr zufrieden mit der Betreuung durch meine Verlage. Besonders der Haupt-Verlag, mit dem ich seit vielen Jahren zusammenarbeite, kümmert sich sehr gut um seine AutorInnen. Sollte ich etwas brauchen oder wissen wollen, ist man jederzeit hilfreich.

▶   Wie lange dauert die Arbeit an einer Neuauflage durchschnittlich?

Ich habe gerade für die Überarbeitung eines meiner Bücher ein Jahr benötigt. Das war aber eine Ausnahme, in der Regel ist eine Neuauflage nicht aufwendig. Ich setze die Fehler und Anmerkungen, die ich ab dem Erscheinen eines Buches sammle (s. o.) um und reiche mein Manuskript beim Verlag ein. Das geht ziemlich zügig. Für überarbeitete Bücher empfehle ich eher den „Grüne-Wiese"-Ansatz: bestimmte Teile gleich ganz neu schreiben. So massiv überarbeitete Werke werden selten gut, da verwäscht sich der ursprüngliche Ansatz oder der „rote Faden" meist zu sehr.

Literatur

Bayrischer Buchpreis (2018). *Bayrischer Buchpreis (anonym)*. http://www.bayerischer-buchpreis. de/. Zuletzt zugegriffen: 14. Nov. 2018.

Clark, R. P. (2008). *Writing tools: 55 essential strategies for every writer* (1. Aufl.). New York: Little, Brown and Company.

Gorus, O. (2011). *Erfolgreich als Sachbuchautor: Von der Buchidee bis zur Vermarktung* (2., vollst. überarb. Aufl.). Offenbach: GABAL.

Leipziger Buchmesse (2018). *Neu auf der Leipziger Buchmesse: digital publishing award (anonym)*. https://www.leipziger-buchmesse.de/neuigkeiten/neu-auf-der-leipziger-buchmesse-digital-publishing-award/878081. Zuletzt zugegriffen: 14. Nov. 2018.

Leipziger Buchmesse (2019). *Preis der Leipziger Buchmesse (anonym)*. http://www.preis-der-leipziger-buchmesse.de/de/. Zuletzt zugegriffen: 01. Feb. 2019.

Literaturpreisgewinner (2017). *Literaturpreise Gewinner (anonym)*. https://www.literaturpreisgewinner.de. Zuletzt zugegriffen: 14. Nov. 2018.

Livre Européen (2019). *Prix du livre européen (anonym)*. http://www.livre-europeen.eu. Zuletzt zugegriffen: 01. Feb. 2019.

Renner Institut (2017a). *Bruno-Kreisky-Preis (anonym)*. https://www.renner-institut.at/bruno-kreisky-preis/ausschreibung/. Zuletzt zugegriffen: 14. Nov. 2018.

Renner Institut (2017b). *Kurt-Rothschild-Preis (anonym)*. https://www.renner-institut.at/kurt-rothschild-preis/. Zuletzt zugegriffen: 14. Nov. 2018.

Checkliste

Mit dieser Checkliste bearbeiten Sie die wichtigsten Punkte im Rahmen des Entstehungsprozesses systematisch und haben so stets einen aktuellen Überblick über Ihr Buchprojekt. Je realistischer und genauer Sie Ihr Projekt darstellen können, umso rascher und problemloser gelingen das Schreiben und alle weiteren Schritte auf dem Weg zu Ihrem eigenen Buch.

Und so funktioniert es: Haken Sie zu jeder Frage rechts ab, ob das Thema für Sie zutreffend ist bzw. ob Sie sich ihm noch widmen müssen („To-do"), ob Sie schon am Bearbeiten sind („laufend") oder ob Sie bereits gründlich überlegt haben („erledigt"). Gerne können Sie sich auch zu eigenen Antworten („andere") inspirieren lassen und diese in den Checklisten dokumentieren.

Verlauf des Entstehungsprozesses

I. **VORAUSSETZUNGEN (s. Kap.** 1, 2, 3 und 4)

Ich bin mir über meine Intentionen, warum ich ein eigenes Sachbuch erstellen möchte, im Klaren.

	Zutreffend
Selbstmarketing forcieren	
Expertenstatus ausbauen	
Forschungsthema verbreiten	
Zusatzeinkommen generieren	
Andere:	
Andere:	

© Springer Fachmedien Wiesbaden GmbH, ein Teil von Springer Nature 2019
N. Miljković, *Vom Vortrag zum Sachbuch*, https://doi.org/10.1007/978-3-658-27151-0

Ich bin mir der möglichen Nachteile bewusst, die dieses Buchprojekt mit sich bringen könnte.

	To-do	Laufend	Erledigt
Großen zeitlichen Aufwand voraussehen			
Mögliche Kosten für mich kalkulieren			
Alternativen überlegen, falls ich keinen Verlag finde			
Zu wenig Lesende für mein Spezialgebiet			
Andere:			
Andere:			

Ich weiß, wie viele Stunden pro Woche ich realistischerweise auf mich nehmen kann, um dieses Buch zu erstellen.

	Zutreffend
Nur sporadisch schreiben (Ich bin mir bewusst, dass mein Buch mit wenigen Arbeitsstunden pro Woche nicht schnell fertigzustellen ist, kann mich allerdings über einen langen Zeitraum verpflichten.)	
Zwei bis fünf Stunden pro Woche schreiben (Ich bin realistisch und weiß, dass ich neben anderen Verpflichtungen meist nur wenig Zeit haben werde.)	
Fünf bis zehn Stunden pro Woche schreiben (Ich kann mir mehrere Schreibeinheiten pro Woche im Kalender einteilen.)	
Zehn bis 15 Stunden pro Woche schreiben (Ich will diese Herausforderung annehmen und nebenberuflich schreiben, wofür ich ein oder mehrere andere Projekte zurückfahren muss/kann, um das Buch schnell fertig zu stellen.)	
Andere:	

Ich habe das Thema gründlich durchdacht und erste Anhaltspunkte zu seinen Inhalten zusammengetragen.

	To-do	Laufend	Erledigt
Neueste Literatur des Fachgebiets sichten			
Trendanalyse durchführen			
Vorläufige Gliederung erstellen			
Andere:			
Andere:			

Ich kann mir meine zukünftigen Lesenden sehr gut vorstellen und weiß, was sie interessiert und was sie von meinem Buch erwarten.

	To-do	Laufend	Erledigt
Alter, Geschlecht und soziale Schicht der Lesenden (sofern das für mein Thema eine Rolle spielt) definieren			
Mögliches Vorwissen der Lesenden einschätzen			
Beweggründe der Lesenden, zu meinem Buch zu greifen, bedenken			
Andere:			
Andere:			

Ich habe die Lesernutzen/die Reading Outcomes genau definiert und weiß, mit welchen didaktischen Mitteln ich diese erreichen kann.

	To-do	Laufend	Erledigt
Genauere Kapitelstruktur erarbeiten			
Kapiteleinstieg und -nachspann definieren			
Platz für Container (Infobox, Fallbeispiele, Reflexionsfragen etc.) reservieren			
Art und Anzahl der vorgesehenen Abbildungen und Tabellen pro Kapitel festhalten			
Andere:			
Andere:			

Ich kann mich in die Lesenden hineinversetzen und verstehe sie auf Augenhöhe anzusprechen.

	To-do	Laufend	Erledigt
Art der Ansprache der Lesenden festlegen			
Geeignete Beispiele finden			
Einen Absatz Zusammenfassung pro Kapitel schreiben			
Wichtige Fachbegriffe in einfacher Sprache in wenigen Sätzen definieren			
Andere:			
Andere:			

Ich bin mir meiner Rolle als AutorIn bewusst.

	To-do	Laufend	Erledigt
Mein Selbstverständnis als AutorIn überlegen			
Benennen, was mich besonders und authentisch macht			
Zwei Absätze zu meinem persönlichen Verhältnis zum Thema schreiben			
Einen Absatz zu meiner „Botschaft" für die Lesenden verfassen			
Andere:			
Andere:			

Ich weiß über meine persönlichen Schreibbedürfnisse Bescheid.

	To-do	Laufend	Erledigt
Unterschiedliche Schreibzeiten und -orte testen			
Vertrauenspersonen wie Schreibbuddies oder Testlesende finden			
Sprache bereits verfasster eigener Texte analysieren			
Andere:			
Andere:			

Ich habe meine Ideensammlung ergänzt und die Gliederung meines Buches ausgebaut.

	To-do	Laufend	Erledigt
Brainstormingmethoden wie Mindmap oder Braindump testen			
Wichtige must reads/Fachliteratur besorgen			
Geeignetes Ablage- und Notizensystem aufbauen			
Andere:			
Andere:			

II) VORBEREITUNGEN (s. Kap. 5, 6, 7, 8, 9 und 10)

Ich habe den Markt meines Buches gründlich analysiert und kenne seine Verwertbarkeit.

	To-do	Laufend	Erledigt
Konkrete Personas meiner Lesenden entwickeln			
Zahlen zu Markt und Lesenden recherchieren			
(Online-)Konkurrenzrecherche durchführen			

Ich habe den Markt meines Buches gründlich analysiert und kenne seine Verwertbarkeit.

	To-do	Laufend	Erledigt
Sammlung an konkreten Verkaufsargumenten (USP) für mein Buch anlegen			
Andere:			
Andere:			

Ich weiß genau, welche Art von Non Fiction ich schreiben werde und welche für dieses Genre typischen Elemente zu verwenden sind.

	To-do	Laufend	Erledigt
Formal- und Designkriterien für mein Non-Fiction-Buch kennenlernen			
Entscheidung für bzw. wider KoautorInnen oder Ghostwriting treffen			
(Gegebenenfalls) KoautorInnen oder GhostwriterIn auswählen und kontaktieren			
Andere:			
Andere:			

Ich habe meine Kriterien für passende Verlage für mein Buch festgelegt und entschieden, welche ich anschreiben werde.

	To-do	Laufend	Erledigt
In Bibliotheken, Buchhandlungen oder online Verlagsprogramme genau analysieren			
Set meiner wichtigster Kriterien für die Zusammenarbeit mit einem Verlag erstellen			
(Gegebenenfalls) Entscheidung treffen, ob ich mit einer Literaturagentur zusammenarbeiten möchte			
Shortlist mit den fünf bis zehn geeignetsten Verlagen erstellen und um deren Kontaktdaten und Bestimmungen zum Einreichen für Manuskripte ergänzen			
Andere:			
Andere:			

Ich habe alle Präsentationsunterlagen meines Buchprojektes (Inhaltsangabe, Exposé und Leseprobe) für den Verlag erstellt.

	To-do	Laufend	Erledigt
Notwendige Platzhalter für Buchvor- und -nachspann überlegen			
Seitenumfang pro Kapitel abschätzen und Gesamtseitenzahl des Buches erheben			
Aus der ursprünglichen Gliederung max. zehn Seiten Inhaltsangabe weiterentwickeln			
Maximal drei Seiten Exposé mit präzisen Analysen zum Buch erstellen			
Ca. zehn bis 15 Seiten Leseprobe zu meinem Lieblingskapitel verfassen			
Andere:			
Andere:			

Ich kenne alle Rechte, die mich als AutorIn betreffen könnten, und beachte die Rechte Dritter bei der Veröffentlichung.

	To-do	Laufend	Erledigt
Recherche zu AutorInnenvertrag durchführen			
Rechte und Verpflichtungen für mich als AutorIn klären			
Auf das Verhandlungsgespräch mit dem Verlag vorbereiten			
(Gegebenenfalls) Rechtliche und inhaltliche Abmachungen mit KoautorInnen treffen			
(Gegebenenfalls) Rechtliche Beratung zum Buchvertrag einholen			
Honorar und Deadline für die Manuskriptabgabe verhandeln und Buchvertrag unterfertigen			
Andere:			
Andere:			

Ich werde mein Buch im Selbstverlag/per Selfpublishing herausbringen und kenne alle Anforderungen dafür genau.

	To-do	Laufend	Erledigt
Mögliche Vor- und Nachteile von Selfpublishing erheben			
Infrage kommende Produktions- und Vertriebsplattformen abwägen			
Kostenkalkulation für Selfpublishing-Möglichkeiten durchführen			

Ich werde mein Buch im Selbstverlag/per Selfpublishing herausbringen und kenne alle Anforderungen dafür genau.

	To-do	Laufend	Erledigt
(Gegebenenfalls mit Unterstützung durch GrafikerIn) Cover meines Buches gestalten			
Preis für Print und E-Book festlegen			
ISBN-Nummer beantragen			
Andere:			
Andere:			

III. ERSTELLUNG (s. Kap. 11, 12, 13, 14 und 15)

Ich kenne alle wichtigen Phasen des Entstehungsprozesses und habe sie entsprechend geplant und vorbereitet.

	To-do	Laufend	Erledigt
Alle Phasen des Projekts mit meinem Kalender abstimmen			
Wichtige Meilensteine festlegen			
Konkreten Arbeitsplan mit allen erforderlichen Elementen des Buches erstellen			
(Gegebenenfalls) Planungstools und -methoden wie To-do-Listen und Personal Kanban testen			
Literaturverwaltungstools testen und geeignetes etablieren			
Routine für das Sichern von Unterlagen aufbauen			
Andere:			
Andere:			

Ich kenne meinen Schreibtypus und habe mir meine Recherche- und Schreibarbeit gut eingeteilt.

	To-do	Laufend	Erledigt
Schreibverhalten durchleuchten und Schreibumgebung sowie -zeiten darauf abstimmen			
Ggf. Zuständigkeiten und Deadlines für das Schreiben im Team mit KoautorInnen absprechen			
Beste Möglichkeiten zur Motivation sammeln			
Belohnungen für Erreichen von Meilensteinen festlegen			
Ggf. Erste-Hilfe-Maßnahmen für Schreibblockaden suchen			
„Nullerversion"/Version 1 meines Manuskripts erstellen			
Andere:			
Andere:			

Ich kenne die Erwartungen aller Beteiligten an mich und mein Buch genau und führe die Lesenden entlang eines „roten Fadens" durch das Thema.

	To-do	Laufend	Erledigt
Eigene und Erwartungen der Lesenden an das Buch klarmachen			
Einstieg und Abschluss der Kapitel sind gründlich geplant			
Guter Argumentationstechniken bedienen			
Andere:			
Andere:			

Ich überarbeite mein Manuskript mehrmals und nutze dafür alle nötigen Hilfsmittel, um meinen Text in eine gute Endfassung zu bringen.

	To-do	Laufend	Erledigt
Rechtschreibprüfung meines Textes durchführen			
Manuskript überarbeiten (z. B. Füllwörter streichen, Fachbegriffe definieren, Schachtelsätze vereinfachen etc.)			
Schlüssigkeit der Argumentationen kontrollieren und um geeignete Beispiele ergänzen			
Ggf. Professionelles Lektorat/Wissenschaftslektorat oder Korrektorat beauftragen			
Testlesende um Mithilfe bitten und deren Feedback einholen			
Andere:			
Andere:			

Ich habe alle zusätzlichen Inhalte wie Abbildungen und Anhänge für mein Manuskript erstellt.

	To-do	Laufend	Erledigt
Alle erforderlichen Abbildungen und Tabellen erstellen			
Alle Elemente des Buchvorspanns (Danksagung, Vorwort, Einleitung etc.) erstellen			
Ggf. wichtige Persönlichkeit für mein Thema für Geleitwort anfragen			
Ggf. Interviews mit ExpertInnen oder Betroffenen anfragen und durchführen			
Ggf. Interviewtranskripte erstellen			
Abbildungs-, Tabellen- und Abkürzungsverzeichnisse fertigstellen			

Ich habe alle zusätzlichen Inhalte wie Abbildungen und Anhänge für mein Manuskript erstellt.

	To-do	Laufend	Erledigt
Referenzen und ggf. weiterführende Literatur in einem Literaturverzeichnis sammeln			
Alle Elemente des Buchnachspanns (Index, Lebenslauf der Autorin/des Autors, Glossar etc.) erstellen			
Andere:			
Andere:			

IV. VERMARKTUNG UND ÖFFENTLICHKEITSARBEIT (s. Kap. 16, 17, 18, 19, 20)

Ich bin mir der Wichtigkeit einer authentischen Kommunikation mit meinen Lesenden bewusst und habe konkrete Pläne für mein Selbstmarketing aufgestellt.

	To-do	Laufend	Erledigt
Bevorzugte Kommunikationskanäle der Zielgruppe suchen			
Meine Kommunikationsaktionen vor, bei und nach Bucherscheinen überlegen			
Kommunikations- und Marketingaktionen mit dem Verlag absprechen (AutorInnen- oder Buchwebsite, Events etc.)			
Andere:			
Andere:			

Ich bin in einem für mich passenden Rahmen online für mein Buch aktiv und unterstütze so das Buchmarketing.

	To-do	Laufend	Erledigt
Ggf. Eigene Buch- oder AutorInnenwebsite erstellen			
Ggf. Bloginhalte sammeln und Redaktionsplan aufbauen			
Entstehungsgeschichte des Buches und bzgl. meines Themas in meinem Buchblog beschreiben (Storytelling)			
Geeignete Social-Media-Kanäle aktivieren			
Newslettertools testen und ersten Newsletter aussenden			
Andere:			
Andere:			

Ich bin auch offline aktiv am Buchmarketing beteiligt und treffe meine Lesenden bei Events.

	To-do	Laufend	Erledigt
Interessensgruppen und Verbände rund um mein Fachgebiet anschreiben			
Auftritte bei Events und Lesungen abmachen			
Meine offizielle Buchpräsentation organisieren			
Werbemittel gestalten oder vom Verlag beziehen und verteilen			
Andere:			
Andere:			

Ich trete aktiv mit JournalistInnen und InfluencerInnen in Kontakt und kooperiere für das Bekanntwerden meines Buches mit ihnen.

	To-do	Laufend	Erledigt
InfluencerInnen wie BloggerInnen u. a. MeinungsmacherInnen zu meinem Thema anschreiben und über das Buch informieren			
Rezensionen für mein Buch anfragen			
Liste mit relevanten Fachmedien und -journalistInnen anlegen			
Ggf. Presseaussendung verfassen und geeignete Presseevents anbahnen			
Medienaktivitäten rund um mein Buch regelmäßig kontrollieren			
Andere:			
Andere:			

Ich vergesse auch nach dem Erscheinen meines Buches nicht seine Vermarktung und bereite die Buchproduktion nach.

	To-do	Laufend	Erledigt
Dank an alle an der Umsetzung Beteiligten aussprechen			
Termin für eine private Buchfeier festlegen und Familie und FreundInnen dazu einladen			
Reflexion und „Manöverkritik" zum Ablauf zusammenstellen			
Kritiken und Rezensionen zum Buch gründlich analysieren			

Ich vergesse auch nach dem Erscheinen meines Buches nicht seine Vermarktung und bereite die Buchproduktion nach.

	To-do	Laufend	Erledigt
Ggf. Weitere Verwertungsmöglichkeiten (Hörbuch, App, Übersetzung etc.) meines Buchthemas überlegen			
Ggf. Einreichung für einen geeigneten Buchpreis erstellen			
Andere:			
Andere:			

Viel Erfolg für Ihr Buchprojekt!

Natascha Miljković

Stichwortverzeichnis

© Springer Fachmedien Wiesbaden GmbH, ein Teil von Springer Nature 2019
N. Miljković, *Vom Vortrag zum Sachbuch*, https://doi.org/10.1007/978-3-658-27151-0

The manufacturer's authorised representative in the EU is Springer
Nature Customer Service Centre GmbH, Europaplatz 3, 69115 Heidelberg,
Germany. If you have any concerns regarding our products, please
contact ProductSafety@springernature.com

Printed and bound by CPI Group (UK) Ltd, Croydon, CR0 4YY
28/04/2026
02098489-0006